Murilo Mendes

Signos 29

Coleção Signos	Dirigida por Haroldo de Campos
Supervisão editorial	J. Guinsburg
Revisão	Geraldo Gerson de Souza
Assessoria editorial	Plinio Martins Filho
Foto da capa	Giovanna Piemonti
Capa e Projeto	Ricardo Assis
Produção	Ricardo W. Neves, Adriana Garcia e Heda Maria Lopes

Murilo Mendes
Ensaio Crítico Antologia Correspondência

Laís Corrêa de Araújo

EDITORA PERSPECTIVA

Dados Internacionais de Catalogação na Publicação (CIP)
(Câmara Brasileira do Livro, SP, Brasil)

Araújo, Laís Corrêa de, 1928–
Murilo Mendes : ensaio crítico, antologia,
correspondência / Laís Corrêa de Araújo. -- São
Paulo : Perspectiva, 2000. -- (Signos ; 29)

Bibliografia
ISBN 85-273-0235-7

1. Mendes, Murilo, 1901-1975 – Crítica e
interpretação   2. Poesia brasileira – História e
crítica   I. Título.   II. Série.

00-4972   CDD- 869.9109

Índices para catálogo sistemático:
1. Poesia : Literatura brasileira : História e
crítica   869.9109
2. Poetas brasileiros : Apreciação crítica
869.9109

Direitos reservados à
EDITORA PERSPECTIVA S.A.
Av. Brigadeiro Luís Antônio, 3025
01401-000 – São Paulo – SP
Telefax: (0--11) 3885-8388
www.editoraperspectiva.com.br
2000

Sumário

NOTA BIOGRÁFICA 9

ICONOGRAFIA 23

ENSAIO CRÍTICO 65

I. O Homem se Faz Verbo 67
  1. Caminhos e Descaminhos da Primeira Poesia 67
  2. O Messianismo Muriliano 75
  3. Elementos de Vida 81

II. O Verbo se Consolida 85
  1. Discurso do Amor em Pânico........................ 85
  2. Metamorfose? 87
  3. A Vida é Sonho, o Mundo é Enigma 91
  4. Poesia Libertária e Libertada....................... 94
  5. *Sonetos Brancos*: Desvio ou Interlúdio 99
  6. Viagem às Raízes Barrocas......................... 102
  7. *Parábola*, Parábolas............................. 106

III. Plenitude e Concreção do Verbo 111
  1. Outro Contexto, Outro Texto 111

2. "Feito à Imagem de Espanha" 114
3. E/A *Convergência* 125

IV. O Poeta/Verbo entre as Colunas da Ordem e da Desordem 141

V. O Modernismo *Desarticulado* de Murilo Mendes 157
1. Consciência Crítica 158
2. Uma Hipótese 159
3. A Demarragem do Poeta 161
4. As Colunas da Ordem e da Desordem 163
5. Antipoético, Antimodelar 165

VI. Murilo Através de suas Cartas 169

CARTAS DE MURILO MENDES E MARIA DA SAUDADE A LAÍS . . . 189
Fac-símiles 241

ANTOLOGIA 285

IDEÁRIO CRÍTICO 333

DEPOIMENTOS SOBRE MURILO MENDES 369

BIBLIOGRAFIA 379

NOTA BIOGRÁFICA

Murilo (Monteiro) Mendes nasceu em Juiz de Fora, Minas Gerais, a 13 de maio de 1901. Seus pais se chamavam Onofre Mendes ("servidor público. Do próximo. Escrivão do registro de títulos e hipotecas") e Elisa Valentina Monteiro de Barros Mendes ("afeiçoada ao canto e ao piano, morre de parto com vinte e oito anos"). Murilo, o segundo filho do casal, tinha apenas um ano e meio quando perdeu a mãe. O pai casou-se novamente, com Maria José Monteiro Mendes ("minha segunda mãe, Maria José, grande dama de cozinha e salão, resume a ternura brasileira. Risquei do vocabulário a palavra madrasta"), acrescentando aos dois primeiros filhos mais cinco irmãos.

A casa em que nasceu Murilo Mendes ficava no lugar chamado Alto dos Passos – hoje Avenida Rio Branco – e não mais existe, consumida pelo progresso de Juiz de Fora. Nessa casa, então relativamente afastada do centro, e em outra, de sua tia, a Baronesa de Santa Helena, com um grande jardim e quintal, Murilo Mendes conheceu o sabor de movimentar-se livremente, menino que foi "muito levado e brincalhão". Aprendeu muito cedo a escrever e a ler, fascinado principalmente pelas cores das ilustrações do livro de leitura. Entre os prazeres da aventura diária que era para o menino andar e ver – com seu "olho armado" – e o recolhimento espiritual que prepararia a descoberta do mundo das letras, passou Murilo amenamente os primeiros anos de sua infância.

A educação que recebeu cifrava-se no código familiar tradicional mineiro: "as mais severas normas da moral cristã" e uma discreta complacência dos pais – testemunho de um carinho também bem mineiro, sem muitas palavras e arroubos. E, de fato, Murilo precisava dessa complacência – sua imaginação inventava estórias tão mirabolantes e suas travessuras eram de tal forma surpreendentes que era considerado um pouco aloucado, chegando mesmo um de seus parentes a levá-lo a uma sessão espírita, na esperança de libertá-lo do espírito mentiroso que tomara conto de seu corpo...

Foi sempre rebelde a qualquer tipo de disciplina coercitiva, mas sem agressividade, "de coração boníssimo", tendo aprendido também dos pais uma caridade ilimitada e uma generosidade integral para com a fraqueza e imperfeição do ser humano.

Fez em Juiz de Fora o curso primário e parte do curso ginasial, no Colégio Moraes e Castro, no Colégio Malta e na Academia de Comércio (esta ainda existe). Seu temperamento não se adaptava bem à rotina dos currículos, às ordenações colegiais ("indignado, me chamam pelo número / detesto a hierarquia"). Conta-nos sua irmã Virgínia: "era ótimo aluno de suas matérias preferidas, português e francês, e péssimo das que não gostava, principalmente matemática, que até hoje detesta. Ouvi-o dizer muitas vezes: 'Graças a Deus, só sei fazer as quatro operações...'. Certa vez, ao entrar na classe um inspetor, o seu professor de francês pediu que Murilo lesse um trecho do manual, pois era sem dúvida o seu melhor aluno. Ele pronunciou todas as palavras erradas. E ao ser interrogado depois pelo professor (espantadíssimo), respondeu: 'Fiz isso para não humilhar os meus colegas'".

Da Juiz de Fora de sua infância, comunidade quase familiar, onde todos se conheciam e eram amigos e parentes ("um trecho de terra cercado de pianos por todos os lados") a lembrança mais marcante, além das de sua vivência provinciana – a música de Isidoro da flauta, "mamãe Zezé pianolando e cantando", as amas Etelvina "de peitos aliciantes, síntese da cor e ausência da cor" e Sebastiana pitoresca, dos primos e sobretudo das primas, vizinhas e colegas, o circo, figuras como Belmiro Braga, Lindolfo Gomes, Padre Júlio Maria e outros – é a passagem do Cometa de Halley em 1910. O menino ficou deslumbrado, e Murilo data daí o início de sua "vida secreta" de poeta.

Aliás, Belmiro Braga, que foi seu vizinho, "voluntariamente me ensina a rimar e metrificar" e mais tarde lhe abre a biblioteca, permitindo-lhe ler tudo, "ainda às vezes sem compreender patavina", corrigindo os seus "primeiros versos engatinhando, sugere-me temas", tornando-se o seu "padrinho de batismo literário".

Com 15 anos (falsificando, por isso, a idade) e sem completar ainda o curso de humanidades, Murilo ingressa na Escola de Farmácia de Juiz de Fora, interessado numa jovem aluna. Fez um ano de estudos, conseguindo obter aprovação por distinção, mas abandonando o curso quando a namorada deixou também a escola. Murilo é encaminhado então, em 1917, para o Colégio Santa Rosa, em Niterói, onde deveria terminar o curso secundário. Nesse colégio, começa a escrever com maior freqüência, fazendo poemas em prosa, compondo peças de teatro etc., continuando aluno irregular e indisciplinado. Escapa certa noite do Colégio para ir ao Teatro Municipal ver Nijinski dançar ("Nijinski dançando no arco-íris / Reconcilia o céu e a terra"). Escapa definitivamente do colégio para a arte, da rotina e do tédio dos estudos regulares para a vida de criação, tornando-se "um grande problema para a família".

Passa, então, uma temporada de vida ociosa, mandado pelo pai para uma fazenda no interior de Minas, apenas vendo, lendo e escrevendo. Onofre Mendes, porém, preocupado com a instabilidade do filho, tenta orientar o adolescente para os caminhos práticos da vida, "pois o ofício de poeta não alimenta ninguém". Murilo Mendes trabalha, sempre por pouquíssimo tempo, como telegrafista, prático de farmácia, guarda-livros, funcionário do cartório do pai, até que foi ensinar francês num colégio de Palmira (hoje Santos Dumont), de onde saiu por desavença com outro professor, um padre que lhe tentara roubar a namorada (segundo explica Murilo ao pai), enquanto o padre alega que Murilo ensinava as idéias de Rousseau aos alunos. Pressionado a definir-se por uma carreira, Murilo acaba por romper com a família, passando uma temporada de crise emocional e financeira em Juiz de Fora.

Afinal, o irmão mais velho o leva para o Rio, para trabalhar com ele; José Joaquim, engenheiro, chefiava então a comissão de retombamento da Lagoa Rodrigo de Freitas e Murilo se tornou arquivista do Ministério da Fazenda em 1920. Pouco depois, passa a funcionário do Banco Mercantil, onde ficou até 1928, utilizando muitas vezes o papel da empresa para escrever versos em vez de contas-correntes ("e eu alinhando no papel as fortunas dos outros. Também se o diretor tivesse a minha imaginação / o Banco já não existiria mais / E eu estaria noutro lugar"). Conta-se que, chegando habitualmente para trabalhar e instalando-se em sua mesa sem fazer nenhum cumprimento ao diretor, os colegas acabam insistindo em que deve dirigir-se respeitosamente ao patrão. Murilo Mendes passa então a entrar diariamente fazendo um grande gesto teatral de retirar o chapéu e curvando o corpo magro e comprido diante do cofre-forte do Banco... que considerava o seu verdadeiro patrão... De 1929 a 1932 não teve atividade regular, emprego estável, passando depois a trabalhar no cartório de Aníbal Machado, seu primo, onde ficou até 1936. De seus ordenados precários, o poeta gastava a maior parte na aquisição de livros e discos, morando numa pensão em Botafogo. É dessa temporada de dificuldades financeiras, mais precisamente de 1942, o episódio que Murilo afirma ser verdadeiro, quando "viu" Mozart, seu ídolo musical, ao chegar à tarde em seu quarto de pensão da rua Marquês de Abrantes, 64, encontrando a esperá-lo aquela figura de homem "vestido de fraque azul". Desmaia de emoção (e talvez de fraqueza...).

Só mais tarde consegue um emprego mais consentâneo com o seu temperamento, o de inspetor federal de ensino secundário, como o conheceu Antônio Carlos Villaça, que o descreve assim: "Murilo, tuberculoso e pobre, foi nomeado inspetor de ensino secundário (já estava clinicamente recuperado) e caiu no meu colégio tijucano. Curioso: eu tinha doze anos, notei-o logo, mal entrou pela primeira vez em minha sala; notei-o, é bem a expressão".

Realmente, quando o escritor carioca conheceu Murilo Mendes, este tinha voltado ao trabalho, depois de tratar-se por seis meses, em 1943, no Sanatório Boa Vista, de Correias.

Finalmente, em 1946 vem a obter, por obra e graça dos amigos Ministros Linhares e Ribeiro da Costa, o cargo de escrivão da 4ª Vara da Família do Distrito Federal, o cartório mais modesto do Rio, que não lhe rende muito, mas lhe permite maior liberdade e mais tempo para escrever.

* * *

Data de 1930 a sua "sagração" como poeta. Onofre Mendes, afinal conformado com o destino de seu filho para a poesia, faz publicar, em Juiz de Fora, pela Livraria Editora Dias Cardoso (na rua Halfeld, uma das duas casas que foram, na infância de Murilo, segundo ele conta, "uma das minhas delícias"), o seu primeiro livro, *Poemas*. O livro é agraciado com o prêmio de poesia da Fundação Graça Aranha, sucesso que o redime perante a família, à qual causara tantas preocupações.

Em 1921, quando Murilo ainda trabalhava na Diretoria do Patrimônio Nacional, no Ministério da Fazenda, Ismael Nery foi nomeado desenhista da seção de arquitetura e topografia. Desde então começou entre eles uma amizade que só terminou com a morte de Ismael, em 1934. A admiração pelo pintor moderníssimo, as longas conversas sobre arte, poesia e filosofia, o trabalho de Ismael e a sua teoria do "essencialismo" determinariam um novo rumo da estética muriliana. A obra de Ismael Nery, inóspita, não gozava nem mesmo da simpatia dos intelectuais da época; um pequeno grupo, apenas, se interessava pela arte revolucionária do artista, grupo em que Murilo formava como líder e admirador incondicional. Sobre o amigo, aliás, Murilo escreveria quase um ensaio, publicando-o em artigos sob o título geral de "Recordação de Ismael Nery" de junho a dezembro de 1948, em *Letras e Artes*.

Liga-se também, em fins dos anos 20 e por volta de 1930, a Jorge de Lima, a Manuel Bandeira, Carlos Drummond, Oswald de Andrade, Raul Bopp e outros combatentes do modernismo, participando eventualmente, com um poema ou outro, nas revistas do movimento. Jorge de Lima tornou-se, aliás, o seu amigo mais dileto, depois de Ismael Nery. Aos dois deve ele a sua "conversão" ou sua volta às raízes de católico, bem como aos monges de São Bento, com os quais manteve longa convivência.

Em 1940 conhecera Maria da Saudade Cortesão, que se tornou o seu amor definitivo e sua esposa em 1947. Também poeta, Maria da Saudade realiza com Murilo o perfeito entendimento a dois, acentuado pelas mesmas afinidades pela arte e pela presença da poesia, sintetizando todas as *Berenice, Clotilde, Roxelane, Armilavda, Altair...* a musa, enfim.

Ainda em seu quarto de pensão, na rua Marquês de Abrantes ou em outro da rua General Câmara, Murilo realizava sessões musicais, convidando os amigos para ouvir – sempre e quase apenas – Mozart e Bach.

Aliás, grande conhecedor de música, Murilo Mendes freqüentava todos os concertos que se realizavam no Rio, procurando fazer o público, então pouco informado e hostil às inovações da arte moderna, reagir contra as composições banais, conservadoras, adocicadas. Depõe Antônio Bento:

> Nas audições musicais aqui realizadas naquele tempo, Murilo Mendes desempenhou um papel ativo em defesa da implantação do gosto moderno. Recordo ainda hoje a figura alta e esguia do poeta, gesticulando vivamente com os braços e gritando, do alto das galerias e dos balcões dos Teatros Municipal e Lírico, para exigir no fim dos recitais que os pianistas tocassem obras dos compositores mais avançados, enquanto o grosso do público pedia que Rubinstein executasse, como números extraprogramas, o *Rêve d'Amour* de Liszt e outras peças açucaradas do antigo repertório. Murilo Mendes sempre protestava quando o concertista atendia a tais pedidos.

Por essa época, também, o poeta escreveu vários artigos de informação musical, intitulados "Formação de Discoteca", em que orientava os amadores na seleção e aquisição de obras musicais.

Se a Primeira Guerra Mundial já levara Murilo ginasiano a filiar-se imediatamente ao "partido dos aliados", contra o militarismo prussiano e em defesa da "claridade" francesa, a segunda, que o encontra maduro, provoca-lhe violenta reação contra o barbarismo hitleriano. Quando a Alemanha tomou Salzburg, Murilo foi ao Departamento de Correios e escandalizou a repartição, brigando com a funcionária que se recusava a aceitar o telegrama que redigira para Hitler e que dizia:

> Em nome de Wolfgang Amadeus Mozart protesto contra ocupação Salzburg.

Desde o início das operações bélicas, declarou-se "inimigo pessoal" de Hitler, como o foi e seria sempre de quaisquer tiranos ("as espadas dos tiranos retalham as partituras das sinfonias austríacas") e outros "palhaços" que violentam a liberdade e a dignidade do ser humano. Talvez por isso o governo do General Franco na Espanha o tenha considerado *persona non grata*, quando devia ir àquele país em missão oficial. E, em certa estada sua em Portugal, quando entrevistado e respondendo ao "questionário Proust" afirmou que a sua divisa era "Poesia Liberdade", viu com surpresa estas palavras omitidas cautelosamente da reportagem pelo jornal...

Foi em setembro de 1952 que Murilo Mendes fez sua primeira viagem à Europa, informando um jornalista de *Letras e Artes* que ele teria dito: "não irei jamais ao Café de Flore, não subirei na Torre Eiffel e prometo não escrever crônicas sobre Paris, principalmente falando em Saint-Germain-des-Près". O poeta, no entanto, diz que a notícia era falsa e que os jornalistas gostavam muito de inventar anedotas em que ele assumia o papel de personagem...

Essa viagem o leva ao encontro das terras e gentes que amava desde a infância, àquele "espaço intelectual" que o professor Joaquim de Almeida Queiroz desvendara para Murilo menino, em Juiz de Fora. Entre 1953 e 1955, esteve na Bélgica e na Holanda, como *chargé de conférences* nas Universidades daqueles dois países. Nos intervalos dessas viagens, voltou a Minas, revendo e percorrendo com amigos as cidades de Ouro Preto e Mariana; dessa volta às raízes barrocas resulta o livro *Contemplação de Ouro Preto*, publicado em 1954. De volta à Europa, Murilo Mendes "descobre" mais intimamente a Itália e a Espanha, terras onde a sua personalidade de asceta e extrovertido experimenta mais agudamente as sensações da angústia existencial e o encantamento pelas coisas e paisagens. São testemunho dessa experiência os livros *Siciliana* e *Tempo Espanhol*.

Finalmente, contratado pelo Departamento Cultural do Itamarati, o poeta se instala em 1957 na Itália, como professor de Estudos Brasileiros na Universidade de Roma, criando ainda um curso idêntico na Universidade de Pisa. Volta ao Brasil, em curta viagem, no ano de 1964, a serviço do Departamento Cultural do Itamarati, colaborando na organização do material da representação brasileira à 32ª Bienal Internacional de Veneza. Esteve então no Rio, em São Paulo e na terra natal, Juiz de Fora.

Na Europa, já tendo se tornado bem conhecido como poeta (vários livros traduzidos para o italiano e outras línguas, estudos sobre sua poesia por autores estrangeiros), Murilo Mendes afirma-se também como crítico de arte. É responsável pela apresentação de várias exposições de pintura, escreve textos para álbuns de reproduções, como o de Calderara e o de colagens de Magnelli (duplo texto em prosa e verso). Manteve – ou mantém – contato e relações de amizade com Ezra Pound, Albert Camus, Jorge Guillén, Ungaretti (que, aliás, traduziu vários poemas seus para o italiano), Rafael Alberti, Miró, Chagall, Michaux, Jouvet, Dámaso Alonso,

Cocteau, Breton, René Char e vários outros grandes nomes da literatura e da arte. Não deixa, porém, de acompanhar o movimento literário brasileiro, através da correspondência com amigos ou recebendo-os em Roma, com grande cordialidade e a tradicional "hospitalidade mineira". Continua fiel à poesia, escrevendo bastante, mas passando vários anos sem publicar livro, isso em virtude das dificuldades de contato com as casas editoriais brasileiras. Seu afastamento prolongado do país torna-o um pouco esquecido – injustamente esquecido – pelas novas gerações ou pela projeção de poetas aqui residentes, que desfrutam, pela presença, de maior promoção na vida literária brasileira. Daí a publicação de seu último livro, *Convergência*, já pronto há vários anos, apenas em 1970 e a quantidade de inéditos que possui (10 livros, quase todos de prosa). Em 1968 publicara *A Idade do Serrote*, insólito livro de "memórias" (apenas da infância e da adolescência em Juiz de Fora), em que Murilo Mendes procura antes captar a atmosfera e as figuras desse tempo do que fazer uma história de sua vida, cronológica e linear.

Em 1971, aos 70 anos de idade, o poeta orgulha-se de poder repetir o mesmo depoimento que fizera em 1949 ao jornal *Letras e Artes*:

– Sinto-me cada vez mais universal e mineiro.

Um ano depois, receberia como consagração máxima de sua carreira o Prêmio Internacional de Poesia Etna-Taormina, pela primeira vez atribuído a um poeta brasileiro.

A repercussão do Prêmio, registrada com destaque no Brasil e no exterior, especialmente na Europa, onde desfrutava de um conceito crítico e prestígio intelectual que nenhum outro poeta brasileiro, moderno ou não, jamais alcançara, trouxe à vida e à plenitude existencial de Murilo Mendes um instante final mas intenso de gáudio interior, palma a quem tinha na poesia, alentada por um compreensivo e pleno convívio de amor e íntima perseverança espiritual, a justificação única e conscientemente assumida de sua presença no mundo.

A publicação, logo após, em 1972, de nosso ensaio sobre sua obra, pioneiro sob todos os aspectos ao nível de livro inteiramente dedicado a ele e à sua poesia, no país-pátria ou no continente que o universalizara – a

NOTA BIOGRÁFICA   19

Europa – serviu para coroar a marca de ascensão e completude de alguém que tinha exata consciência de sua condição de criador excepcional e pensador de grande e profunda originalidade reflexiva. Foram duas edições, somando cerca de cinco mil exemplares, em apenas dois anos, performance que raros autores nacionais, focalizados em ensaios críticos da categoria, haviam até então conseguido obter.

A mais ampla e qualificada difusão de sua obra faria dele, em curto espaço de tempo, um dos poetas modernos do Brasil mais afortunados criticamente e mais estudados e valorizados nos currículos universitários, através de trabalhos individualizados, seminários, temas de especialização, de mestrado, de doutoramento. Sua consagradora vinda – a última, a de despedida – ao Brasil, no mesmo ano do lançamento de nosso ensaio, constituiu-se no fato talvez mais relevante daquele momento para a mídia cultural do País, notadamente a literária, com uma série de entrevistas acompanhadas de homenagens que o elevariam a um patamar pouco atingido por escritores ou poetas brasileiros. Era a láurea do antiacadêmico por excelência, eram os louros que o extraordinário talento da linguagem poética, sem dúvida um dos mais altos e originais do século XX, merecia por conquista e justiça.

Esse fulgor culminante de prestígio e presença tutelar não duraria, porém, muito tempo para aquele espírito de inconformidade libertária e contestatória, para aquele católico de essência e convicção mas rebelde a qualquer imposição ou tutela de ortodoxia ideológica ou religiosa. Contemporâneo sempre de sua época e não "sobrevivente de si mesmo", como afirmava com altanaria, "franco-atirador" num mundo globalizado pelo poder "diabólico" e pela mediocrização avassaladora dos títulos tecnizados e falseados do mercado cultural, da economia sem pátria, Murilo Mendes sofre, entre os 72 e os 74 anos, uma crescente aporia existencial e de impotente reação à decadência generalizada de verdades e valores que prezava como fundamentais. No curso de uma de suas freqüentes temporadas em Portugal, terra a que se afeiçoou por identidade congênita e pelo amor de sua terna, sensível e inseparável esposa e companheira intelectual – a poeta e tradutora portuguesa Maria da Saudade Cortesão Mendes, Murilo falece em Lisboa, a 13 de agosto de 1975, vítima de fulminante síncope cardíaca, tal como nos relatou, em comovida carta de 8 de setembro daquele ano, a nossa também generosa amiga Maria da Saudade. Em sua última carta, ainda de Roma, datada de dois meses antes – 12 de junho – do desenlace, o poeta nos confidenciava seu desencanto com a violência, a falta de sentido e a brutalidade de uma civilização que ele sonhara capaz de redimir-se e de transformar-se em fraterna comunhão, humana e social. A seleção de cartas de Murilo que reproduzimos na presente edição, enriquecendo-a de conteúdo documental e confessional, revela bem o dramático processo de contradição entre exuberância intelectual e desilusão vivencial pelo qual passou em seus derradeiros anos.

* * *

Seguiram-se à morte do poeta manifestações de toda espécie diante não só da perda irreparável mas sobretudo da grandeza de seu exemplo e de sua obra sem similares entre os intelectuais mais representativos do Brasil em sua geração. Livros inéditos do poeta são publicados postumamente, na Europa e no Brasil, com sucesso que não chegou a experimentar em vida, culminando com a edição, em 1995, de sua *Poesia Completa e Prosa*, em lançamento de alto nível editorial pela Nova Aguilar, organizada com dedicação, carinho e competência pela sua estudiosa, intérprete e amiga dileta italiana, Luciana Stegagno Picchio, com supervisão marcada pelo zelo e peculiar afetividade da viúva Maria da Saudade, edição a que emprestamos também pequena colaboração.

Além de novos estudos lançados em livros a ele consagrados nas universidades e fora delas, homenagens de expressivo vulto são realizadas em memória de Murilo Mendes, na Europa e no Brasil, entre as quais, por numerosas e seguidas que têm sido, permitimo-nos citar, como exemplo, a promovida em Percara, Itália, dois meses após o falecimento, pelo pintor Pasquale Santoro. A Exposição Brasil-Itália, do Museu de Arte de São Paulo, organizada por Pietro Maria Bardi em 1980, com salas especiais denominadas "Um Poeta Brasileiro na Itália – Murilo Mendes" e "Um Poeta Italiano no Brasil – Giuseppe Ungaretti", exposição para a qual cedemos com muito orgulho valioso material muriliano de nosso arquivo pessoal. A Exposição "Murilo Mendes – O Olhar do Poeta", promovida em Lisboa, em outubro de 1987, pela Fundação Calouste Gulbenkian, com organização de Maria da Saudade Cortesão Mendes e João Nuno Alçada. Mas a consagração que o poeta receberia, por certo, como a homenagem a ele mais cara, se sobre isso pudesse pronunciar-se, seria – como foi – a criação e instalação em Juiz de Fora, sua terra natal, do Centro de Estudos Murilo Mendes da Universidade Federal da cidade. Ocupando amplo, elegante e antigo prédio de feição eclética, estilo ali dominante em fins do século XIX e princípios do XX, a entidade adquiriu logo projeção nacional e internacional, incentivando o culto e o estudo permanentes da obra do poeta, reunindo parte excepcional de seu acervo de arte e exemplares bibliográficos raros, realizando exposições, seminários e cursos compatíveis com a importância universalista de seu patrono. Em reunião de 28 e 29 de março de 1999, quando, com outros estudiosos – admiradores e especialistas murilianos, passamos a integrar, muito honrosamente, um dos Conselhos institucionais do Centro, a viúva do poeta – Maria da Saudade, poeta e tradutora insignes ela própria – recebeu o título de Professor *Honoris Causa* da Universidade Federal de Juiz de Fora.

* * *

Programada em princípio para publicação em 1995, resolvemos, ponderando critérios de maior adequação cronológica e memorativa, preparar esta nova edição, revista e ampliada qualitativamente, para este ano de 2001, quando, em novo milênio, se assinala, no dia 13 de maio, o centenário de nascimento do poeta intemporal e para todos os milênios que foi o mineiro Murilo Mendes.

Ao editor Jacó Guinsburg, com sua notória visão progressista e a lucidez de intelectual e professor universitário, e ao amigo e poeta Haroldo de Campos, diretor da Coleção "Signos" da Perspectiva e entusiasta sempre dos projetos que valorizam o nível da poesia no Brasil, registramos aqui os nossos agradecimentos pelo seu incentivo e apoio. A Maria da Saudade, amiga da autora e guardiã da memória de Murilo, dedicamos esta nova edição, para a qual sua aquiescência, constante de carta que reproduzimos neste volume, foi generosa e decisiva.

ICONOGRAFIA*

* O material iconográfico aqui reunido pertence ao arquivo pessoal da autora, em parte a ela oferecido como lembrança amiga pelo próprio poeta, em originais ou reproduções.

A IDADE DA PRATA

As tenazes da flor. A flora das irmãs.
O deus desarticulado. O cangote das primas.
O amanhecer do filme. As flautas do horizonte.
A goiaba madura. As índias de Alencar.

Murilo Mendes.

Autógrafo do poeta.

Murilo Mendes, óleo de Cândido Portinari (Rio, 1933).

O pai do poeta, Onofre
Mendes (1873-1943).

A mãe do poeta, Elisa Monteiro de
Barros Mendes (1873-1902).

Murilo Mendes aos dois anos de
idade (Juiz de Fora, 1903).

O poeta e Maria da Saudade Cortesão, com quem se casaria em 1947 (Passeio Público, Rio de Janeiro, 1942).

Murilo Mendes e sua esposa, poetisa Maria da Saudade Cortesão. Roma, 1963. Foto Roloff Benx.

Último retrato do pintor Ismael Nery, o grande amigo da mocidade de Murilo Mendes, 1933. Foto Paulino de Sousa Neto.

Capa de Di Cavalcanti para o livro *História do Brasil*, Rio de Janeiro, 1932.

Ilustração de Portinari para o livro *As Metamorfoses*, Rio de Janeiro, 1941.

Uma das ilustrações de Francis Picabia (litogravura) para *Janela do Caos*, Paris, 1949.

Murilo Mendes, a dançarina sevilhana Trini España, Saudade e João Cabral de Melo Neto, Cabaré "Torres Bermejas", Madri, 1960.

Murilo Mendes com seu tradutor espanhol, o poeta e ensaísta Dámaso Alonso, Madri, 1962. Foto de Maria da Saudade.

CHAGALL

LES TRÉSORS DE LA PEINTURE FRANÇAISE
INTRODUCTION DE JACQUES LASSAIGNE

DIX REPRODUCTIONS EN COULEURS

AVEC UNE NOTICE BIOGRAPHIQUE
ET BIBLIOGRAPHIQUE

SKIRA
GENÈVE - PARIS - NEW-YORK

Dedicatória de Marc Chagall para Murilo Mendes (Paris, 1953).

à Madame Mendes
à mon cher Murillo Mendes
avec le fidèle et amicale pensée
de leur
Albert Camus

ACTUELLES II
Chroniques 1948-1953

Je quitte Paris du
23 décembre au 30 janvier.
Pourrez-vous m'avoir de vos
passages avant ou après
cette date. Mais, notre conférence
était très belle, et émouvante.
votre
A·C.

Dedicatória de Albert Camus, com alusão à conferência
pronunciada por Murilo Mendes sobre Jorge de Lima,
em 1954, na Sorbonne, à qual o escritor francês assistiu.

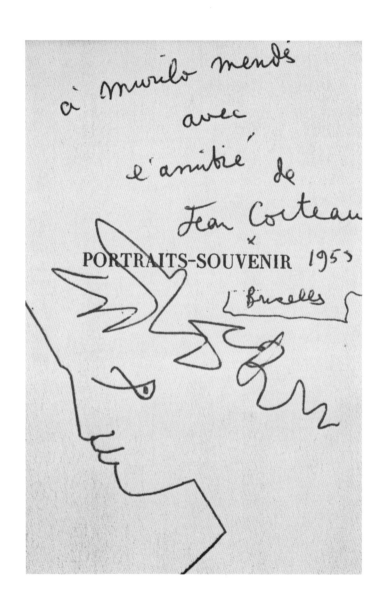

Dedicatória, com desenho original de Jean Cocteau para Murilo Mendes (Bruxelas, 1955).

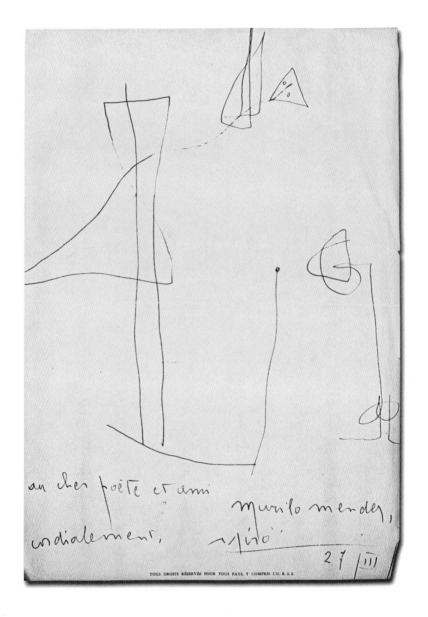

Desenho original de Joan Miró, oferecido a Murilo Mendes (Paris, 1955).

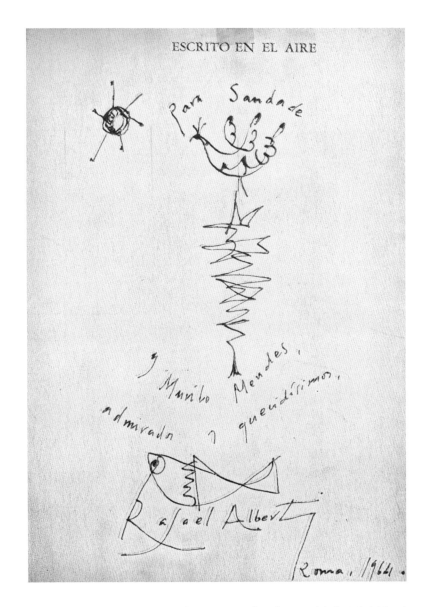

Dedicatória, com desenho especial, de Rafael Alberti para Murilo e Maria da Saudade (Roma, 1964).

Murilo Mendes e o poeta espanhol Jorge Guillén, Roma, 1959. Foto de Maria da Saudade.

Murilo Mendes e Ezra Pound, (Roma, 1961). Foto Vittorio Neri.

Murilo Mendes com o poeta Giuseppe Ungaretti,
um de seus tradutores italianos (Roma, fevereiro de 1958).

DE LA COUPE
AUX LÈVRES

à Murilo Mendes
avec les vieux
et cordial
sentiment d'amitié

Tristan Tzara

Rome le 3 Janvier 1962

Dedicatória de Tristan Tzara
para Murilo Mendes. (Roma, 1962).

Dedicatória de André Breton para Murilo Mendes (Paris, 1952).

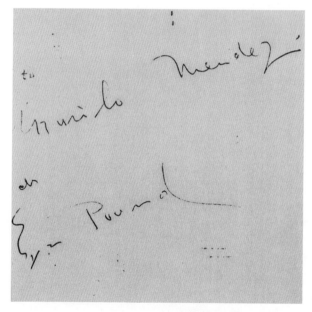

Dedicatória de Ezra Pound (Roma, 1961).

SOUVENIR MENDES

Souvenir objet qui rappelle un fait.
Objet donné par une personne pour qu'on se souvienne d'elle.
Les souterrains des souvenirs (des châteaux forts) allaient
  s'ouvrir au loin dans la campagne.
N'avoir pas le sou la soubrette la soucoupe.
Les souliers du souvenir voulaient en venir aux mains.
Ménestrel du souvenir j'espère me faire bien venir.
Ménage de ménade.
La ménagerie des amandes doit terminer le mémorandum
  pour Mendes.

Texto de Jean Arp (1955) para Murilo Mendes,
incluído no livro *Jous effeuillés* do pintor dadaísta-
surrealista (edição Gallimard, Paris), e dedicatória
de Guimarães Rosa em *Primeiras Estórias* (1962).

PRIMEIRAS ESTÓRIAS

A MARÍA DA SAUDADE (Poesia !...)
MURILO MENDES
— grande na alma e na
poesia, lúcido como um
madrugar sertanejo,
amigo de Deus, —
afetuosamente
e
seu
Guimarães Rosa
Rio, setembro, 62.

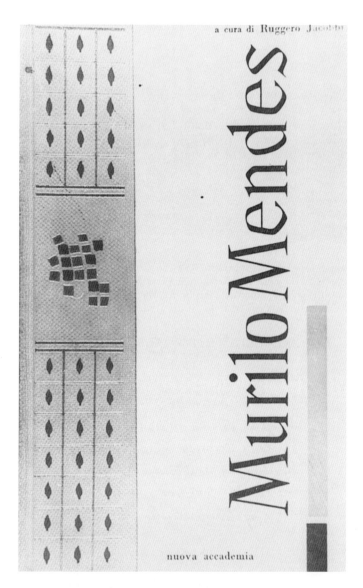

Sobrecapa do livro *Murilo Mendes a cura de Ruggero Jacobbi*, principal edição italiana da obra do poeta (Milão, 1961).

Murilo Mendes com o pintor Giorgio de Chirico e Maria da Saudade (Roma, 1959).

Murilo Mendes em Ávila, Espanha, 1960. Foto Maria da Saudade.

Murilo Mendes nas escadas do Partenón, Atenas, 1957. Foto Maria da Saudade.

Cartaz do Ottavo Festival dei Due Mondi – Spoleto – 1965, com programação da Settimana della Poesia, de que participou, como único brasileiro, Murilo Mendes.

OTTAVO FESTIVAL DEI DUE MONDI
1965

TEATRO CAIO MELISSO

26 giugno - 2 luglio - ogni giorno - ore 17
June 26 to July 2 - every day 5 P. M.

SETTIMANA DELLA POESIA
International Poetry Week

Poeti di tutto il mondo leggono le loro opere
Poets reading from their own works

I POETI CHE PARTECIPERANNO
PARTICIPATING POETS

Austria	INGEBORG BACHMANN
Brasile	MURILO MENDES
Cecoslovacchia	MIROSLAV HOLUB
Cile	PABLO NERUDA
Francia	ANDRE FRENAUD
Gran Bretagna	TED HUGHES
	STEPHEN SPENDER
Irlanda	DESMOND O'GRADY
Italia	SALVATORE QUASIMODO, Premio Nobel
	LINO CURCI
	PIER PAOLO PASOLINI
Spagna	RAFAEL ALBERTI
	JOSE HIERRO
	JOSE ANGEL VALENTE
Svezia	JOHANNES EDFELT
U.R.S.S.	EVGENIJ EVTUSHENKO
U.S.A.	EZRA POUND
	ALLEN TATE
	BARBARA GUEST
	CHARLES OLSON
	LAWRENCE FERLINGHETTI
	JOHN ASHBERY
	JOHN WIENERS
	TONY TOWLE

A autora, Murilo Mendes, Ângelo Oswaldo de Araújo Santos, Ildeu Brandão e Zilah Corrêa de Araújo durante visita e entrevista do poeta ao Suplemento Literário do *Minas Gerais*, em setembro de 1972, por ocasião de sua última viagem ao Brasil e a Minas.

Murilo Mendes, Murilo Rubião, João Etienne Filho e (de costas) Lúcia Machado de Almeida e Henriqueta Lisboa na recepção oferecida ao poeta, na casa da Rua Cristina, 1300, Belo Horizonte, por Laís e Affonso Ávila, noite de 12 de setembro de 1972.

MURILO MENDES

UM POETA
DO MUNDO
VOLTA

Capa de frente do número especial do Suplemento Literário do *Minas Gerais* dedicado a Murilo Mendes por ocasião de sua última visita ao Brasil e a Minas. Em destaque, a organizadora da edição, Laís Corrêa de Araújo, em conversa com o poeta.

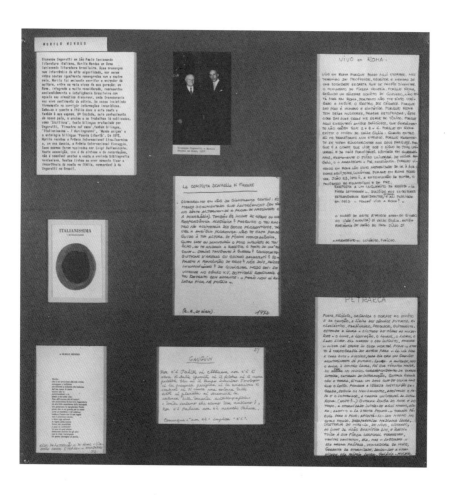

Um dos painéis da Exposição Brasil-Itália, oraganizada por Pietro Maria Bardi, do Museu de Arte de São Paulo, 1980, com salas homenageando "Ungaretti – Um Poeta Italiano no Brasil" e "Murilo Mendes – Um Poeta Brasileiro na Itália".

Um dos painéis montados em homenagem a Murilo Mendes, na Exposição Brasil-Itália do Museu de Arte de São Paulo, 1980, com material cedido, de seu arquivo pessoal, por Laís Corrêa de Araújo.

MURILO MENDES
o olhar do poeta

Capa do Catálogo da Exposição em homenagem a Murilo Mendes, promovida em Lisboa, outubro de 1987, pela Fundação Calouste Gulbenkian, com organização de Maria da Saudade Cortesão Mendes e João Nuno Alçada.

Prédio sede do Centro de Estudos Murilo Mendes da Universidade Federal de Juiz de Fora, Minas Gerais, terra natal do poeta.

Catálogo da Exposição Contemporâneos, Mostra do Acervo, promovida pelo Centro de Estudos Murilo Mendes da Universidade Federal de Juiz de Fora, Minas Gerais, maio de 1997.
Capa: quadro *Namorados*, de Ismael Nery, c. 1927.

PROGRAMAÇÃO

DIA 28 DE MARÇO DE 1999 (DOMINGO) - Anfiteatro do CEMM
19:00 horas: Abertura do evento com apresentação da Orquestra de Câmara Pró-Música – Regente Nelson Nilo Hack – Peça: *Divertimento,* de Mozart

Cerimônia de Instalação dos Conselhos Consultivo e de Amigos do Centro de Estudos Murilo Mendes e a apresentação de seus membros:

Conselho Consultivo: Murilo Marcondes de Moura, Júlio Castanõn Guimarães, Maraliz de Castro Vieira Christo, Walquíria Corrêa de Araújo Vale   e Ricardo Cristófaro

Conselho de Amigos : Presidente: Arthur Arcuri
Vice-Presidente: Suhade Ibrahim

Lançamento do Prêmio de Literatura "Murilo Mendes"

21:00 horas: Jantar no Restaurante Wood House

DIA 29 DE MARÇO DE 1999 (SEGUNDA-FEIRA)

9:00 horas: Café da manhã no "Le Fournil"

10:30 horas: **Anfiteatro do CEMM**

Concessão de título de Professor "Honoris Causa" a Dona Maria da Saudade Cortesão Mendes

Almoço no Restaurante Zampollo

15:30 horas: **Anfiteatro do CEMM**
Posse do Conselho Curador e apresentação de seus membros: Maria da Saudade Cortesão Mendes (Presidente de Honra)Luciana Stegagno Picchio, Laís Corrêa de Araújo, Telê Ancona Lopez, Murílio de Avellar Hingel,   Angelo Oswaldo de Araújo Santos, José Mindlin, Guita Mindlin, Júlio Castanõn Guimarães, Murilo Marcondes de Moura, Wander Melo Miranda, Lauro   Cavalcanti, Carlos Alberto S. Mendes e Paulo Torres.

1ª Reunião de Trabalho do Conselho Curador

Sede do CEMM
20:00 horas: Descerramento da placa em homenagem à Sra. Maria da Saudade

Abertura oficial da mostra **"MURILO MENDES: ACERVO"**

Coquetel

Av. Rio Branco 3372 • CEP 36.025-020 • TELEFAX (032) 213-3931 • Juiz de Fora - MG
Universidade Federal de Juiz de Fora - UFJF

Programa do evento de institucionalização
definitiva do Centro de Estudos Murilo Mendes
da Universidade Federal de Juiz de Fora, Minas Gerais.

Estúdio de Murilo Mendes em Roma. À extrema direita, não visível, a mesa de trabalho. Por cima da estante obras de Arp, Picasso, Magnelli, Bracque e Severini. Em cima da estante retratos dos pais de Murilo, de Saudade, de Mozart, Kafka, Miró, Rimbaud, Dante, e uma escultura grega; depois uma escultura medieval, Picasso, Baudelaire, Ismael Nery, Mallarmé, Stendhal, o místico hindu Ramakrisna e Alberto Mangnelli, refletindo as admirações e amizades do poeta. No alto da parede uma máscara africana do Daomé. Foto de Giovanna Piemonti, 1974.

Estúdio de Murilo Mendes em Roma. Nas paredes figuram
(da esquerda para a direita), entre outros, quadros ou gravuras
de Bracque, Rouault, Chagall, Léger, Ismael Nery, Dorazio,
Miró e Vieira da Silva. Por cima da cama, um tecido manual
dos ameríndios do Equador. Foto de Giovanna Piemonti, 1974.

Parte da sala de jantar e do salão da casa de Murilo e Maria da Saudade, na Via del Consolato, 6, em Roma. O quadro acima da mesa, do pintor italiano Michelangelo Conte, foi exposto com o título de *Monumento a um Poeta. Homenagem a Murilo Mendes*. À esquerda, sobre a estante, imagens barrocas de Minas Gerais e um quadro do grande pintor Alberto Magnelli. Foto de Giovanna Piemonti, 1974.

Murilo Mendes, em foto de Giovanna Piemonti (Roma, 1974).

Da direita para a esquerda: Maria da Saudade Cortesão Mendes, Laís Corrêa de Araújo e Affonso Ávila, em Juiz de Fora, Minas Gerais, 28 de março de 1999.

ENSAIO CRÍTICO

Não sou meu sobrevivente,
e sim meu contemporâneo.

MURILO MENDES

Mais te amo, ó poesia, quando
a realidade transcendes
em pânico, desvairando
na voz de Murilo Mendes.

MANUEL BANDEIRA

I. O Homem se Faz Verbo

1. Caminhos e Descaminhos da Primeira Poesia

"Eu tenho sido toda a vida um franco-atirador. Procuro obedecer a uma espécie de lógica interna, de unidade apesar dos contrastes, dilacerações e mudanças; e sempre evitei os programas e manifestos"[1]. Esta declaração honesta e simples de Murilo Mendes corresponde à verdade, à sua verdade, que não foi desmentida ao longo de sua vida e de sua obra. Mas até que ponto podemos manter-nos em liberdade e coerência com o nosso eu, sem deixar de manter-nos também em sincronia com o nosso tempo e com o mundo? As "dilacerações e mudanças" são explicáveis, e inevitáveis mesmo, à inteligência e à sensibilidade que enfrentam as situações concretas de um mundo sob o signo de permanente ameaça ao poeta, posto em tensão e em conflito entre sua aguda capacidade de percepção e reação aos estímulos da realidade e seu compromisso interior de criatividade.

Mas não havemos aqui de nos deter neste problema do escritor, decorrente de sua dilemática consciência face ao nível de complexidade da natureza social do homem e das dificuldades inerentes ao possível equilí-

---

1. Murilo Mendes, carta à autora.

brio, ou acordo entre um campo imediato de forças – o do criador e sua intrínseca agressividade – e o campo de pressão e repressão do mundo, hostil a qualquer fratura ou ameaça à sua ordem estável, ordem naturalmente tendente a neutralizar a rebeldia que é todo projeto ou atitude de invenção. O que nos interessa neste passo inicial, para situar cronologicamente o poeta Murilo Mendes, é fixar o exato alcance do depoimento em que nos confessa ter evitado sempre "os programas e manifestos".

De fato, se considerarmos o aparecimento do poeta em livro, datado de 1930[2], verificaremos que houve um interregno de oito anos entre a eclosão do modernismo – a Semana de 22 –, os primeiros reptos e combates ruidosos pela "formulação de uma nova técnica de representação da vida"[3], e a publicação dos primeiros textos poéticos de Murilo Mendes. Não seria o mero fato de um distanciamento geográfico do escritor do eixo das operações renovadoras (São Paulo-Rio de Janeiro) – pois já residia no Rio em 1920 – o que poderia explicar o seu não-engajamento imediato nas hostes modernistas, já que a repercussão do impacto revolucionário da Semana atingiria a curto prazo até mesmo comunidades culturais menores (é de 1927 o surgimento da revista *Verde*, de Cataguases, Minas) em vários pontos do País. O poeta iria dizer-se mais tarde dotado de uma "curiosidade inextinguível pelas formas" e senhor de um "olho armado"[4], o que certamente corrobora a hipótese de que teria, desde o início do movimento ou até antes[5], acompanhado com interesse os desdobramentos, na Europa ou no Brasil, das correntes que se lançavam à renovação da poesia. Em 1922 tinha Murilo vinte e um anos, uma idade portanto psicologicamente propícia às contestações, à rebelião, o que se

---

2. Murilo Mendes, *Poemas*, Juiz de Fora, Dias Cardoso, 1930.

3. Mário da Silva Brito, *Poesia do Modernismo*, Rio de Janeiro, Civilização Brasileira, 1968, Introdução Inum.

4. Murilo Mendes, *A Idade do Serrote*, Rio de Janeiro, Editora Sabiá, 1968, p. 172.

5. Em carta à autora, Alceu Amoroso Lima depõe: "Recebi certo dia, lá pelos idos de 1920, um rolo de papel escrito no verso de folhas impressas do Banco Boavista, contendo poesias escritas a mão ou a máquina, não me lembro bem. Fiquei encantado com elas e escrevi, não sei mais em que dia, um rodapé em *O Jornal* sobre esse desconhecido que me parecia revelar uma força poética nova e profunda, com um extraordinário senso de humor. Era o tempo, para ele, da famosa poesia piada com que Murilo ingressou no rol dos nossos *big-shots*".

O HOMEM SE FAZ VERBO   69

acentuaria ainda mais numa curva histórica, marcada por mudanças de toda ordem, como a dos anos 20, quando à crise política e ideológica do após-guerra, com os também naturais reflexos da revolução russa, se somavam as transformações decorrentes do acelerado desenvolvimento tecnológico, industrial, social. Ademais, o temperamento do poeta iria revelar, ao longo de sua atuação literária, superada a fase anímica de inconformismo próprio da ânsia jovem de afirmação da individualidade, o fortalecimento de uma tendência muito bem definida para o testemunho histórico, evidenciado por permanente atitude de alerta intelectual e de consciência crítica perante sua época. É, portanto, de certo modo surpreendente que ele não se tenha postado logo na linha de frente do movimento modernista e que tenha aguardado oito anos para assumir-lhe, já então como autor publicado em livro, as diretrizes e conseqüências formais. No volume *Poesias*[6], em que se auto-antologia em 1959, Murilo Mendes data de 1925 o início de sua obra poética compendiada, mas entre aquele ano e o da publicação do livro de estréia – 1930, conclui-se que terá havido, de parte do poeta, uma clara abstenção de atividade "pública", uma talvez obstinada e íntima recusa de envolver-se no ambiente de polêmica ou indecisão em optar por qualquer das subcorrentes modernistas. Ou já era a feroz independência de espírito, a preferir divisar o seu rumo próprio e pessoal, entre as estradas abertas pelos pioneiros?

Publicado quando o poeta se aproximava dos trinta anos, o livro *Poemas*[7] é já peculiarmente muriliano, seja pela originalidade do depoimento humano, seja pela novidade da estrutura poemática. O crítico Wilson Martins chega a identificar nessa primeira coletânea a "fase de autêntica criação" do poeta, colocando-a curiosamente acima de sua demais obra, a que acusa de excesso de "cerebralismo" e de "desgaste bastante acentuado", embora não deixando de reconhecê-la na totalidade como "o testemunho de um profundo espírito criador"[8]. O equívoco de uma tal opi-

6. Murilo Mendes, *Poesias (1925-1955)*, Rio de Janeiro, Livraria José Olympio Editora, 1959.

7. Trata-se de livro há muito esgotado e hoje considerado mesmo obra rara como outras edições poéticas da mesma época. Na sua falta, recorremos às composições que, desse primeiro livro, Murilo Mendes incluiu no volume *Poesias*, de 1959.

8. Wilson Martins, "Contradições de Um Poeta", Suplemento Literário de *O Estado de S. Paulo*, 13 de fevereiro de 1960, p. 3.

nião (aliás, Murilo Mendes raramente tem obtido a compreensão da crítica brasileira) consiste, quem sabe, em não ver no livro de estréia um microcosmo do universo lingüístico do poeta, que viria dimensionar-se em sua obra posterior, através da abertura da expressão, a qual se permitiria todas as liberdades do ritmo amplo, da desarticulação do vocabulário, da violação da sintaxe, enfim, num processo de dicção que logo se destacaria, pelo caráter individualizador e mesmo insólito, no quadro da poesia brasileira.

Poemas transcende o espírito buscadamente telúrico do modernismo, a sua polarização temática do nacional, para alcançar um já alto grau de universalidade, de participação ecumênica no espetáculo do mundo

> Fiquei sem tradição sem costumes nem lendas
> estou diante do mundo
> deitado na rede mole
> que todos os países embalançam
>
> "O Menino sem Passado"

ou definir a sua visão cosmogônica da vida

> Múltiplo, desarticulado, longe como o diabo,
> nada me fixa nos caminhos do mundo
>
> "Cantiga de Malazarte"

e nela denunciar a presença do ser dilemático, que a linguagem tenta elucidar pelo recurso ao arbítrio iluminador da metáfora, pela agressividade dos vocábulos contrastantes, pela formulação mágica de imagens de categoria simbólica. Embora algumas concessões ao humor e à sátira, expedientes então recentemente deflagrados pelo modernismo, *Poemas* já abre na obra muriliana o jogo livre entre o abstrato e o concreto, na ambigüidade das relações do material poético, em que a preocupação com a essencialidade do homem busca resolver-se pelo defrontar a peito aberto, entre a lucidez e o delírio, a realidade e o mito, as proposições éticoontológicas do desafio existencial:

> Sou a luta, entre um homem acabado
> e um outro homem que está andando no ar
>
> "A Luta"

Me puseram o rótulo de homem, vou rindo, vou andando, aos solavancos.
Danço. Rio e choro, estou aqui, estou ali, desarticulado,
gosto de todos, não gosto de ninguém, trabalho com os espíritos do ar,
alguém da terra me faz sinais, não sei mais o que é o bem nem o mal.

"Mapa"

O tributo de Murilo Mendes ao momento literário, à chamada fase histórica do modernismo, ocorrerá, com certa defasagem, no desvio que é o volume *História do Brasil*[9], de 1932. O culto ao peculiarismo brasileiro, o ufanismo ainda que às avessas, a redescoberta a seu modo da nacionalidade (em que haveria muito de romantismo, apesar da atitude crítico-satírica, mais formal que substancial) estão presentes nestes exercícios de história parodística, em que a nota é fundamentalmente cômica, mas não a ponto de disfarçar ou impugnar por inteiro uma contingente necessidade de exaltação, em nível de boa ou má consciência, de nossa mitologia nacional. O Brasil de Murilo Mendes não é diferente, porém, daquele esquematizado em poemas de outros autores modernistas. Uma temática ambiental, folclórica, mais do que histórica, empobrecida quase sempre pela óptica equívoca e por uma linguagem de propensão grotesca, sem valor expressivo próprio, preocupada apenas em mostrar-se *nacional* pela utilização dos elementos movediços, domésticos e afetivos da "língua brasileira", conduzindo às vezes por isso à mera caricatura. Aliás, é toda ela uma caricatura a *História do Brasil* do poeta:

Foi nas margens do Ipiranga,
Em meio a uma pescaria.
Sentindo-se mal, D. Pedro
– Comera demais cuscus –
Desaperta a barriguilha
E grita, roxo de raiva:
"Ou me livro d'esta cólica
Ou morro logo d'ua vez!"

"A Pescaria"

---

9. Murilo Mendes, *História do Brasil*, Rio de Janeiro, Ariel Editora, 1932.

72 MURILO MENDES

A musicalidade, característica que mais tarde Murilo Mendes manipulará com mestria, impregnando-a de ruídos como numa peça de música aleatória, é ainda a das fontes primitivas – mais ingênuas que primitivas; o vocabulário é de teor propositadamente anticulto, empostado na precariedade rítmica de uma linguagem coloquial mas popularesca, à feição de cantigas regionais.

> Seu branco, dê o fora
> Deixe os nêgo em páis.
> Nóis tem cachacinha
> Tem côco de sobra
> Nóis tem iaiá preta
> Nóis dança de noite
> Nóis reza com fé.
>
> "Cantiga dos Palmares"

Este desvio da poesia muriliana, por falta, certamente, de uma vinculação mais visceral com a ideologia das chamadas correntes nacionalistas do modernismo, resulta não só numa realização de questionável convincência literária e reduzido alcance poético, mas sobretudo numa experiência episódica e pouca ajustada à personalidade do poeta. Anunciando este livro, o *Boletim de Ariel* acrescenta ao título, numa espécie de ressalva, a explicação – *Philosophia humoristica*, o que faz supor que o próprio autor já tivesse, à época de sua publicação, consciência do nível menor da obra, preferindo-a compreendida como uma blague, uma sátira de efeito circunstancial (aliás, Murilo Mendes parece mesmo repudiar a sua *História do Brasil*, pois não a incluiu na antologia de 1959). Renato Mendonça, em artigo então publicado na mencionada revista, refere-se a um dos poemas do livro como "variação fútil mas definitiva sobre a proclamação da república, num dia de boa digestão"[10], entendendo-se, sem dúvida, a expressão *fútil* como sinônimo de *divertissement*, expediente bastante comum na poesia modernista daquela etapa ainda necessariamente de impacto, se não mesmo de escândalo. Entretanto, ao falar em

---

10. Renato Mendonça, "Língua e Literatura Regional", *Boletim de Ariel*, Rio de Janeiro, ano V, n. 8, maio de 1936, p. 208.

variação *fútil* mas *definitiva*, o crítico talvez pretendesse, com o segundo adjetivo, realçar que a atitude de humor era uma atitude positiva, atitude repensadora que àquela altura se exigia do escritor em relação aos valores da tradição histórica, ou seja, uma visão menos fantasista, mais próxima da autenticidade, capaz portanto de desmitificar a antiga imagem idealizadora de fatos e personagens. Deve-se anotar, a propósito, que toda a poesia modernista que se funda na temática brasileira conserva, com maior ou menor novidade, neste ou naquele poeta, o mesmo tom *humorístico*, porém de certa forma *definitivo* enquanto conscientização de uma redescoberta da terra.

Contingente e pouco ajustada à personalidade do poeta, como dissemos, essa poesia descritiva e caricatural resta, assim, como fruto de um modismo literário a seu tanto passageiro. E em Murilo Mendes uma tal euforia nativista, se historicamente epidêmica, foi ainda – mais do que isso – entusiasmo meramente epidérmico. Aliás, a sua estrutura poética organicamente pessoal, já se demarcando nos *Poemas* anteriores, às vezes se faz prevalecer também e reivindica, neste desvio através da linha do *divertissement*, do *fútil*, a sua presença em poemas de contextura mais acabada como "Força do Aleijadinho", onde se percebe a insinuação da técnica de penetração na linguagem por seu lado interior, por seu avesso agressivo,

> Então de dentro do corpo
> Do homem disforme e triste
> Sai uma boca de fogo

o que ocorre igualmente em outras composições:

> A imaginação do Senhor
> Flutua sobre a Bahia

> "1500"

> No meu corpo cabe tudo
> Cabe passado e presente,
> Mais do que tudo o futuro.

> "A Estátua do Alferes"

O poeta, por seu turno, em artigo de 1935 – "A Poesia e os Confusionistas", prefere repetir opinião de Mário Pedrosa, de que *História do Brasil* é "um dos poucos livros nossos em que se afirma forte simpatia pelos oprimidos"[11], em que o problema social, portanto, se sobreleva à nota típica, ao nativismo. Verdade que se trata no caso de outra preocupação, quase modismo, daquele momento (1930-1937), vigente no entanto mais através da ficção – o chamado ciclo nordestino – do que na poesia. Esta não atravessava evidentemente fase de muito prestígio, pois, em inquérito realizado à época entre nossos escritores, ela é submetida a verdadeiro "auto-defé", quando chega até mesmo a ser proclamada inútil e desimportante, com vários dos entrevistados (dentre eles poetas como Manuel Bandeira e Augusto Frederico Schmidt) convencidos de que "a poesia está liqüidada. A questão social a matou". Contra isso se insurge Murilo Mendes, num protesto veemente, sustentando que "a poesia é eterna, definitiva, inexpugnável"[12], para acrescentar pouco depois, em novo artigo no *Boletim de Ariel* e procurando evidentemente ajustar a sua opinião ao debate em torno da participação social do artista, do escritor, que "não existe propriamente uma arte desinteressada, nem mesmo – poesia religiosa"[13].

* * *

É num contexto indefinido, nebuloso, de constante dissolução e ebulição de formas e de idéias, contexto revolucionário, dividido em movimentos e programas tanto políticos quanto estéticos (as revoluções de 1924 e 1930, com suas marchas e contramarchas, e os vários manifestos literários – Pau Brasil, Antropofagia, etc.) que ocorre, portanto, a demarragem poética de Murilo Mendes. Um instante em que nossos homens, especialmente os intelectuais, segundo precisa definição de outro poeta, Menotti Del Picchia, "não são mais que seres inquietos, agitando-se sobre uma crosta de cultura superada, oscilando a flux da penosa e luminosa agita-

---

11. Murilo Mendes, "A Poesia e os Confusionistas", *Boletim de Ariel*, Rio de Janeiro, ano V, n. 3, dezembro de 1935, p. 63.
12. Murilo Mendes, "Manuel Bandeira Cai no Conto do Vigário", *Boletim de Ariel*, Rio de Janeiro, ano V, n. 2, novembro de 1935, p. 38.
13. Murilo Mendes, "A Poesia e os Confusionistas", *op. cit.*

O HOMEM SE FAZ VERBO   75

ção interior que abala os alicerces de uma civilização em declarada fa-
lência"[14]. Sim, inquietude e contradição, vontade e coragem de renovar,
hesitante porém entre vários caminhos: repúdio ao passado enquanto for-
ma de vida e de cultura, mas pesquisa e tentativa de encontro das raízes;
rompimento de todas as regras estanques da linguagem, mas a ousadia do
retorno à higidez semântica da palavra comum, da palavra desvestida de
artifício que prenuncia ou, as mais das vezes, exprime com violenta obje-
tividade as mudanças ideológicas de um tempo de crise. Quando Murilo
Mendes falava, em *Poemas*, da

> greve da inteligência
> e um grito deste tamanho, do homem
> tentando romper os moldes do previsto
>
> "Sonata sem Luar"

alardeando de si mesmo:

> todo o meu ser procura romper o seu próprio molde,

ele como que assumia – já e para sempre – a fatalidade da dilaceração do
poeta num tempo também dilacerado, de múltiplas opções e múltiplos
compromissos: com a história e a sociedade, com a responsabilidade ética
e religiosa, mas também com a própria individualidade e, sobretudo, com
uma estética nova e libertária, de que a obra do poeta seria paradigma
radical e maior.

2. O Messianismo Muriliano

De quando data a chamada "conversão" de Murilo Mendes ao catoli-
cismo? O "franco-atirador" não se acomodara, não se amoldara definiti-
vamente a nenhum dos grupos modernistas, embora devesse naturalmen-
te a sua liberdade criativa às aquisições do movimento. Suas idéias filosó-

---

14. Menotti Del Picchia, *apud.* Hélio Silva, *Os Tenentes no Poder,* Rio de Janeiro,
Civilização Brasileira, 1966 (epígrafe).

ficas, suas preocupações estéticas, não aparecem como signatárias ou caudatárias de nenhum dos vários programas lançados de 1922 a 1930. Apropriando-se, porém, das conquistas do verso livre, Murilo Mendes, que iniciava a sua obra sob marcante originalidade, desliza entre o nativismo humorístico – uma esquerda festiva, um testemunho histórico satírico e a seu tanto inconseqüente – e a sua própria e particular convicção sobre o caráter cosmogônico da poesia. Willy Lewin, em artigo de 1934, já alude à "efusão de graça" que teria vindo libertar o poeta, que parecia "seriamente comprometido com os da poesia proletária"[15]. A "graça" seria, assim, a manifestação de uma estabilidade, de um estágio superativo, de um equilíbrio emocional e intelectual, capacitando o poeta a domar, agora, as suas impetuosidades de cunho social. Esta impressão de que o cristianismo, o espiritualismo, a religiosidade viriam descompromissar Murilo Mendes dos problemas de ordem geral, desengajando-o da solidariedade ética e histórica em face dos dramas cotidianos da pobreza e das aspirações do "proletariado", seria, no entanto, plenamente desfeita na continuidade de sua obra, em que essas preocupações são apenas colocadas sob outras perspectivas. De fato, Cristo para ele foi sempre a encarnação dicotômica Deus-homem, mistério essencial em que fundaria os ciclos definidores de sua poesia[16]. Nela, o finito e o infinito, o visível e o invisível, o tautológico e o heterológico, a carne e o espírito não são noções inconciliáveis, ao contrário, se confundem ou se fundem ontologicamente, como elementos do cosmos, tendentes para o absoluto e expostos, entretanto, às contingências de uma experiência terrestre. O poeta não se desligaria da vida (na sua postulação "proletária" ou não) ao descobrir-se integrado no Corpo Místico, pois este, mais do que totalidade da humanidade que se crê unida em

---

15. Willy Lewin, "Saudação a Murillo Mendes", *Boletim de Ariel*, Rio de Janeiro, ano III, n. 12, setembro de 1934, p. 321.

16. "O cristianismo – diz Murilo Mendes em carta à autora – repousa sobre uma loucura, a loucura da cruz; pela sua capacidade de adaptação a situações culturais e políticas diversas – o que lhe vem da riqueza de sua doutrina poliédrica; pelas possibilidades de sua aliança com o socialismo, na obra comum – apaixonante aventura – de transformação do mundo; porque o tal do Deus é o único personagem que, mesmo quando fora de moda, está sempre na moda. Nunca se falou tanto deste excêntrico senhor como na nossa época de supremo ateísmo".

O HOMEM SE FAZ VERBO 77

Deus, é o conjunto de "potências espirituais esparsas ou esboçadas no mundo"[17], mesmo se consideradas "não-cristãs". Desde os versos de *Poemas*

Me desdobrarei em planos infinitos
estarei nos olhos da criança nascendo,
na cabeça dos amantes, nos degraus do espaço,
na última luz dos velhos morrendo,
no sonho do místico
e em todos os lugares onde existir alguém sofrendo no mundo

"Alma Numerosa"

estava implícito que a poesia não representaria para Murilo Mendes instrumentos de alienação, de fuga, de desvinculação ética do homem para com o homem, uma sublimação em que a religiosidade se tornasse forma apassivadora com que o eu do poeta se protegesse, se escudasse ante uma realidade que o rejeita ou não compreende. A escolha deliberada de uma diretriz espiritualista, "desligando-a" (a poesia) "do excesso de Brasil e dotando-a de dramaticidade"[18] – aspiração preconizada pelo grupo de *Festa* (revista de Tasso da Silveira, Adelino Magalhães, Andrade Murici, Murilo Araújo e outros) – resultaria, na poesia de seus integrantes, numa linguagem que nos remete ao simbolismo, pelo teor místico das imagens, pela musicalidade elaborada dos versos, pela evanescência e fluidez da frase poética. É bem diversa a posição de Murilo Mendes em relação à fé, ao cristianismo redescoberto, ao pretexto de uma poesia de impulsão religiosa. O seu messianismo é conturbado, caótico, pouco ortodoxo, angustiado e angustiante, vibrando nos sentidos, como parte indivisível de seu corpo.

O longo poema "Bumba-meu-poeta", ainda de 1930 (anterior, portanto, à *História do Brasil*, mas publicado pela primeira vez em livro, na antologia de 1959 – *Poesias*), foi muito bem definido por Ruggero Jacobbi

17. Teilhard de Chardin, *Le milieu divin*, Paris, Éditions du Seuil, 1957, p. 181.
18. Mário da Silva Brito, *op. cit.*, Introdução Inum.

como "um discutível intermezzo nativista"[19], não se ajustando, a nosso ver, à personalidade característica do poeta senão também como transitória preocupação "proletária". Os versos redondilhados de "Bumba-meu-poeta" ostentam uma feição satírico-caricaturesca e nada acrescentam aos textos tão mais vigorosos e criativos dos *Poemas*. É assim, a partir de *O Visionário*, livro embora sob influxo direto ainda do movimento modernista[20], que Murilo Mendes retoma e desenvolve, em maior amplitude, a sua estética de "conciliador de contrários"[21]. O compasso, a maleabilidade, a inerente doçura do "romance" são constantemente violados pelas palavras de contextura áspera, pela imagem deliberadamente prosaica, pela agressividade erótica das mulheres-símbolo, que se insinuam quase que fisicamente aos olhos e sentidos do leitor. Exemplo típico e hoje clássico é o poema "Jandira", em que a conotação humorística, mais uma vez, não esconde o deslumbramento sensual que vai, no curso da obra muriliana, contrapor-se ou colidir com o êxtase cristão, acentuando o conflito e as dissonâncias intrínsecas que singularizam a expressão do poeta. Isto porque, nos diversos ciclos de sua poesia, ele cria sempre sob temperatura de "alta tensão", com a linguagem recusando a ordenar-se por um distanciamento emotivo disciplinador. "Estou / limitado ao norte pelos sentidos, ao sul pelo medo, / a leste pelo Apóstolo São Paulo, a oeste pela minha educação" ("Mapa", ainda em *Poemas*) – eis uma confissão em que talvez a palavra *limitado* não se encontre semanticamente ajustada, antes querendo significar o dilaceramento que impele o poeta a vários rumos e apelos existenciais, simultaneamente, porquanto o próprio poema parece contradizer uma tal idéia de limitação quando acrescenta que "tudo é ritmo do cérebro do poeta. Não me inscrevo em nenhuma teoria, estou no ar". Aliás, trata-se este de poema que estimamos fundamental como "mapa interior", como tentativa de autognose e, ao mesmo tempo, tomada de posição, conscientização do poeta diante do tumulto imanente à sua condição de criador.

19. Ruggero Jacobbi, "Introduzione alla poesia di Murilo Mendes", em *Murilo Mendes a cura di Ruggero Jacobbi*, Il Mosaico dei Poeti, Milano, Nuova Accademia Editrice, 1961, p. 15.
20. Murilo Mendes, *O Visionário*, Rio de Janeiro, Livraria José Olympio Editora, 1941.
21. Manuel Bandeira, "Saudação a Murilo Mendes, Opus 10", em *Poesias*, Rio de Janeiro, Livraria José Olympio Editora, 1955, p. 373.

O Visionário é como que o prelúdio, o proêmio da entrada triunfante de Murilo Mendes em Jerusalém: a linguagem reinventada de seu messianismo tão original. O livro não chega a apresentar uma organização unitária e destacável no conjunto de sua obra, mas serve para esclarecer-nos, desde logo, que a conversão não vai, estruturalmente, demitir o poeta das ligações vitais com o mundo visível e levá-lo a aceitar, pela renúncia ou sublimação, o desconcerto deste mundo:

> Hesito entre as ancas da morena
> Deslocando a rua,
> E o mistério do fim do homem, por exemplo

> "Tédio na Varanda"

Ele reconhece, ao contrário, que

> Os elementos não me pertencem,
> Não posso consolar
> Nem ser consolado;
> Não posso soprar em ninguém
> O espírito da vida
> Nem ordenar o crescimento das crianças
> Nem oferecer uma aurora boreal à minha amada
> Nem mudar a direção do olhar da amada,
> Nem mudar – ai de mim! – a direção do mundo

> "Alta Tensão"

– porque

> A poesia é muito grande,
> Mas o alfabeto é bem curto.

> "Mas"

Delineado em *O Visionário*, o processo de conversão de Murilo Mendes se documentaria literariamente melhor pelo livro *Tempo e Eternidade*[22].

22. Murilo Mendes e Jorge de Lima, *Tempo e Eternidade*, Porto Alegre, Editora Globo, 1935.

O poeta aí está inserido na situação angustiosa do homem dividido entre a constatação de uma potencialidade redentora (Deus) e a sua impotência e desamparo do degredado (homem-pecador). Daí instalar-se, no âmago de sua linguagem, a confusão entre os sentidos e o pensamento, entre as instâncias do corpo e as da alma. O poeta então se torna realmente messiânico, mas vaticina e elabora as suas parábolas a partir de sua nova, própria e particular religiosidade. O largo ritmo bíblico, é verdade, vai impor-lhe outra retórica e outro vocabulário místico, em que, porém, em vez de procurar o ponto ápice do êxtase vislumbrado na ascese dos santos, exibe uma experiência, que é sua e nossa, de contrastes entre a vida cotidiana de pecado e erro, a consciência orgânica e as noções teológicas, recém-incorporadas ao substrato de seu ideário.

Embora, à primeira leitura, *Tempo e Eternidade* possa fazer supor tenha o poeta se transformado em *doutrinador,* assumindo função apologética (decerto compreensível e justa no momento da descoberta da "graça"), há mais – ou menos? – do que isto na sua aparente reelaboração da salmodia cristã. Não se trata aqui do acesso a uma etapa de plenitude e de paz que se desdobraria, no caso de outros poetas ditos "espiritualistas", em postura de confortável languidez, mas de uma simbiose que se dá pelo contraponto de estados de ânimo variáveis diante de valores éticos e espirituais opostos ("Angústia e Reação", "URSS" etc.). O poeta reaprende e reinventa, em sua língua pessoal, o *Cântico dos Cânticos* e o *Apocalipse* realmente como um "visionário", movido pela esperança ou certeza do Amor maior em sua eloqüente invocação e também pelo *susto* da conscientização do desastre do mundo:

Nasci de mil vidas superpostas
. . . .
Vim para experimentar dúvidas e contradições

"Vocação de Poeta"

porque não me contenho nos limites do mundo.

"Salmo n. 1".

Do mesmo modo, a religiosidade do poeta não se conteria nos limites de um catecismo moderador e simplista, embora assumisse, em *Tem-*

po e Eternidade, o primeiro dos estágios do cristianismo em nossa época de que nos fala Teilhard de Chardin: "Em um primeiro tempo, o cristianismo pudera parecer fechar-se às aspirações humanitárias do mundo moderno. Em um segundo tempo, devia retificá-las, assimilá-las e salvá-las"[23]. Murilo Mendes passa imediatamente a esse segundo tempo, em que assimila as "dores do mundo" e em que a sua linguagem se contorce também entre os simbolismos católicos e a presença violenta do homem, impuro e contaminado pelo sexo, pelo erro, pela vida[24].

3. Elementos de Vida

Um ano após *Tempo e Eternidade*, ou seja, 1935, Murilo Mendes, que nunca foi, no dizer de Alceu Amoroso Lima, um "homem de rebanho"[25], mas aquele cujos "olhos convergem para todas as coisas / que de todos os lados convergem para mim", escreve *Os Quatro Elementos*. A partir do encontro, escolha ou chegada, que é a sua indatável conversão, só explicitamente detonada em *Tempo e Eternidade*, mas implicitamente já de antes incorporada à essência de sua poesia – pode com efeito o poeta alargar a sua visão do mundo, na intensidade do assombro com que o homem, marcado pelo pecado original, atinge o senso cósmico e absorve a existência em sua múltipla ou mutilada complexidade.

Os quatro elementos básicos da matéria – terra, água, fogo, ar (segundo a teoria de Empédocles, subseqüente desenvolvimento de Pitágoras), se hoje são cientificamente uma simplista e irrisória especulação da física em seus primórdios, tornam-se no entanto, no projeto poético de Murilo

---

23. *Dans un premier temps, le christianisme avait pu sembler se fermer aux aspirations humanitaires du monde moderne. Dans un deuxième temps, il se devait de les rectifier, de les similer, de les sauver"*, Teilhard de Chardin, *L'energie humaine*, Paris, Éditions du Seuil, (1962), p. 220.

24. "Nós católicos estamos muito mais próximos do espírito pagão do que do espírito burguês. É claro que estamos muito acima do paganismo, como de tudo mais. Porque a revelação de Cristo jamais será superada. Mas quero acentuar que estamos longe do espírito burguês e do puritano", Murilo Mendes, "Atrahirei tudo a Mim", *Boletim de Ariel*, Rio de Janeiro, ano VI, n. 4, janeiro de 1937, pp. 106-107.

25. Alceu Amoroso Lima, carta à autora.

Mendes, um título e um livro-verdade, em suas possibilidades de desdobramento de simbologia mística e de invenção especulativa, conjunção dinâmica para a ontologia do homem, ser reinante sobre esses elementos e com eles cosmicamente fundido. Neste livro, o poeta, já sem a preocupação de realçar o seu caráter *católico* pela utilização do ritmo e vocabulário bíblicos, abre-se em sua linguagem para várias e amplas direções, para mais difusas, oníricas, instantâneas e instintivas notações poéticas em si. Aqui já não lhe interessa tanto dar a seu pensamento uma determinante teológica, mas, sim, captar a determinação emergente da própria qualidade de sua poesia, que "sopra onde quer". Retoma-se aquela linha de participação, que fora equivocamente chamada de "poesia proletária" – a sua participação comovida diante das coisas, de todos os elementos de vida. O temperamento vibrátil de Murilo Mendes leva-o às fragmentações, aos movimentos descontínuos da expressão, às aliterações, à adjetivação áspera e aos jogos de palavras em choque, procedimento criativo que tem provocado a sua classificação como poeta *surrealista* (na verdade, sentiu-se atraído pelo movimento, mas apenas enquanto possibilidade de libertação ainda maior da linguagem poética). Contudo, não estamos aqui diante do puro exercício surrealista; a nossa leitura dos poemas de *Os Quatro Elementos*, se atenta, constatará antes um curioso barroquismo de fotógrafo de sensações, no uso de uma lente ampliativa e iluminadora, a câmera rápida que a mão impaciente dirige, ansiosa por fixar todas as volutas e curvaturas que descobre ou ele mesmo inventa no universo em torno.

Se a triagem rigorosa dos sentimentos, a seleção disciplinadora das idéias, a concatenação ordenada da imagística – concepções de uma diretiva poética que se deseja clássica no equilíbrio e na severidade – não se encontram neste livro, pode-se, não obstante isso, falar em surrealismo aí apenas enquanto provocação, enquanto assimilação de uma estética apreendida mais por temperamento e instinto do que pela atitude intelectual de aderir à voga do automatismo psíquico da escrita, da criatividade poética fora de todo o controle da razão. Pois a razão, como instância superior da criação, não pode deixar de estar presente quando ele afirma, convicto,

Muitos versos sem mim não poderão existir

> . . . .
> Sou poeta irrevogavelmente
>
> "Manhã"

– assumindo, deste modo, em lucidez a sua condição privilegiada de poeta, capaz de detectar, com seu "olho armado", um universo abstrato enquanto linguagem, mas construído de elementos referencialmente concretos: as estrelas e as máquinas, a pedra e a água, o fogo e o radiograma, o bar e as amantes, a manhã e o cais, as coisas enfim – e o *homem*, sempre, entre as coisas, os *elementos*.

A poesia de *Os Quatro Elementos* é já, portanto, encaminhamento definitivo de expressão da personalidade peculiar e multíplice de Murilo Mendes, que a partir daí, em crescente radiação de originalidade, iluminará o decurso de sua obra. Escudado por uma ontologia aprendida do cristianismo e pela cosmologia de sua singularíssima visão poética, ele pode dirigir-se, afinal, para a meta do *essencialismo*[26] – sua estética visceral – que busca a conjunção do ser no conhecimento sensorial do mundo e de Deus, para a realização unitária e última do Amor, visualizável pelo poeta na desordem/ordem dos elementos da vida: mulher/terra, sexo/fogo, fé/água, Deus/ar.

---

26. "Portanto: primeira etapa da aventura da poesia – organização da matéria poética, dos elementos de conhecimento biológico, podendo ser empregados todos os meios que se acham ao nosso alcance, inclusive os meios mecânicos; segunda etapa – penetração na ordem sobrenatural, que começa no amor e na caridade, até atingir o plano supraterrestre: este nos dará a plenitude de nosso ser definitivo, conforme as revelações de Jesus Cristo, o poeta máximo, pois pregou a poesia que não muda, a que resiste a todos os preconceitos, a todos os modismos – enfim, a poesia dos grandes temas necessários à conservação da unidade do homem, a poesia 'essencial'. Resumindo: a poesia começou no instante da criação do mundo, continua no plano temporal e se completará um dia na eternidade". Murilo Mendes, "Ismael Nery, Poeta Essencialista", *Boletim de Ariel*, Rio de Janeiro, ano III, n. 10, julho do 1934, p. 268.

II. O Verbo se Consolida

1. Discurso do Amor em Pânico

Mário de Andrade afirmou, entre enganos e acertos críticos, que *A Poesia em Pânico* criava "um dos momentos mais belos da poesia contemporânea e, por certo, o seu mais doloroso canto de amor"[1]. Está aqui uma expressão que, na sua elasticidade semântica – e por isso mesmo –, serve em generalidade a uma conceituação digamos ético-espiritual de toda a poesia muriliana. Repartida em Eros (deturpação mitológica de sentido biológico-sexual), em Caritas (concepção cristã de dimensões cosmogônicas), em Atração Mútua (energia fundamental que movimenta o ser em direção aos outros seres) ou em que múltiplas conotações de significados interdependentes possa aparecer, até mesmo em conotações políticas, a palavra *amor* estaria, com mais razão, adequada a uma definição simplificadora deste livro de Murilo Mendes. Nada é assim tão linear, porém, nessa poesia animada, que se encontra realmente em pânico diante do mundo, da mulher e de Deus. Pânico – estado de deslumbramento e veemência lírica perante a imagem-vertigem da mulher, esta *Berenice* (ou

---

1. Mário de Andrade, *O Empalhador de Passarinho*, São Paulo, Livraria Martins Editora, 1946, p. 46.

86   MURILO MENDES

Cristina ou *Roxelane* ou *Regina*) que é o "mais terrível e vivo dos espectros", que se alimenta do poeta e "é pássaro e flor e pedra e onda variável" e, principalmente, "idéia". Pânico – estado de veemência e abismação existencial perante o "Amor, palavra que funda e que consome os seres. Fogo, fogo do inferno! Melhor que o céu". Pânico – estado de veemência metafísica perante a vida, seu absurdo e enigma, sua infinitude de tempo e espaço – dimensões irreveladas desse universo-esfinge que se propõe à "numerosa comunidade do desespero", a dos lúcidos poetas.

Neste livro, surpreende-se, sem dúvida, o instante em que Murilo Mendes, consolidando as linhas em evolução de sua obra poética, remarca de um selo definidor o que se pode chamar o seu primeiro grande vôo criativo. Com efeito, ultrapassando o alcance às vezes aleatório daquele radar sensorial pelo qual se orienta até então a sua linguagem, o poeta ousa entregar-se, porquanto em pleno domínio do processo criador, a uma inteira alegria e claridade semântica, à dança e à música do verso aberto, a um balé contrapontístico em que se revezam, com a mesma função na estrutura geral do poema, o vocal e o instrumental. O *eu*, fulcro do discurso confessional lírico, pressupõe aqui sempre a contraparte de um *outro*, um ser a um só tempo objeto e sujeito sem cuja interação dialógica com o *eu* do poeta não lograria este a sua peculiar sintaxe de enunciação bipolar do jogo amoroso. É, ademais, esse *outro* o elemento que neutraliza, na mecânica do pensamento poético, a possível ascendência da ênfase do tom particular sobre o tom geral, ou seja, o elemento que elide o artificial fulgor romântico, através da uma inquietude e agitação antes centrífugas, objetivas, do que centrípetas, subjetivas. Juntos, o *eu* e o *outro* ampliam uma visão monocórdica da vida para uma visão sinfônica, de andamento mais forte e solene, que resulta numa forma de eloqüência grandiosa dentro do *allegro* subjacente a todo o livro. O messiânico, o profético, a salmodia transformam-se nos jubilantes acordes voluptuosos, em que o típico e insólito encadeamento dialético da linguagem do poeta cede lugar à diafania, à percepção da onipresença do Amor, em suas encarnações impetuosas e híbridas.

Mesmo a imagística surreal é aqui menos insinuante, quase diluída em meio a uma formulação mais direta do discurso poético, de desdobramento mais cerrado e unitário, com menores seccionamentos de oposiçoes. "A matéria é forte e absoluta / sem ela não há poesia" – e é por esta matéria substantiva e concreta que o poeta, criador e criatura, ser-órfico mas também ser-enigma, poderá "ser decifrado". Não se verifica uma acentuada distinção entre dicção poética e prosa, elas se sobrepõem e se cruzam com naturalidade. Há um progresso evidente da precisão semântica – o ajustamento do significante ao significado, a adaptação da palavra ao objeto, a palavra se tornando objeto –, em vez de subsidiária operação de imaginação metafórica e de efeito conotativo, de função em muitos casos ornamental e deliberadamente imprecisa. A mulher "é sólida como esta pedra" e a ela o poeta declara querer, numa identificação mais física do que afetiva, "escrever a biografia de todos os átomos do teu corpo", acrescentando: "eu sou a tua cicatriz", "eu sou tu, sou membro do teu corpo e adubo da tua alma".

O fluir do tempo, a presença de Deus, o ímpeto do amor, a glorificação da vida, a graça do encontro desdobram-se numa linguagem que utiliza mais uma vez os sentidos para tentar resolver a proposição dilemática que coloca o homem e o poeta frente à materialidade imediata das coisas e à sua projeção na experiência vivencial:

> Eu e tu somos o duplo princípio masculino e feminino
> Encarregado de desenvolver em outrem
> Os elementos da poesia vindos do homem e da mulher.
> Nós somos a consciência regendo a vida física:
> Atingimos a profundidade do sofrimento
> Pela vigilância contínua dos sentidos.
>
> "Nós"

Sem destituir a unidade temática e a força primitiva de seu processo de composição, Murilo Mendes empreende em *A Poesia em Pânico* uma versão nova de seu discurso poético, de criatividade superior, mas de transparente e calorosa comunicação: o discurso de seu *eu* situado pela paixão.

2. Metamorfose?

Em 1938 tem Murilo Mendes trinta e sete anos e atingiu, como vimos, um domínio e eficácia da linguagem que se podem qualificar como maturidade de vida, maturidade estética. Ainda (ou mais) se afirma como "franco-atirador", quando Carlos Drummond de Andrade já instituíra como padrão – copiado, imitado, diluído entre os poetas menores – a "expressão desnuda, direta"[2]. Por outro lado, serenadas se achavam também as repercussões da primeira fase modernista, das palavras desabridas e dos ataques às tradições e ao bom comportamento vocabular. Nesse sentido, não há mudança em Murilo Mendes, que continua a *agredir* a "boa poesia" com a sua voz altissonante, a sua impulsividade verbal, a contextura surrealístico-barroquizante, a mitologia e o onirismo de suas imagens. Portanto, o que o seu novo livro – *As Metamorfoses*[3] – mostra de *transformação*, anuncia como novo ciclo de sua obra, não é uma mudança de itinerário lingüístico e filosófico, mas uma confiança e segurança maior em sua própria força expressiva, menos arbitrária e menos juvenil em sua informabilidade. O poeta aprofunda a sua cosmovisão, preservando no entanto a integridade da metáfora surpreendente e o lúdico movimento de imagens. O livro, que abrange a fase de 1938 a 1941, é uma *metamorfose* apenas enquanto inverte, de certa forma, a linguagem de exaltação do amor que fora *A Poesia em Pânico*, para reconduzi-la de volta à angústia existencial, à preocupação com o coletivo, com o mundo a caminho da queda, retomando a continuidade interrompida, a linha de seu pensamento social-religioso.

À premonição do caos junta-se a memória afetiva, à crise do poeta frente ao universo liga-se a consciência do eterno, os sentidos se domam sob a vigilância do espírito, os dilaceramentos são aceitos em sua dualidade, em seus aspectos negativo e positivo:

> Eu vos forneço o alimento da catástrofe e o ritmo puro,
> trago comigo a semente de Deus... e a visão do dilúvio.

> "Começo de Biografia"

O poeta se reconhece, se ausculta, se revela e se expõe deliberadamente ao desastre do mundo. O poeta se teatraliza, se encena, se dirige e se emposta

---

2. Mário da Silva Brito, *op. cit.*, p. 124.
3. Murilo Mendes, *As Metamorfoses*, Rio de Janeiro, Ocidente, 1944.

num cenário que preparou com requintes, essa paisagem de vivência psíquica, em que ele – o Homem – é o protagonista de uma farsa misteriosa pela sua ambigüidade: "a piada da criação". Farsa que ele próprio, por suas qualidades histriônicas, transforma, metamorfoseia, redime afinal em tragédia:

> Sou um campo onde se decide a sorte dos fantasmas
> . . . .
> Vinde beber no meu peito,
> Cavaleiros andantes e volantes deste século,
> Mulheres sem asilo, corações mutilados, Antígona.
> Ó vós todos que temeis a força da matéria,
> Comparsas de ópera, musas desprezadas dos poetas,
> Nuvens anônimas: procurai minha sede.

> "Corrente Contínua"

Libertando-se da metáfora surrealística *per se*, Murilo Mendes define a sua dicção poética, dicção característica de um homem que precisa "saciar" a sua "sede de teatro", um teatro grego, em que a idéia dominante é a da fatalidade inexorável que regula o destino dos homens. Dos livros que vimos acompanhando até aqui, *Poemas, Tempo e Eternidade, A Poesia em Pânico* e *As Metamorfoses* compõem, pode-se dizer, uma tetralogia clássica – quatro peças que desenvolvem um mesmo conflito, subjacentemente de conotação sensorial e religiosa. Autor/ator, o poeta interpreta todas as personagens, dando-lhes a sua própria inflexão: à voz contrapõe o coro, à pergunta dá a sua réplica, à coreografia incorpora a sua gesticulação fascinante:

> Eu existo para assistir ao fim do mundo.
> Não há outro espetáculo que me invoque.
> Será uma festa prodigiosa, a única festa.
> Ó meus amigos e comunicantes.

> "Fim"

À ardente e fogosa linguagem de *A Poesia em Pânico*, justificada como expressão de um momento candente de vida e de emoção amorosa, sucede a retomada do discurso poético e das palavras intensamente dramáticos, ácidos, conceitualistas, que compõem a situação teatral paradoxalmente mística e realista, a atmosfera de desordem que é o seu cenário-cenáculo, onde profetiza e vaticina o caótico ser humano que ele incorpora em si e exorciza:

> Ninguém moverá para mim
> A máquina do sonho e da noite,
> Eu a moverei.
> ....
> Fui construído a golpes de angústia

> "Vigília"

> Conduzo sempre comigo
> A fração de eternidade necessária.

> "A Extensão dos Tempos"

É o seu espírito aberto à amplidão, recusando-se à deserção da vida, todo entregue à volúpia do fantástico movimento das palavras, que pode afirmar com sinceridade: "vou onde a poesia me chama". Mas já compreende que a lira, gasta imagem da magia instrumental do poeta, resta inadequada para acompanhar a melodia selvagem de sua imaginação poderosa, que "letra e nuvem" / lutam com os sonhos / pela posse do poema", nessa dissonância gerada pelos cortes sucessivos na melodia do discurso. Quando diz – "Tu és na verdade, mulher, / Construção e destruição" –, Murilo Mendes define também a sua estética, que se propõe um âmago de luta entre o provisório e o eterno, entre a consciência da linguagem ("estamos vestidos de alfabeto") e a consciência da inoperância da linguagem ("O amor é minha biografia / texto de argila e fogo"). A letra-texto, a plasticidade da palavra, a autópsia do significante estarão sempre em conflito com as visões e alegorias do poema muriliano. E não há vitória nem derrota. A articulação poética aí é a de um rapsodo ambulante, em sua atlética e decidida vontade de "Virar a vida pelo avesso", assumindo a sua contundência, sua loucura, sua essência:

> A Poesia sou eu,
> A Poesia é Altair,

> A Poesia somos todos.
>
> "Iniciação"

Murilo Mendes leva até os limites máximos essa tensão de personagem-autor-referente e de personagem-"todo mundo", intuindo a crise da linguagem dentro da linguagem, pelo tratamento drástico que dá a seus valores-significados implacáveis. Daí a impressão de "inacabamento", de feitura descuidada, de alternativas entre um cerrado individualismo e uma abertura para o diverso, o di-verso. Inacabamento que é o resultado de seu componente de inquirição metafísica, de questionamento das ambigüidades, de sedição ao formalismo e, ao mesmo tempo, do objetivismo do texto, excitado constantemente pela fricção dos sentidos e pela experiência moral. A falha fundamental da poesia é a linguagem – sabe o poeta –, daí *metamorfoseá-la* em ousadia, usá-la em sua natural impostura: teatro em que todos somos *persona* e, mais que todos, o poeta que nos elide, reinventando, o esquema vital da realidade.

3. A Vida é Sonho, o Mundo é Enigma

O compromisso íntimo de Murilo Mendes com o estético e o ético assume o dualismo barroco e, tanto na linguagem como em sua filosofia, se resolve no *topos* de que a vida é sonho – ou é o *Mundo Enigma*. O título do novo livro já compreende, assim, uma definição de sua postura metafísica diante de temas que se repetem e se perenizam na subjetividade humana – a vida, o mundo –, situações-problemas exasperantes que ele, no entanto, enfrenta e argúi através do seu processo recriador da realidade, a sua poesia. Apenas girou o caleidoscópio e vemos brilhar outras formas, outras cores, outras luminosidades, da mesma matéria quebradiça e móvel que são as palavras. Mudou o jogo ou mudou tão-somente o estatuto do jogo? Se algo mudou, é muito sutil para que o percebamos. Há muito tempo, Murilo Mendes nos fez cúmplices de sua vulnerabilidade diante do mistério e nos levou a conscientizar os "dois lados" de todo homem. A vida é um sonho (quase sempre um pesadelo) e o mundo é um enigma (de impossível decifração). E nós debalde tentamos encontrar a "fala" certa com que devemos apresentar-nos no espetáculo, que é a própria desordem dos sentimentos e das ações.

Este novo livro[4] só é novo se atentarnos para as detalhes de um vocabulário que parece tender agora para uma clarificação menos de lógica sintática, mais de lógica semântica, menos de planos sucessivos e de visão desfocada, mais de unidades dinâmicas. Ao sistema operatório do código subjaz a identidade temática e um modelo de atividade expressiva, que se resolve pela "linguagem de sinais" e por uma religiosidade de catacumba. Os versos se tornam menores e mais secos, porém tão dramáticos e contundentes quanto nos livros anteriores, de que Murilo Mendes agora abandonou apenas os movimentos demasiado teatrais e voluptuosos do corpo. Na verdade, o "mundo enigma" se levanta de forma tão concreta diante do poeta, que a este não interessa mais a tentativa (inútil, de resto) de decifrá-lo ou de gritá-lo aos ventos. Melhor fundir-se nele, nesses "porões da miséria", e reconhecer:

Escrevo para me tornar invisível,
Para perder a chave do abismo.

"A Fatalidade"

O movimento dialético continua a ser a sustentação dessa poesia em que as "afinidades eletivas" de Murilo Mendes se mostram com evidência: o labirinto barroco no qual uma imagem ou palavra se enovela sobre a própria cauda e gera outras imagens, que por sua vez se enovelam e suscitam a nossa *visibilidade* no caos:

Nunca o espírito repousará.
Dança, lei de um e de todos.
O fim igual ao princípio:
aí nossa visibilidade começa.

"Vida de Aço"

Trata-se de viajar em torno de nós mesmos, em torno do ser bifronte com sua trama de lembranças e sua carga de desastre:

4. Murilo Mendes, *Mundo Enigma*, Porto Alegre, Editora Globo, 1945.

Todos curvados constroem
Suas próprias algemas.

"Lamentação"

A meta, neste mundo-enigma, é entranhar-se nele para conhecê-lo e conhecer-se, prisioneiro, personagem "vestido com armadura de sombras", seja no *eu* em confronto com o sistema total, seja na constelação de *eus* que se atritam. Ao poeta não escapa a dificuldade de compatibilizar-se com a vida e o mundo, seja pela intensidade de suas necessidades e urgências emotivas, seja pela clarividência em perceber a agressão e coerção cotidianas feitas à sua aguda cognoscibilidade:

Já estou com medo
de avançar para mim mesmo.

"Poema Chicote"

A sua garantia única é a palavra, mas esta não é sempre produto de uma lacuna entre o pensamento e a comunicação? O poema não tem corredores, é o "profundo vale / do teu segredo", e, nele, "o diálogo virou monólogo".

Sim, um monólogo este livro de Murilo Mendes, monólogo que se torna aparentemente ordenado e direto, mas que é indissociável de uma estrutura entre aleatória e metafísica, de uma clara seqüência de relações de colagem: poema sobre poema, frase sobre frase, palavra sobre palavra, num agrupamento ao mesmo tempo contínuo e descontínuo[5]. Só o "Poema Barroco" é destacável em sua integridade, talvez o mais caracteristicamente muriliano em sua contextura espessa, a que não falta o apoio onírico do surrealismo, curiosamente compondo as "imagens e idéias engenhosas" da lição barroquizante. Estendendo e distendendo até o físico e o táctil a sua imagem mentalizada do mundo (cavalos da aurora / porta da noite / céu de açucenas e bronze / relógios e cristais – e os estranhos e inóspitos "ruídos de carrocinhas de leiteiros"), cria o impacto para o sentido do poema, que se esclarece nos versos

---

5. *"Discontinuité de continuité. Telle se définit et se présent à nous dans la théorie de son mécanisme, juste comme l'apparition première de la Vie, la naissance de la Pensée".* Teilhard de Chardin, *Le Phénomène humain*, Paris, Éditions du Seuil, 1955, p. 187.

preciso conhecer meu sistema de artérias
preciso conhecer os porões da minha miséria

e na solução final, a seu tanto humorística, em que a própria Nossa Senhora (humanamente *das Derrotas*) "pede auxílio". Com esse equipamento de linguagem é que Murilo Mendes enfrenta o "mundo enigma" – linguagem externa (plasticidade, visualidade, auditividade) e linguagem interna: pergunta-resposta-pergunta, sua estratégia de equilíbrio para suportar a irrealidade da vida.

4. Poesia Libertária e Libertada

Os caminhos da obra poética de Murilo Mendes podem ser esboçados como uma associação de geradores em paralelo, alimentando um circuito externo a partir de uma corrente interna de elevada intensidade. A equação que parte de *Poemas* até *Poesia Liberdade*[6], isto é, de 1930 a 1943, se armaria em

Sensualidade/Misticismo – Visível/Invisível = Eu/Mundo

Modernismo/Surrealismo/Barroquismo = Linguagem inventiva

Entre as duas seções transversais (ou seja, o binômio fundo/forma ou texto/contexto), o fio condutor isolado, carregado pela potência inventiva original, o dispositivo detonador da carga emotivo-objetual, o poeta.

Sem se resolver ou se limitar em circulo, a idéia de paralelas é mais exata como tentativa de fixar a permanência e a preeminência de uma temática, que vimos ser de ordem ontológica e dialeticamente colocada pelo jogo das contradições imagísticas e das correspondências metafísicas. A história dessa poesia inclui ainda o aproveitamento de materiais lingüísticos que não tinham recebido de outros poetas brasileiros a atenção que Murilo Mendes lhes confere. Postos fora de série, como trabalhos experimentais ou imaturos, o livro *História do Brasil* e o poema "Bumba-

---

6. Murilo Mendes, *Poesia Liberdade*, Rio de Janeiro, Livraria Agir Editora, 1947.

meu-poeta", podemos acompanhar o nascimento e a evolução mais ou menos uniformes de texto e contexto, que caracterizam a unidade orgânica da obra muriliana.

Uma retórica que se impõe pela sua força dramática, avocando a si a visão cosmogônica do mundo, pelos arroubos das imagens irracionais ou oníricas, apresentada em versos largos de ritmo orquestral (em que, no entanto, os instrumentos não se afinam pelo mesmo diapasão), uma linguagem que subverte, a seu modo original, a diretiva do movimento modernista enquanto *escola*. Utilizando-se quase sempre de tropos que pertencem ao mundo físico, metáforas de sexo e sangue, o poeta conjuga-as e identifica-as com as metáforas do mundo metafísico, religioso, chegando a um surpreendente panteísmo cristão, ou, melhor, a um cristianismo terreno e carnal. Admitindo e servindo-se habilmente das imagens associativas do inconsciente, postas em voga pelo surrealismo, não permite, todavia, que a sua poesia se realize apenas pelo impacto verbal, mas intervém nela criticamente, emprestando-lhe uma organização interna e final em que, ao táctil, ao auditivo e ao visual, ao concreto, se insere a dramaticidade barroca, as matrizes filosóficas que alimentam como veias a tessitura agreste da palavra.

Esta linha de pensamento poético e de processo de composição é que dá aos livros de Murilo Mendes, concebidos como entidades autônomas, a coesão e a força de uma atitude lingüística e de uma temática homogêneas, que chamamos de geradores em paralelo. Em *Poesia Liberdade*, podemos observar o fenômeno em sua maior evidência, em sua plena ocorrência, o alinhamento dessa equação criativa, em que o fio condutor é uma loucura/lucidez feita da carga emotiva e lúdica da poesia e o potencial de tensão da armadura da linguagem. A paixão física que se torna paixão espiritual, e vice-versa, o mundo que é visível em sua tactibilidade e invisível em seu enigma, os sonhos que são realidade e a realidade que é sonho, o exílio e a interação do homem, as faces contraditórias e justapostas dessa temática e dessa composição elíptica e de aluvião convergem para a certeza do "ofício humano", a deliberação de assumir integralmente a crise da consciência e a desordem das coisas, antes alusões e agora *responsabilidade* do poeta.

O mosaico de um dialeto ontológico mas de função pragmática no corpo do poema passa a constituir, em *Poesia Liberdade*, uma verdadeira estrutura de coesão. Começando por um andante, em movimentos moderados, a partir das unidades de valor reguladas por modulações originais, a marcha dos poemas se imprime em gradação e progressão segundo as pautas de uma partitura que só o poeta conhece e decifra. Em lírico *allegro* como no "Poema da Tarde" ou em adágio cadenciado pela sonoridade do discurso do homem perplexo em sua "Ceia Sinistra", a que somos convidados, e em que todos somos consumidos, o certo é que

É preciso desdobrar a poesia em planos múltiplos

"Ofício Humano"

pois ela não comporta restrições ou regras estanques.

Será a morte (a morte corporal, a morte da palavra) a única fonte de lucidez nesta interminável expectação que é o fracasso da comunicação, de quem quer e não pode "conviver o outro"? Se às vezes o poeta se angustia diante das impossibilidades de libertação do homem de seu inferno cotidiano e conscientiza que sua subsistência só se fará com a bebida do próprio suor, pode o seu sentimento religioso e social ter a esperança de chegar à "arquitetura perfeita" levantada sobre o alicerce da "aurora coletiva?" A poesia é *liberdade*, principalmente *libertária* num mundo de duros contornos, com a sua ossatura exposta pelo espetáculo da guerra, naqueles "campos semeados de metralhadoras" que criam um "universo de cruzes". Ao menos a poesia pode indignar-se pela cota de ódio diariamente distribuída, pode tentar ser humana e palpável, ou exigir até a retratação de Deus:

Diante do crucifixo
Eu paro pálido tremendo:
"Já que és o verdadeiro filho de Deus
Desprega a humanidade desta cruz".

"A Tentação"

Às visões e alucinações do desespero pode-se contrapor pela poesia a esperança, mesmo através dos choques: "o choque do tempo contra o altar da eternidade" ou da "guilhotina erguida pelo erro dos séculos / com a pomba mirando a liberdade no horizonte". Necessariamente, a palavra deve construir a salvação no aniquilamento, deve objetivar aquele "Algo" perseguido e raro, mas essencial:

> O que raras vezes a forma
> Revela.
> O que, sem evidência, vive.
> O que a violeta sonha.
> O que o cristal contém
> Na sua primeira infância.

Momentos como esses, de uma quase concreção do verso, tornado tão conciso quanto substantivo, começam a surgir também como uma exigência dessa poesia-liberdade, mas não tão estranhos como possam parecer na caminhada progressiva do poeta. Mesmo quando empolgado pela própria eloqüência e pela sua presença de palco, vimos que o poeta seccionava muitas vezes a impulsividade de seu verso por uma observação epigramática, contundente e precisa. Mas em *Poesia Liberdade* a frase *contida* desponta com mais freqüência e como que respondendo a uma exigência de seu "olho armado".

Não sabemos se já foi assinalado o parentesco espiritual de Murilo Mendes com o inglês William Blake, ao qual, aliás, o poeta brasileiro consagra um artigo despretensioso e entusiástico em 1944[7]. Dizendo-o pertencer "à raça dos poetas, dos visionários e dos santos voltados para os problemas transcendentais", poeta "lírico, alegórico", "um rebelado contra a lei, a favor dos instintos", Murilo recorre a palavras que se adequariam perfeitamente a seu próprio retrato psicológico e artístico. Não é outra coisa o que, a propósito de Blake, observa B. Ivor Evans:

... a acreditarmos no que ele nos diz, ante os seus olhos passaram de fato os anjos e as figuras estranhas que nos retrata: sentavam-se ao lado dele no seu jardim, ou no meio das árvores, reunindo-se à sua volta com o à-vontade dum grupo de amigos. Estas visões desprendiam-no do mundo material, em que tão grande parte do século XVIII se atolou como num pântano de abatimento interior; e foi assim que Blake libertou a alma humana de sua escravidão à matéria e, nos seus momentos mais inspirados,

---

7. Murilo Mendes, "O Amigo William Blake", *Síntese*, Rio de Janeiro, n. 38, vol. XII, dezembro de 1944, p. 72.

98 MURILO MENDES

descobriu uma vida para além do Bem e do Mal, uma cândida e fulgente imagem de energia pura[8].

E outro historiador das letras inglesas, Émile Legouis, aduziria por sua vez:

> His phylosophy is a series of tranquil and imperious assurance; to our minds they are presented as a group of strange, complicated symbols, which to Blake are the clearest, the most familiar realities[9].

Não encontramos aí uma definição bem à medida da poesia muriliana? Também digamos que o poeta brasileiro convive com os anjos, que usa "um grupo de estranhos e complicados símbolos" para transmitir-nos suas "intuitivas visões do reino do Absoluto" e que seu pensamento, "poderosamente criativo e liberto de todos os lugares-comuns", se move "na ponta extrema do pensável, ou mesmo além, tanto quanto sua veemente expressão cruzaria os limites do inexprimível"[10].

Poesia Liberdade leva mais longe o processo poético de Murilo Mendes, ao instaurar maior liberação dos condicionamentos formais, mudando o compasso dos versos, rompendo o encadeamento da frase, fazendo subir e descer o gráfico de luminosidade e opacidade da palavra. Mas aqui ainda mantém a funcionalidade de um léxico próprio, sancionado pela fascinação do verbo e do Verbo, nisso residindo outro ângulo da sua afinidade com Blake, poeta que, aliás, nunca desfrutou no Brasil de maior receptividade ou influência. E se Murilo Mendes afirma ter visto certa vez o anjo Mozart[11], como Blake via os seus próprios anjos, é talvez porque se fundem em nosso poeta, como no inglês, de tal forma o espiritual e o temporal, que suas

> idéias abstratas,
> de tanto as tocar, tornaram-se concretas
>
> "Idéias Rosas"

---

8. B. Ivor Evans, *História da Literatura Inglesa*, Lisboa, Portugália, s/d., pp. 51-53.

9. Émile Legouis, *History of English Literature*, New York, Macmillan, s/d., pp. 990-991.

10. Émile Legouis, *op. cit.* (trechos traduzidos pela autora).

11. Essa afirmação de Murilo Mendes foi, por diversas vezes, citada em reportagens sobre o poeta. Explicou-nos ele, em carta, que Mozart lhe apareceu "vestido de fraque azul". A palavra "anjo", portanto, tem aqui apenas o sentido de "figura do além".

– processo de coisificação cuja mecânica, enquanto linguagem, ele prefere ignorar, assumindo vivencialmente a sua magia:

> Por que achar o fio do Labirinto?
> O importante é viver dentro dele.
>
> "Maran Atha!"

Enfim, estabelece-se, em *Poesia Liberdade*, uma estética tática, de soluções e versões em processo: o abstrato concretizando-se, no plano da linguagem; o metafísico cristalizando-se, na medida em que se enquista como inteligibilidade e evidência do homem.

5. Sonetos Brancos: *Desvio ou Interlúdio*

É costume datar de 1945 o início da reação entre nós contra os excessos que, àquela altura, desfiguravam os princípios de liberdade de criação poética que a estética modernista deflagrara. Um grupo de jovens escritores, pertencentes à geração literária que então surgia, tentou encontrar uma posição moderadora e modelar para a poesia, através da contenção do que entendiam como indisciplina formal, se não através da própria abjuração aos estímulos de autonomia de invenção e linguagem conseqüentes à Semana de 22. Na tentativa de alcançar um equilíbrio entre o vocabulário reformista (ou anarquista mesmo, para muitos), entre a temática de envolvimento político-social, entre as tendências regionalistas e ufanistas e uma expressão que se tornara demasiado prosaica ou descomedida em sua discursividade, a chamada "geração de 45" (ou do *neomodernismo*, como preferem alguns críticos)[12] provoca, na verdade, uma estabilização, se não um retrocesso quase total na evolução poética brasileira, buscando retornar "às construções que resistem ao tempo"[13].

---

12. Alceu Amoroso Lima, *Quadro Sintético da Literatura Brasileira*, Rio de Janeiro, Livraria Agir Editora, 1956.

13. Sérgio Milliet, *apud. Pequeno Dicionário de Literatura Brasileira*, José Paulo Paes & Massaud Moisés (orgs.), São Paulo, Editora Cultrix, 1967, p. 173.

Seus poetas vão se abeberar nas denominadas *formas clássicas* e reaprender os processos de composição da lírica trovadoresca, das odes e elegias gregas, dos epigramas e do soneto. É especialmente o soneto – unidade poética mais coesa, de estrutura melódica e efeito auditivo regulares – que se estatui como a forma ideal da nova poética, recebendo poucas e sutis variações: a ausência eventual de rima e de métrica ortodoxas, a dicção mais incisiva, o uso de um léxico menos cerrado e sem o objetivo do conceitualismo final da "chave de ouro".

Não se pode negar à "geração de 45", historicamente, o crédito de ter suscitado uma revisão do verso livre, propiciando paradoxalmente o incremento da pesquisa formal e despertando interesse para a *construtividade* da poesia, quando a linguagem modernista se enfraquecia na mão de poetas menores, em razão do desleixo e facilidade com que *juntavam* frases e palavras em pretensas estruturas de poema. Se essa geração é também responsável em nossa poesia por uma invasão do sentimentalismo em prejuízo da informação estética e por uma futilidade mecânica de fórmulas e modelos em vez da liberdade inventiva, o certo é que, entre os anos de 45 e 55, a influência de suas "revisões" formais atingiu até mesmo poetas maiores, mais provocativos e conscientes, a exemplo do Carlos Drummond de Andrade de *Claro Enigma*. E Murilo Mendes, o *franco-atirador*, igualmente não resistiu à tentação do soneto e são de 1946 a 1948 as suas experiências nesse gênero de natureza positivamente restrita e restritiva. Escreve então os *Sonetos Brancos*[14], que aparecem em sua obra como quase um apaziguamento do poeta rebelde pela contenção da pura lírica, pela postura meditativa e pelo andante métrico. No entanto, o soneto é uma composição formalmente adjetiva, a cujo amaneiramento resiste a feição íntima deste "poeta substantivo"[15], áspero e a-melódico. E não se poderá confundir certo hermetismo pretensioso, que ocuparia lugar de destaque no *neomodernismo*, com a agressividade da enumeração caótica ou o barroquismo inventivo de Murilo Mendes.

---

14. Murilo Mendes, *Sonetos Brancos* (não publicados em livro à parte, foram incluídos no volume *Poesias*, ed. cit.).

15. Expressão tomada a Haroldo de Campos, *Metalinguagem & Outras Metas*, 4ª ed. revista e ampliada, São Paulo, Perspectiva, 1992, pp. 65-75.

O VERBO SE CONSOLIDA 101

Mais uma vez o poeta resultará constrangido entre os moldes formais prefixados e os romperá eventualmente, introduzindo no soneto estático a mesma veemência de sua apaixonada aventura poética anterior. As características da irracionalidade do mundo feérico de suas imagens – características viscerais no temperamento criativo do poeta – não se adaptariam à ordem limitadora de uma forma fechada, ao classicismo das soluções, ao automatismo de uma técnica rotineira. O soneto, por isso, lhe sai freqüentemente fragmentário, numa armação de versos superpostos, ausentes de continuidade e coerência estruturais. Aqui e ali repontam, contudo, os achados salientes e brilhantes de um texto isolado, desarticulado, que percebemos peça encaixada no conjunto e que, destacada, assume como que a autonomia de um instante completo e vigoroso, verdadeiramente muriliano:

Ululantes erramos pelo mundo,
Conduzindo nossa morte temporal

"Meditação da Noite"

O soluço da terra, dissonante

"O Filho Pródigo"

Ouro Preto severa e íntima adormece.

"Ouro Preto"

O insucesso de *Sonetos Brancos* serve-nos para confirmar, de um lado, a inaptidão que sentimos em Murilo Mendes quando ele se obriga a qualquer forma rígida e à expressão da índole meditativa e, de outro, a qualidade suprema que o momentâneo *desvio* não conseguiu abastardar: a qualidade dramática, ritualística, de teatralidade intrínseca de sua poesia organicamente *inacabada*, logicamente *imperfeita*[16], em que a metalin-

---

16. "Imperfeita" tem aqui o significado de uma consciência e deliberada opção poética, uma posição crítica diante da poesia *bem acabada* e *bem comportada* e não deficiência ou desconhecimento de técnica poemática. Grande estudioso dos "clássicos", Murilo Mendes conhece intimamente as linhas mestras da poesia de todos os tempos.

102   MURILO MENDES

guagem essencialista supera ou amotina os elementos de sistema da língua. Esses vinte e dois *Sonetos Brancos* representam outro *intermezzo* frustrado e castrador na obra muriliana, embora neles se possa surpreender, em meio ao fracasso da forma, a impetuosa vontade anímica de poesia que imprime autenticidade a toda a criação do poeta.

6. *Viagem às Raízes Barrocas*

Depois das ressalvas críticas, fica a impressão de que os *Sonetos Brancos* funcionam como uma espécie de interlúdio, de preparação, de ponte para a suíte barroca que é *Contemplação de Ouro Preto*[17]. Murilo Mendes não exibira até então, ao menos linear e discursivamente, a sua *mineiridade*, tão entranhada, por exemplo, no itabirano Carlos Drummond de Andrade. Emigrado fisicamente de Minas, também emigrou para o ontologismo profético, no seu projeto de engajamento político-cristão, profanizando o sobrenatural e teatralizando a sua pródiga e ostensiva paixão pelo tempo e pelo homem. Mesmo as suas propostas poéticas de re-visão da infância estão antes presas ao eu interior do poeta do que à ambiência, ao espaço geográfico mineiro com sua vida e sua psicologia peculiares. As referências a lugares, costumes, pessoas, são raras, esporádicas e pouco típicas como traços da fisionomia ou da paisagem regional, não se impõem de imediato, não se traduzem nos conceitos claros e característicos de um código crítico e afetivo como o de Drummond.

Se se pode constatar a mineiridade da poesia de Murilo Mendes, ela não se encontrará, certamente, nos detalhes e curiosidades de uma dada tipologia já tornados relativamente convencionais, mas, sim, na transposição da complexa e dúplice mescla do espiritual e do profano, de exuberância mística e presença física, que o poeta parece empreender trazendo para o domínio das suas imagens poéticas as volutas e as formas dionisíacas de anjos e mulheres das igrejas de Minas. É nessa religião de iluminada e contorcida angústia, de envolvimento visual e de sublimação, de impu-

17. Murilo Mendes, *Contemplação de Ouro Preto*, Rio de Janeiro, Ministério da Educação e Cultura, 1954.

dente sensualidade e virtuosa morbidez, nessa religião-arte que em sua ambigüidade é a um só tempo superfície e profundidade – que o poeta subsistirá talvez como *mineiro*, ou, melhor, como o persistente homem barroco projetado na modernidade de nossa época. Em *Contemplação de Ouro Preto*, Murilo Mendes virá, entretanto, assumir abertamente a mineiridade, viver em dimensão estética e semântica a essência soturna e luminosa da cidade colonial, o claro-escuro desse mundo convexo, recurvado sobre seus rendilhados de memória e forma. O poeta parte neste livro para a *localização* táctil e visual do barroco que lhe era intrínseco pela linguagem, emprestando dinamismo afetivo a imagens antes estáticas e de vigência estritamente metafóricas, explorando agora menos o labiríntico de sua consciência *barroca* e mais a vertente do discurso fílmico, que detalha a consistente expressão plástica do espaço mineiro, o objeto-cidade para ele concreto e imutável:

> os futuros engenheiros e arquitetos
> não mudarão o corpo de Ouro Preto.
>
> "Motivos de Ouro Preto"

E é esse *corpo* de estrutura perene que o poeta quer registrar, documentar com sua câmera, surpreendendo-o ora sob a "pátina do tempo", ora no móvel panejamento das figuras de santos, "de delicada graça, mas viril" (a "austera força do barroco mineiro"), mas sempre numa leitura fílmico-poética que presentifica o passado através de uma linguagem de entrega afetiva às raízes. Ao lançar-se nesse projeto de captar, com um novo e "desarmado" olhar, a representação do invisível pelo visível, a exuberante encenação de antinomias que é o barroco, parece que também a procurada harmonia de suas próprias contradições passa a compor-se em Murilo Mendes com menor dilaceramento verbal de difusa irracionalidade do que o de sua poética anterior. O poeta chega ao repouso do mundo familiar, ao equilíbrio entre o eu e a paisagem – e assim a uma suave paz de unidade das vozes. Não é certamente a tranqüilidade bucólica da regularidade de uma natureza comportada, mas outra forma de recolhimento, a do "silêncio ao silêncio se juntando", a do espírito aceitando a sua origem, em que "tudo aparelha a mente para a morte". "O canto alternativo das igrejas / nos leves sinos da levitação / cruzando-se em cerrado contraponto" – é o mesmo contraponto do poeta, interrogando-se e respondendo-se diante do espelho de fragilidade e transcendência que é Ouro Preto refletindo as angústias da condição humana, mas também uma obscura medida da grandeza de viver. Então, torna-se consistente a pátria fantasmagórica do poeta, a sua concreta realidade mística, que vê materializada na pedra-sabão pelo "escopro genial do Aleijadinho", que a sua linguagem acompanha e absorve, integrando e prolongando o ritmo da composição plástica de beleza e tortura. As formas sensíveis desse mundo tão vivo e tão marcado pelo selo da morte, essa plenitude secretamente cobiçada e adivinhada, se entregam a Murilo Mendes pela mesma perspectiva de nostalgia e entusiasmo com que a arte se faz una no eterno jogo de experimentação e criação.

Assim, o poeta se detém por um momento na tranqüilidade da contemplação do país que sintetiza as suas indagações e as suas intuições, a semente encontra a sua cápsula neste perceber que se faz determinação, fatalidade:

> Minha alma sobe ladeiras,
> Minha alma desce ladeiras.

> "Romance das Igrejas de Minas"

Tanto quanto o barroco, em sua peculiaridade de estilo de arte, está vinculado ao sentimento de fuga do tempo, ao angustiado desejo de imobilizá-lo pela presentificação da consciência, de captá-lo num diálogo do visível com o invisível, também o homem e o poeta Murilo Mendes percebem, apreendem, concluem que a relação da alma consigo mesma é a condição da relação da alma com as coisas:

> Eu vi a cidade sóbria
> Medida na eternidade
> Severa se confrontando.

> "Flores de Ouro Preto"

E faz *falar* a cidade, suspendendo a polêmica poética de choque pelo gosto simples de observar, ver, contemplar, *confrontar-se* – também "severo e

sóbrio" – na humildade em que o projeta a atmosfera de religiosidade
profunda:

> . . .ante os teus santos
> . . . .
> Fiz a exegese,
> Dei o balanço
> Da nossa lepra
> Nossa paixão.
>
> "Romance de Ouro Preto"

Considerando, como procederam alguns críticos, a poesia anterior
de Murilo Mendes como hermética (ainda que "hermética" deva signifi-
car aqui probabilidades maiores de sentido e não obscuridade), observa-
mos que em *Contemplação de Ouro Preto* o encontro das raízes faculta-
lhe o acesso à emoção despojada e à clareza semântica – àquela pela resso-
nância das coisas em seu âmago de mesma filiação, a esta pelo descritivo
minucioso e limpo. Se já anotamos que o poeta não se conforma, não se
enforma no verso medido, vemos aqui que ele caminha, no entanto, para
o verso comedido, vale dizer, para um verso em que o seu discurso vai se
reduzindo e concentrando, em que o seu "transbordamento / não sem
rigor" tende a apurar-se. Partindo de um cenário em que ele próprio é o
ponto de referência, em que o homem dramatiza a paisagem e, nesta, a si
mesmo –

> Nutrido a sangue
> Na chaga inscrito
> Rasgado a escopro,
> – Transverte a dor –
>
> "Romance de Ouro Preto"

– e em que os apelos aos sentidos e o anseio místico se confundem, é
curioso notar que a sua linguagem exacerbada se contém, todavia, e se
cadencia reconfortantemente. Materializadas as suas intimidades e elei-
ções, estabelece-se um liame fraternal entre o compasso de vida antigo,
preservado em Ouro Preto, e o ritmo respiratório do poeta, adaptando-se

às litanias das invocações curtas, nessa romaria ressoante de correspondências e significações. Mesmo retomando o verso largo, próprio à dramaticidade de seu sentimento estático e dicotômico da vida, este é agora mais documental e inventaria, referencialmente, o universo barroco antes contingente apenas à sua retórica. Esta *Contemplação* é realmente uma demorada e absorta aplicação da vista e do espírito, harmonizando e pacificando a estrutura plurissensível do poeta através da epifania que é a sua identificação táctil com as signos da origem. O poeta alcança, deste modo, a posição de onde ver, com a clareza do deslumbramento, para além do habitual campo de urzes metafísico em que antes incursionava, posição com a qual reassume um lugar ingenitamente seu no centro de um universo de que também é parte, logrando então uma pausa de segurança, de asilo, de recolhimento – de que são sinais o verso comedido e coloquial, a solução iterativa da "ladainha" como forma de integração da palavra ao contexto paisagístico, o processo do registro pautado, a escritura da ata dessa sessão de redescoberta do ambiente e do chão ancestrais.

O contato comovido de Murilo Mendes com as suas reencontradas matrizes de homem e de cristão leva-o a atenuar a pompa e o aparato da grandiloqüência visionária, a levantar a máscara grega de tragédia do mundo-enigma e a assumir, em recolhimento, "o código da solidão" barroca:

Repousemos na pedra de Ouro Preto,
Repousemos no centro de Ouro Preto.

"Motivos de Ouro Preto"

7. Parábola, *Parábolas*

Dentro ainda de período algum tanto estéril (com excesso de produtividade mas um mínimo de criatividade) da poesia brasileira, dominado por tendências formalísticas de propensão neoparnasiana, Murilo Mendes retorna, com *Parábola*[18] ao seu discurso longo. Aceita, da reação de

18. Murilo Mendes, *Parábola* (não publicado como livro à parte, foi incluído no volume *Poesias*, ed. cit.).

O Verbo se Consolida   107

45, apenas o que ela poderia sugerir como perspectiva de pesquisa válida: fundamentalmente, ninguém estaria mais distante de qualquer conservadorismo formal do que ele. Pressupor em Murilo Mendes a passividade poética, a renúncia à atitude de invenção, pela aceitação utópica de categorias falsamente perenes ou pelo cultivo do *sermo nobilis,* é desconhecer o temperamento polêmico e o engajamento no tempo de um ser-artista a quem se aplicaria com justeza, como definição de vida e postura criativa, a proposição de Heidegger: "o ser no mundo, enquanto preocupar-se, está penetrado e aturdido pelo mundo com que se preocupa"[19].

Num período, portanto, em que surgiam em avalanche os livros de sonetos, as elegias, as odes, neutralizando o desafio renovador do modernismo, é de assinalar a resistência criadora nesse poeta solitário-solidário, a cuja lição de novidade e plasticidade da imagem um João Cabral de Melo Neto confessa dever bastante[20]. Pode-se "acusar" Murilo Mendes de *desordem* (que lhe é intrínseca, uma atitude filosófica) ou dessa *indisciplina formal* que tanto irritava os de 45, mas nunca de submissão cega e niveladora aos modismos que viu sucederem-se ao longo de sua atividade poética. A estrutura do soneto, como vimos, não lhe é congênita, antes constrangedora e desfiguradora; se em *Contemplação de Ouro Preto* utiliza o verso diagramado como declinações da canção lírica, é por uma natural e espontânea adequação da linguagem ao clima que vive momentaneamente, mas ainda ali é possível rastrear a sua mesma rebeldia de invenção, em aglutinações ou palavras-montagens como "violantelua / Luamafalda / luadelaide" – "fotomontamos", "veronicando", "envolverônica" –, ou nas operações de redundância sonora – "crucifixo fixo fixo", "luminárias/celoviárias", "esta noite original noitece em ti" – ou em tantos outros exemplos de "ilícita" transação com a palavra. É realmente por sua poesia-liberdade, sua expressão aberta, que se pode reivindicar para Murilo Mendes um estilo, uma força, uma presença únicos na poesia brasileira moderna. É na contrapontística das indagações, na ope-

19. Martin Heidegger, *El Ser y el Tiempo,* trad. José Gaos, México, Fondo de Cultura Económica, s/d., p. 72.
20. "Sua poesia me foi sempre mestra, pela plasticidade e novidade da imagem. Sobretudo foi ela que me ensinou a dar precedência à imagem sobre a mensagem, ao plástico sobre o discursivo". João Cabral de Melo Neto, *apud,* Haroldo de Campos, *op. cit.,* p. 66.

ração quase que intuitiva de suas visões surrealísticas, na vinculação temporal e na concepção pictórica do teatro do mundo, no jogo/risco de intensa auto-auscultação interior e representação exterior, que ele se revela não só o criador mas o próprio protagonista de sua poesia.

Parábola não representa um livro ou conjunto de poemas destacável como *exemplar* na poesia de Murilo Mendes. Certamente que *exemplares* seriam *Os Quatro Elementos, A Poesia em Pânico* e *Poesia Liberdade*, nesta nossa seqüência de leitura até agora. Os poemas reunidos sob este título constituem uma autêntica *parábola* (e assinalemos, de passagem, a propriedade e pertinência dos títulos escolhidos para seus livros por Murilo Mendes), enquanto narração alegórica ou enquanto intenção do fato geométrico, o paralelismo ou a curva elíptica de seu discurso poético. Como livro, não ultrapassa nem modifica estruturalmente sua obra anterior, conservando e não amplificando as suas potencialidades oralizantes de larga ondulação, os fluxos e refluxos de sua palavra inquieta e inquietante, a sua íntima imposição de liberdade de imaginação e linguagem. Retornando, porém, à sua preocupação existencial com a discórdia entre o real e o ideal, entre o sonho e a vigília, entre arte e ordem social e moral, recusando-se a perder o contato – por algum esteticismo alienante – com o homem e a vida, retoma o vigor e a força nervosa de seu verbo. Enquanto em *Contemplação de Ouro Preto* se percebe e se envolve na concha de encantamento barroco e no abrigo de suas raízes, nos valores tangíveis da paisagem, em *Parábola* recomeça a sua rota dentro das exasperadoras lacunas do mundo e de sua desesperada busca do absoluto:

> Sim: o abismo oval atrai meus pés.
>
> "Indicação"

Entretanto, paulatinas mudanças no andamento do código muriliano, na articulação de seu discurso, tornam-se agora mais perceptíveis a quem o vem acompanhando desde o primeiro livro: são as manifestações de sua obstinada procura da "moeda concreta da fala". Num dos textos que preparam, explicam e deflagram o movimento da poesia concreta, Augusto

O Verbo se Consolida   109

de Campos tomaria de empréstimo esta expressão a Sapir[21] e é a partir de uma tal preocupação com uma estrutura lingüística não-decorativa, essencial, medular, que a nova atitude criativa se proporia despojar-se da "armadura formal da sintaxe discursiva"[22]. Devemos assinalar, todavia, que se encontrava desde cedo em germinação na obra muriliana ou já era inerente à própria natureza de sua dicção o ensaio de uma *concretização* da palavra poética. Na dimensão plástica de sua gramática, na inserção de elementos de síntese e reiteração, na manipulação de uma montagem imagística substantivante, sente-se o tratamento da palavra como objeto e a transparente noção da *realidade* funcional do texto, como explica um dos aforismos de *O Discípulo de Emaús*: "O poeta não tem imaginação. É absolutamente realista"[23]. Ou como indica a idéia contida no verso – "Estamos vestidos de alfabeto" – ou na muito expressiva, por sua analogia com o conceito sapiriano referido por Augusto de Campos, alusão à "moeda do demônio"que aparece em *Parábola*.

O tratamento formal da linguagem em Murilo Mendes evolui, prevalentemente, de uma composição tipo *palavra-puxa-palavra* (modelo barroco) ou *palavra-contra-palavra* (modelo surrealista) para um esquema *palavra-cria-palavra* (modelo concretizante). Um poeta que confessa a necessidade de "saciar" sua "sede de teatro" e que, na verdade, utiliza dramaticamente (melhor seria dizer *dramagramaticalmente*) o automatismo associativo, o movimento e a ação da montagem cênica, talvez se definisse dentro de uma concepção tradicional de poesia como um jogral, com papel ao mesmo tempo apologético e catártico, uma espécie de aedo revivido no homem do século XX. Também a sua obstinação metafísica, o seu cristianismo, o seu testemunho cosmovisionário da vigência de Deus no homem e no mundo talvez pudessem levar a sugerir em nosso poeta uma estética de alienação pelo uso imoderado da metáfora. Seria, no entanto, ficar na superfície da obra muriliana se nos ativéssemos unicamente às suas fontes temáticas e à sua mensagem profética, ou mesmo à classificação simplista do processo de sua poesia como um processo surrealístico.

---

21. Edward Sapir, *apud*. Augusto de Campos, "A Moeda Concreta da Fala", em *Teoria da Poesia Concreta*, São Paulo, Edições Invenção, 1965, p. 114.

22. Augusto de Campos, artigo citado, *op. cit.*

23. Murilo Mendes, *O Discípulo de Emaús*, Rio de Janeiro, Livraria Agir Editora, 1944.

Em *Parábola*, Murilo Mendes retoma as rédeas do discurso na linha de paralelas que demarcamos, isso com o recurso às desconcertantes imagens contrapostas, à sua reverberação cromática, ao ritmo largo ou sincopado da frase, à habilidade da inserção do coloquial entre as tonalidades soturnas da voz poética. Não há aqui nenhum salto a romper as malhas de fios sobrepostos da proposição criativa característica do poeta. Aliás, seguindo a pista de sua evolução desde o primeiro livro, não podemos constatar fases, alternâncias, regressões ou avanços bruscos, mas apenas uma hierarquização objetivante da palavra que se vai acentuando, às vezes com a enfatização de referentes tomados à própria inerência de materiais da poesia:

Coisas da letra, não da combinação das letras,
Mas da letra em si.

"Coisas"

Ostentando uma orgânica abertura para o solene, uma energia latente, uma naturalidade eloqüente para suscitar vibrações de efeito dissonante, essa poesia não tende, porém, para a fraseologia ornamental. Ao contrário, ela toda vai se constringindo num espaço interior ou adquirindo ângulos cada vez mais agudos, a partir de uma essencialização maior do pensamento poético e do crescente rigor de sua expressão. Não é, por conseguinte, o poema que se modifica, não é no seu dimensionamento na página (ao contrário, vimos que o poeta continua a usar o verso largo), e sim na própria área geradora de sua linguagem que se vai fundando a jurisdição vanguardista de descartar-se das associações convencionais de palavras e permitir-lhes que estabeleçam outras e mais novas conexões seminais. *Parábola*, parábolas: a curva elíptica do texto, amolgado pela tensão semântica, e o discurso se contraindo ao plano plástico e significante.

III. Plenitude e Concreção do Verbo

1. Outro Contexto, Outro Texto

Deixando o Brasil em 1953, Murilo Mendes se veria envolvido por um outro contexto geográfico e cultural que iria, naturalmente, sensibilizar um poeta de fecundas e estimulantes reações diante das coisas. Essa receptividade não confinada a programas ou a diretivas, essa verdadeira paixão pela abordagem dos materiais que a vista e a inteligência coletam, as peculiaridades de seu jogo aberto às testagens plásticas e cores, de áreas e superfícies, não permitiriam que o poeta calasse frente à experiência de contemplação nova do espetáculo áspero e severo da Sicília. É aqui, nestes poemas que compõem a sua *Siciliana*[1], que se vai acentuar com precisão uma forma bem mais constrita, uma linguagem mais rigorosa, uma exigente concreção do discurso. Ruggero Jacobbi assinala que essa "viagem ao mundo antigo, às matrizes emotivas da cultura e da história, começou em Ouro Preto"[2]. O escritor italiano tem razão quanto a esse encontro

---

1. Os poemas de *Siciliana* acham-se incluídos no volume *Poesias* (ed. cit.). Deles houve, porém, uma edição à parte, bilíngüe, na Itália, Palermo, Ed. Sciascia, 1959.
2. Ruggero Jacobbi, *op. cit.*, p. 43: "Il suo viaggio verso il mondo antico, verso le matrici emotive della cultura e della storia, è cominciato ad Ouro Preto".

"emotivo" de Murilo Mendes, mas a viagem à substantivação de sua poesia estava delineada desde muito antes, subjacente à dureza de suas palavras mesmo no longo e espraiado verso anterior. Se tentarmos buscar as fontes sociológicas e psicológicas dessa tendência à concreção da linguagem, talvez tenhamos de recorrer aos conceitos de "mineiridade" já tornados paradigmais, a essa hipótese de circunstâncias geográficas determinadas (a limitação do horizonte pelo muro das montanhas), condicionando e marcando histórica e culturalmente uma individualidade em que o homem se revela contraído por fatalidade a uma atitude reflexiva, de introversão e contenção crítica de sua sensibilidade. E poderíamos, especificamente no caso dos poemas de *Siciliana*, localizar nessa acidentada Sicília, fechada por uma espécie de muralha natural, batida pelo siroco, mineral e aluviana, em que também "forma e solidão se ajustam", uma correspondência – cientificamente forçada talvez, mas poeticamente possível – com a terra mineira, identificação em que então se plasmaria a verdadeira arquitetura espiritual do poeta Murilo Mendes.

Não serão necessárias, no entanto, essas ilações de ordem física e psicológica a quem acompanhe o curso dessa poesia maciça, compacta, em sua deflagração eruptiva e em sua organização consistente. O que era, porém, exuberante engrenagem e sobressaía como material de construção monumentosa vai sendo, a cada obra – como temos observado –, restringido ao essencial ou ao indispensável, aos pilotis depurados da maior reflexão e experiência, da maturidade e da maturação estética. Pode-se dizer que o poeta ultrapassa o período do simples jogo de contrastes, ou, melhor, que ele passa a se propor uma ereta virilidade nesse exercício criativo. Prefere agora o cálculo rigoroso, a cuidada observação, a verdade da poesia e não a verdade do poeta. Equipado, como se mostrou sempre, para ver, ele se dispõe a olhar, isto é, a grupar as sensações da vista como puras visualidades.

Trinácria, três pernas, triângulo

– verso com que se fecha magnificamente a poema "Atmosfera Siciliana", não só resolve o texto paisagisticamente (o ver em torno) como lingüisticamente, pela conjunção do encontro consonântico, vibrante *tr.* Vale di-

PLENITUDE E CONCREÇÃO DO VERBO   113

zer, as palavras *concretizam*, morfológica, fonética e semanticamente, a imagem da ilha formada de três ângulos[3]. Deve-se destacar que esse processo da poética muriliana ocorria premonitoriamente à eclosão do movimento da poesia concreta, que viria valorizar a construtividade gráfico-visual da palavra. Já pulsava, neste homem "tentando romper os limites do previsto", uma consciência bem viva de que ajudava "a construir a poesia futura" quando se recusava à subserviência ao vago, ao evasivo, à acomodação a um formalismo moderador e contingente. O seu poder plástico-visual, a capacidade de *contactar as coisas* de imediato, mesmo certa violência direta e penetrante no uso de vocábulos agressivos, situam-no desde o início na linguagem dos objetos. Infenso, por temperamento e formação, à arte sedativa da *boa consciência*, até mesmo em sua fase mais agudamente religiosa, a poesia de Murilo Mendes não nos *tranqüiliza* nem *conforta.*

Na *Siciliana* reponta bem nítida esta interdição aos sentimentos classificados (embevecimento, comoção, bem-aventurança do belo), em favor de um reconhecimento matemático do terreno, de uma carta do solo elementar e racional:

em pedra e horizonte ficas – em duro penhasco plantada – tuas linhas de força e calma pedra – arquitetura de reserva e paz – submeter a pedra – ó pedra siciliana – Enxofre, mar de cobalto – solidão de luz e pedra – sob o signo da cinza – A história das tuas lajes...

– são constantes referenciais à formação calcária, rochosa, xistosa, de gesso e salgema, de enxofre e argila, da ossatura da ilha. Por outro lado, a mudança do clima – terra, região, meio-ambiente – tropical brasileiro para o bem diverso clima italiano, – deveria provocar naturalmente, nesse poeta tão sensível aos elementos físicos, a reação psicológica correspondente, o enrijamento e a secura da voz, a economia e a redução de sua sintaxe. Se é verdade que o contato-vivência europeu lhe traz essa nova disposição anti-retórica, ela não se faz ocasional e esporadicamente, mas como passagem lógica do caminho que o poeta vinha abrindo desde suas primeiras

---

3. Trinácria – a terra dos três cabos, primeiro nome da Sicília, suposta Thrinarkie de Homero. Os romanos a chamavam Triquetra e era representada como uma figura de três pernas.

114 MURILO MENDES

abordagens da palavra: insistimos em que a sua agressividade e o seu racionalismo rompiam, mesmo nos poemas monumentosos do ciclo inicial de sua obra, os modelos disciplinadores da poética vigente. É, no entanto, uma conjunção feliz o encontro desse "tempo" do poeta (maduro, já com mais de cinqüenta anos e toda a segurança de uma estética bastante pessoal) com o "espaço" europeu, extremamente oposto à exibição de riqueza e transbordamento tropicalistas da paisagem e da linguagem. É imprescindível anotar ainda que, ao contrário do que ocorre freqüentemente, não se registra nesse instante de plenitude e maturação do poeta um esgotamento do fôlego criativo ou uma acomodação ao êxito da obra já realizada. Não se dá Murilo Mendes ao luxo do "repouso do guerreiro", entregando-se à aposentadoria-epitáfio a que muitos se deixam tentar, fazendo-se reeditar sem novidade ou reunindo a sua obra-completa. Aliás, a coletânea *Poesias* é de 1959 e seu livro *Tempo Espanhol* também aparece no mesmo ano, a desmentir qualquer sugestão de fechamento, de acabamento, de conclusão de obra, inaugurando, ao contrário, uma outra perspectiva criadora, ainda mais *nova* e radical.

2. *"Feito à Imagem de Espanha"*

> *Las horas que limando están los dias,*
> *Los dias que royendo están los años*

são dois dos versos-epígrafes que Murilo Mendes toma como abertura/ cobertura para *Tempo Espanhol*[4], livro com que sua arte abrange e atinge profundamente um novo espaço existencial, um novo pretexto criativo, uma outra dimensão lingüística, com maiores áreas de reflexão e pesquisa sobre o rigor e a exigência da empresa poética, este "ofício humano". Góngora, um dos eixos primaciais em torno dos quais se desenvolve a grande linguagem literária espanhola, poeta da simultaneidade lúdica e artesanal (ainda que, até hoje, se refira a "gongorismo" como sinônimo de hermetismo, de artificialismo, de um conglomerado complexo de ele-

---

4. Murilo Mendes, *Tempo Espanhol*, Lisboa, Livraria Morais Editora, 1959.

PLENITUDE E CONCREÇÃO DO VERBO   115

mentos heterogêneos, de um sistema esotérico de composição), está aqui perfeitamente situado, no preâmbulo de um livro que, no entanto, dá prioridade à face material e à funcionalidade da economia vocabular. Porque, poeta voltado sempre para as especulações das variantes expressionais, Murilo Mendes não pode ser acoimado de qualquer indigência no campo da palavra, ou de fazer o jogo estéril de um intelectualismo gratuito, isto graças ao realismo com que construiu a sua poética de exploração de dados sensoriais, dados humanos, dados concretos. A sua aproximação (antes reencontro, retomada, revisão) vivencial e recriadora com as motivações da cultura ibérica, feita sob a invocação não só de Góngora, mas de outros paradigmas da *hispanidad*, ao invés de forçar qualquer antinomia entre aspectos históricos da linguagem poética, elimina as supostas barreiras e faz sobressair, sincronicamente, a interdependência tradição-invenção em que o poeta funciona como elemento catalisador.

Tempo Espanhol – que, enquanto nova postura de linguagem, pode-se dizer que tem a sua pedra fundamental lançada em *Siciliana* – pretende captar, do ponto de vista do observador/criador, o quadro amplo e conflituoso de uma civilização em suas estruturas de tensões sucessivas, que se ajustam, porém, numa "estreita comunidade" de aspereza, rigor, lucidez, densidade, monumentalidade, tragicidade épica, comunidade diante de cujos poetas-mestres antigos Murilo Mendes se reverencia:

> Da linguagem concreta anunciadores,
> Mestres antigos, secos espanhóis,
> Poetas da criação elementar,
> Informantes da dura gesta do homem
> . . . .
> Vossa lição me nutre, me constrói.

> "Aos Poetas Antigos Espanhóis"

Surgindo, como dissemos, concomitantemente ao lançamento de sua antologia de 1959, o novo livro preservaria e realçaria a imagem daquele Murilo Mendes permanentemente insatisfeito com toda forma de acomodação ou institucionalização da poesia. Da Europa, estaria ele acompanhando no Brasil a nova revolução poética que, após a longa vigência dos postulados modernistas, se fazia – é certo com menor escândalo, mas numa igual exigência de mudança de estruturas, abalando os alicerces da poesia discursiva: o concretismo? Ausente de nosso país, desligado tematicamente das suas "raízes" brasileiras, isolado de grupos e correntes literários (aliás, numa atitude constante sua, decorrente do próprio temperamento), Murilo Mendes reaparecia, no entanto, mais atualizado, mais presente, mais renovadoramente exemplar do que muitos outros de nossos chamados grandes poetas. E, de fato, *Tempo Espanhol* será logo reivindicado como livro de tendências *concretistas*, marcado por recursos técnico-formais similares aos que os teóricos do movimento enfatizavam em seus manifestos, ameaçando atingir, pela radicalidade, a poética em vigor, desmontando-a no próprio cerne de seu sistema: o suporte analítico, a palavra articulada. Remontando em seus primeiros experimentos a 1952[5], a poesia concreta só se beneficiaria, a rigor, de maior promoção e divulgação a partir de 1957, quando logrou penetrar num veículo de comunicação nacional da importância do *Jornal do Brasil*, que prestigiou e cobriu, através de seu Suplemento Literário, a nova diretiva estética deflagrada em São Paulo por Décio Pignatari e Haroldo e Augusto de Campos. Editado em 1959, *Tempo Espanhol* já estaria escrito antes do real estouro do concretismo, dada a natural defasagem entre a elaboração dos poemas e sua publicação em livro. Mais uma vez, portanto, e como "franco-atirador", Murilo Mendes continuava fiel àquela "lógica interna" que dá a toda a sua poesia a seqüência unitária de obra em progresso, cujos lances, a cada livro, são preparados no anterior.

Tempo Espanhol é, assim, liminarmente, o desenvolvimento de *Siciliana*, com o poeta recorrendo às mesmas conotações pictórico-visuais, aprimorando o mesmo processo semântico-substantivo que alterara definitivamente, naquele ciclo italiano, a estrutura muriliana do texto poético. Murilo Mendes não descaíra, por esclerosamento da linguagem ou complacência formal, no esvaziamento qualitativo do discurso pelo discurso, no lirismo repetitivo das dicções subjetivas. Ele soubera, desde sempre, pela inata idiossincrasia para com tudo o que possa implicar seni-

---

5. Segundo dados constantes do volume *Teoria da Poesia Concreta* (1965, ed. cit.), o início do movimento data de 1952, ainda através, porém, de pequenos textos teóricos e da revista *Noigandres*, sem maior divulgação.

PLENITUDE E CONCREÇÃO DO VERBO   117

lização estética ou ideológica, levantar a sua ponte pessoal sobre o abismo das estagnações e caminhar com independência por uma estrada de decidida opção criadora. Entretanto, não se tem atribuído, como crédito valorativo de sua obra, a devida importância a essa constante individualizadora e quase profética de consciência – e con-seqüência – das várias possibilidades de manipulação e organização do poema, em dinamismo e movimento. Reconhecendo embora a categoria e eficácia criativa de sua poesia, o que seus eventuais comentaristas têm muitas vezes escomoteado é um enfoque crítico mais objetivo do tratamento que Murilo Mendes dá ao texto enquanto apenas linguagem, enquanto *material* de trabalho do poeta. Ainda que *Tempo Espanhol* tenha obtido no Brasil repercussão até surpreendente para um livro editado em Portugal e para um escritor afastado há algum tempo da vida literária do País, raros foram os que divisaram na coletânea mais do que a carga emotivo-conteudística, o peculiarismo histórico-temático de sua fisionomia global. O fato nela implícito da clarificação mais acentuada da linguagem, através das virtualidades da síntese verbal e do aproveitamento de potencialidades materiais da palavra, deixou de ser assinalado, como técnica combinatória funcional e lucidamente assumida, no maioria dos artigos publicados sobre o livro[6]. A precedente classificação como "surrealista" tinha aderido, como rótulo crítico de fácil manejo, à imagem aceita e corrente daquele poeta que, na verdade, jamais compreendeu a poesia como instituição, amarrada a processos conhecidos e reconhecíveis, a proposições elementares e estratificadas.

Em *Tempo Espanhol* a poética de choque de imagens do real e do fantástico, que servira para qualificar a obra muriliana dentro de um mundo de relações apenas oníricas (perdendo-se o sentido de estrutura da palavra em favor de um veículo-palavra), não justificaria mais a tese dos que insistiam em ver nessa associação caótica uma característica inarredável e definidora. O problema da expressão, ou, melhor, da função da expressão, sempre esteve no centro das preocupações estéticas de Murilo Men-

6. Deve-se a Haroldo de Campos o estudo de maior acuidade crítica sobre *Tempo Espanhol*, representado por dois artigos, sob o título geral de "Murilo e o Mundo Substantivo" (Suplemento Literário de *O Estado de S. Paulo*, 19 e 26 de janeiro de 1963), reproduzidos em *Metalinguagem & Outras Metas*, ed. cit., pp. 65-75.

des e *Tempo Espanhol* vem sistematizar e condensar todo um continuado esforço de evitar em seus poemas a reprodução mecânica das matrizes emocionais da linguagem dita poética, a inelutabilidade de temas catalogáveis e a cômoda exposição de sentimentos, não raro confundida com a sua consciente "valorização do humano". Porque – devemos insistir – houve sempre na arte de Murilo Mendes, atrás dessa ostensiva "valorização do humano" (e o homem é o verbo), um julgamento e uma opção prévios de natureza especificamente estética, mesmo naqueles poemas mais suscetíveis de serem apontados como instintivos ou acidentais.

O poeta apura e desenvolve em *Tempo Espanhol* as qualidades pessoais de aplicação anticonformista, ativa e rigorosa sobre a palavra e suas virtualidades estruturais. Que chegasse a palavra a constituir a idealizada representação do real – era a aspiração clássica dos poetas, mas que chegasse, por si mesma, como matéria e objeto, a ser ela própria um *todo real*, isto é, uma *realidade* tangível e mensurável, eis um propósito de bem mais exigente radicalidade. É esta a revolução que então preconiza no Brasil o movimento de poesia concreta, "para o qual o poema é uma relação de materiais"[7], revolução em cuja faixa de postulados pode-se de um certo modo inserir, por afinidade de atitude criativa e pelo próprio sentido evolutivo de sua obra, a poesia do *novo* Murilo Mendes. *Tempo Espanhol* representa, portanto, uma proposta, paralela mas independente, de relativa *concreção* poética, dentro de um parentesco de áreas lingüísticas e parcial similitude de pesquisa.

O redimensionamento da poética muriliana adquire maior transparência se atentarmos no fato de que seu livro vincula-se a um universo tão *concretamente* singular como o que oferece a civilização espanhola. Na verdade, o material recolhido no espaço-pretexto de seus poemas tem uma fisionomia familiar a quem conheça a tipicidade orgânica e espiritual da Espanha – a sua *coisa* cultural representada por figuras, cidades, telas, paisagem e gente, o que nos *referencia* esse "tempo espanhol" de Numancia e Velásquez, de Ávila e Santiago de Compostela, de Santa Teresa e Cervantes etc. A esse quadro se ajustaria a moldura muriliana, o ângulo da criatividade subjetiva que nos obriga, como observou Antônio Houaiss, a "repensar o

---

7. Cf. *Teoria da Poesia Concreta*, ed. cit., p. 73.

PLENITUDE E CONCREÇÃO DO VERBO   119

poeta", em razão de seu "texto asséptico de sobriedade clamorosa"[8]. É por tratar-se da ambiência contextual de um Góngora, onde agora se move o nosso poeta, que a notação de sobriedade parecerá "clamorosa" ao crítico ou é porque no próprio Murilo Mendes essa sobriedade surpreende, quando ele parece abrir uma cesura talvez violenta entre a poesia anterior e este novo livro? A nosso ver, esta insinuada "cesura" não chega realmente a operar-se, nem como circunstância fortuita, nem como deliberada mudança de curso. O "texto asséptico" – que com efeito ressalta de imediato em *Tempo Espanhol* – já preexistia, contudo, na obra do poeta como procura do mundo suficiente da palavra, como centro nervoso da edificação poética, quando ele, na variabilidade e no jogo de permutações de sua linguagem, selecionava para uso os vocábulos menos maleáveis, mais rijos e contundentes de sentido. Um certo racionalismo conceitualista, evidenciado desde o início de sua obra, preparava, por assim dizer, os instrumentos de lucidez com que o poeta exerceria o controle de sua também inata propensão para o ritmo espetaculoso. Ele há muito já se munira dos meios de contenção da linguagem poética, para que *Tempo Espanhol* pudesse vir a parecer um "salto" estranho em sua obra. Não caberia, aliás, afirmar que Murilo Mendes teria desempenhado no Brasil, pelo caráter *substantivo* de sua poesia apontado por Haroldo de Campos, papel semelhante ao que na Espanha desempenharam, na invocação do nosso poeta, aqueles "mestres antigos", "da linguagem concreta iniciadores"? Ademais, não declarou João Cabral de Melo Neto, poeta arrolado entre os precursores brasileiros do poesia concreta[9], o seu débito a Murilo Mendes, de quem aprendeu a precedência do "plástico sobre o discursivo"?

Murilo Mendes viria, por conseguinte, obter para o poema, em *Tempo Espanhol*, todo um efetivo rendimento em objetividade, ao nível do equilíbrio entre a carga de conteúdo da palavra e seu movimento e dimensão no campo gráfico. A sintaxe já não se circunscreve tão-só à organização do discurso, mas passa a incidir seu processo sobre o próprio núcleo da palavra, suas áreas de relacionamento fonético e significante –

8. Antônio Houaiss, "Tempo Espanhol", *Jornal de Letras*, Rio de Janeiro, abril de 1960, p. 3.
9. Ver "Plano Piloto da Poesia Concreta", em *Teoria da Poesia Concreta*, ed. cit., p. 154.

Santiago de C o m p o s t e l a isolada no c a m p o

= = = = = +++++   == = = =

...pesquisando paralelos c o r p o e e s t r e l a

= = == =   ++ +++++

"Santiago de Compostela"

– ou a articular-se através da correspondência gráfico-visual de sintagmas concretos e reiterativos –

Silêncio e solidão sem fluidez,
silêncio e solidão góticos,
silêncio e solidão sólidos

"Toledo"

– ou, ainda, por meio de alternâncias tônicas, combinações morfológicas e técnica aglutinante.

É a "aguda obstinação / em situar o concreto / em abrir e fechar o espaço", a "linguagem dos ácidos, nada álacre", de quem não se pretende apenas o "alienado eco" dos sentimentos diluídos. Reconhece-se mais precisamente o manejo deliberado, experimentado e hábil das peculiaridades da palavra, num poeta sobre o qual pesava, clara ou veladamente, a acusação de "instintivo"[10]. Se algumas vezes recorremos nesta leitura à expressão "poesia imperfeita" ou "inacabada", pretendíamos referir-nos não à *impossibilidade*, mas àquela *vontade inequívoca de não construir* obra *definitiva*, de não chegar à verdade absoluta do poema, de não exonerar-se dos problemas da linguagem, cedendo ao mimetismo das formas ou à convicção deformada de um "sagrado poético". Recusando-se ao papel de "homem de rebanho" até em seu comportamento religioso, seria natural que Murilo Mendes, também enquanto poeta, não se limitasse à mera enfatização da mensagem (nem na fase mais aguda de sua conversão), enclausurando-se num muro de idéias não submetidas à claridade crítica e sob o risco de perspectivas restritivas. Seu poema é sempre uma reflexão

---

10. José Guilherme Merquior o absolve, no entanto, dessa acusação em *Razão do Poema* – Rio de Janeiro, Editora Civilização Brasileira, 1965, p. 54 –, quando observa que "Murilo não é menos lúcido, menos crítico, por ser visionário" etc.

PLENITUDE E CONCREÇÃO DO VERBO   121

sobre o poema, em que o significado – a proposta poética – se prolonga sem jamais esgotar-se. *Imperfeito*, sim – nunca apenas *instintivo* –, entendido o primeiro termo como superação do sentimento de auto-satisfação pela audácia de enfrentar e não de amortecer, com a ilusão do êxito, o choque permanente entre a "aguda obstinação" criadora do poeta e o poder precário da palavra. É essa recusa à *boa intenção* comunicante da poesia, à condescendência e à terapêutica das relações rotineiras entre produtor e consumidor, que lhe permite manter a sua posição de independência e o impele sempre para o campo da probabilidade criativa e não para o das soluções definitivas, *perfeitas*.

Em *Tempo Espanhol* persiste essa reiteração total da preeminência da liberdade no ato criador, que é a própria peripécia pessoal do poeta Murilo Mendes. Se há mudança, a rigor esta só ocorre ou se acentua na contenção do discurso, agora menos nervoso e convulsivo (não obstante de maior força de intensidade) do que nos poemas anteriores, e na utilização mais processual e estrutural do dado lingüístico. Estabelecendo ligação estreita e estrita entre o plano dos conceitos e o da expressão propriamente poética, há uma recíproca valorização de substância e forma, através da maior noção e do melhor aproveitamento do campo associativo da linguagem. A similaridade e a contigüidade de fonemas estabelecem em *Tempo Espanhol* uma configuração mais integral e ajustada do poema, e sua história significativa existe em si, como unidade visível, isomórfica, programada. Assim, em "As Carpideiras", o verso

chorais árida Espanha abatida

abre ao vocábulo *Espanha*, gerador de reações semântico/psicológicas, a possibilidade de continuidade de repercussão sonora pelo apoio na freqüência do fonema *a*, aguçado pelo fonema *i*, que lhe serve de contraponto –

Chorais a vida abatida
. . . .
Mulheres contidas
Que uma plástica esquemática
. . . .
Lamentais a vida abatida

– fornecendo-nos os elementos de testemunho vivencial e, ao mesmo tempo, a chave desse testemunho – a presença peculiar, virtual e integrada da correlação língua-linguagem[11].

Ainda quando Murilo Mendes não se propõe o uso lúdico e cinético das formas verbais, a redutibilidade do discurso, por concreção e ajustamento, é o objetivo reiterado do poeta, como se ele buscasse aquela mesma *rigorosidade* dos escultores espanhóis de "A Virgem de Covet", que

> Construíram sua fantasia
> Com materiais reduzidos.
> Ordenaram a solidez
> Anulando as formas frouxas.

Não se verifica, com efeito, em *Tempo Espanhol*, a ocorrência de *formas frouxas*, parasitárias zonas de articulação do poema, presumidas como necessários esteios do timbre e intensidade poéticos ou de riqueza expressiva. Neste livro, observa-se uma desobstrução consciente de toda a frágil beleza gratuitamente metafórica, de todo o idealismo vazio das inefáveis imagens subjetivas. Haroldo de Campos efetuou, a propósito, um levantamento estatístico da "obsessão do concreto", que aí se denuncia pela adesão e coesão de moléculas do mesmo elemento lingüístico[12]. Trata-se no caso – pode-se dizer – de uma autofagia poética, de uma digestão das próprias reservas de elaboração ou secreção imagística, daquelas partículas, fibrilas ou granulações gordurosas do discurso lírico. O desaparecimento quase total do Eu e da exploração dos dados psicológicos resulta numa seleção experimental dos cristais insolúveis da linguagem estrutural, eliminando-se lateralmente os revestimentos gelatinosos e protetores da emulsão poética, para apresentar-se a linguagem em seu estado físico de tecido conjuntivo ósseo, compacto, que, em

> Campos desnudos, vento e argila,
> Céu côncavo, cifrado,

---

11. Técnica soberbamente desenvolvida no poema "O Sol de Granada".
12. Haroldo de Campos, *Metalinguagem& Outras Metas*, ed. cit., pp. 69-73.

Determinam o espaço substantivo,
o estilo do silêncio

"Homenagem a Cervantes"

ou a "linguagem seca de tijolo", o "timbre do rigoroso cristal", e principalmente, a

Morte da palavra gasta,
Restaurada com rigor, corrompida outra vez.
Morte da dinastia sucessiva de palavras.
Morte da palavra.
Morte da palavra morte.

"Morte Situada na Espanha"

A "dinastia sucessiva de palavras", condição de base interpretativa e hierárquica da linguagem considerada poética, perde seu *prestígio* em *Tempo Espanhol* e, com ele, a ação moderadora de caráter gramatical, analítico, lógico, insistente e preponderante na concepção do sistema e uso da mitologia lingüística, os seus deuses-olímpicos-adjetivos com missão de fabricar e distribuir a beleza, o seu expediente normativo, articulado e delimitado à arte canônica do verso. E mais do que a falência dessa "dinastia", proclama o poeta a própria palavra como "morta".

Parece haver nessa contestação uma implícita contradição, ao menos uma ambigüidade, quando é certo que, morta a palavra, deveria o poeta substituí-la por outros meios de expressão e comunicação, talvez eletrônicos, cibernéticos, um instrumental tecnológico adequado à formação de um novo mundo poético sincronizado com a imagem industrial de nosso tempo. O livro negaria por si mesmo, já de início, qualquer cogitação ou insinuação de abandonar o "envelhecido" poema de estrutura literária, por ser notoriamente *livro e linguagem verbal*. Contudo, não está Murilo Mendes questionando a existência, a sobrevivência, a vigência *social* ou *material* da palavra, mas sua atual eficácia como discurso poético –, revisando a sua "corrente" e "correta" posição de mero aparato orquestral ou o círculo vicioso de um repertório e empresariado das formas (fórmulas) poéticas. Dispõe-se, ao contrário, como sempre, a enfrentar essa "descida ao mundo das palavras"[13], segundo a expressão de Antonio Candido, ainda que seja esta uma outra descida aos infernos, assustadora para quantos temem a atitude realista diante do vocabulário, aceitando-o como instituição inelutavelmente presa a esquemas tradicionais. Quebrar o acordo tácito e milenar sobre o prestígio encantatório da poesia – melhor, da palavra-tabu, da velha codificação poética e quase política – não representa, para este homem visceralmente combativo e independente, apenas um desafio anticonformista, nem um gesto de adesão a certas inovações pelo gosto da inovação ou do escândalo. "Qual será o futuro da poesia, não sei; espero que não seja o da ecolalia e do monossilabismo. O discurso aristotélico, é verdade, me aborrece e está superado; mas creio ainda na tentativa de se combinar humanidade, experimentalismo e concisão"[14], declara o poeta, eximindo-se do grande equívoco da maioria de seguidores e diluidores da poesia concreta, que na verdade a entenderam e assimilaram superficialmente como um jogo de ecofonia, ecolalia, ecomentalismo. A evolução da linguagem de Murilo Mendes – como vimos demonstrando e insistindo – não responde a condições fortuitas de movimentos, logo absorvidos (mal absorvidos) e tornados escolas, mas a um discernimento antecipador e a um aprofundamento nos problemas de substrato da língua, "Por excesso de lucidez acumulada / Que rebenta: já não pode se ajustar / Aos limites de uma única tradição" ("Palavras a Miguel Hernández").

Tempo Espanhol reitera exemplarmente esse método também tão seu e tão flexível de investigação da palavra (em *humanidade, experimentalismo* e *concisão*), com que logra divisar sua "dupla" "tradição: remota e próxima". Tradição remota quando seleciona como material temático ou pretexto criativo o documento ibérico, vivo ainda e eterno, recolhido nas linhas fundamentais de correspondência e parentesco com as suas próprias áreas de decifração do sentido universal e transcendente da poe-

13. "Com ele (Carlos Drummond de Andrade) e Murilo Mendes, o modernismo brasileiro atingiu a superação do verso, permitindo manipular a expressão num espaço sem barreiras, onde o fluido mágico da poesia depende da figura total do poema, livremente construído, que ele entreviu na descida ao mundo das palavras." Antonio Candido, *Vários Escritos*, São Paulo, Livraria Duas Cidades, 1970, p. 122.

14. Murilo Mendes, carta à autora.

PLENITUDE E CONCREÇÃO DO VERBO   125

sia. Tradição próxima quando, dessa circunstância de reflexão e dessa sincronia, parte para a pesquisa atualizadora e a notação vanguardista da consciência poético-lingüística de nosso tempo. Estas "Palavras a Miguel Hernández" não poderiam conter também, em síntese, a autodefinição da estética muriliana? É o que sugerem:

> À base antiga, o poroso calor humano,
> Incorporas a palavra fundida em metal novo
> Que ataca a matéria estagnada e a destrói.

3. *E/A* Convergência

Afastado intermitentemente do Brasil desde 1953, Murilo Mendes fixaria residência definitiva na Itália em 1957. Após a publicação de *Tempo Espanhol*, o poeta deixaria por alguns anos também de trazer qualquer contribuição em livro à poesia brasileira, fazendo mesmo supor provavelmente encerrada a sua obra. Nesse interregno, inúmeros poetas novos aqui surgiram, isolados ou agrupados nas várias manifestações menores posteriores à deflagração da poesia concreta. Entretanto, essa novíssima geração pareceu elidir, do quadro de seus autores-paradigmas, o nome de Murilo Mendes, como de outros representantes do modernismo, substituídos ali, na possível diretriz de influência, pelo proselitismo exercido à distância por teóricos estrangeiros, os chamados filósofos-profetas da nova mística de comunicação de massas, assimilados quase sempre através de divulgações superficiais e mal digeridas. A demanda de outras formas e técnicas para a poesia, se bem que preconizada e valorizada já pelo concretismo, resultaria, nas tentativas dos jovens poetas, e em razão de um mecanismo simplista de apropriação e utilização, num produto fragmentário e contraditório, marcado pela inconsistência e elementaridade de criação. O que havia na poesia concreta de procedimento sistemático ou de aleatória inventividade, como fatores de uma linguagem estruturada sobre o tripé *áudio-semântico-visual*, reduz-se na maioria de seus jovens epígonos ou diluidores a formas de mera aparência gráfica, de esvaziamento duplamente referencial e estético.

Nesse clima difuso, que começa a instalar-se pelas alturas de 1964, as vanguardas brasileiras passam a experimentar uma penosa e insidiosa sensação de desfunção da poesia, que se vê colocada não propriamente em crise (o que seria válido e fecundo), mas à margem mesma da atividade literária[15] com pequena e esparsa presença em livros e suplementos. Minada a vanguarda, por desorientação, desestímulo, inconsistência inventiva ou clandestinidade imposta pela ausência de receptividade crítica, até os combativos e radicais poetas concretos parecem recolher suas armas frente a um contexto pouco propício ao ativismo cultural, que favorece inclusive a retomada de certa liderança pela chamada "geração de 45". Os casos de exceção, como as da poesia de um Affonso Ávila[16], o surgimento de um Sebastião Nunes[17], os textos de resistência de um Décio Pignatari ou de um Augusto de Campos[18], a luta promocional de alguns integrantes do movimento de Poema Processo, não fazem mais que confirmar, pelo seu caráter insólito, a estagnação e a acomodação generalizadas. Reduto de radicalidade crítico-criativa a que se ligou, como colaborador, o próprio Murilo Mendes, a revista *Invenção*, sustentada como tantas outras publicações literárias pelo esforço pessoal de pequeno grupo, é levada a estancar em 1966, no número 5. Portando códigos menos agressivos ou de mais difícil decodificação, a vanguarda das artes plásticas, buscando exprimir com materiais pobres ou antiestéticos (ou ditos antiestéticos) a experiência de desagregação e carência de sentido do mundo em volta, vem a tomar, a partir de um dado momento, com as suas pesquisas, aquele papel inventivo/contestador exercido antes pela vanguarda poética. Destituída tacitamente de seu peso literário próprio, a poesia no Brasil percorre um período de extremo desfavor, em que tão-somente se republicam os denominados grandes nomes ou predominam, ao lado de

---

15. É a estória curta que adquire então maior notoriedade, com o surgimento de uma nova geração de contistas.

16. Affonso Ávila, *Código de Minas & Poesia Anterior*, Rio de Janeiro, Editora Civilização Brasileira, 1969.

17. Sebastião G. Nunes, *Última Carta da América* etc, Belo Horizonte, (1968) e *A Cidade de Deus*, Belo Horizonte, (1970).

18. Ver, principalmente, de Augusto de Campos, *Equivocábulos*, São Paulo, Edições Invenção, 1970; Décio Pignatari, *Exercício Findo*, São Paulo, Edições Invenção, 1968.

um verbalismo "participante" mas conservador, o hermetismo amorfo, o lirismo ingênuo e as especulações formais de reduzido alcance. Alguns (os mais significativos) poetas de vanguarda emigram para o ensaio, procurando encontrar neste gênero mais compensadora audiência para as proposições da criatividade, antes equacionadas na área mesma da poesia de que eram os detonadores ativos.

Mesmo afastado do Brasil, Murilo Mendes mantém-se a par das efetivas conquistas e do desenvolvimento de nossa poética[19], embora sem sofrer diretamente, em razão do distanciamento geográfico, os efeitos do clima negativo que o afetaria nos últimos anos. Por outro lado, a vivência italiana possibilita-lhe o contato com os mais expressivos representantes da vanguarda européia, seja através de leitura, exame e reflexão sobre as proposições do grupo de Stutgart liderado por Max Bense, seja pelo mais próximo e pessoal convívio com escritores italianos como Balestrini, Emilio Villa, Giorgio Manganelli e outros, ou com os "giovanissimi" poetas. Fecundo lhe será também o trato com as artes plásticas (tornou-se crítico especializado, de alto conceito em Roma), que, somado a uma excepcional informação musical, completa com a literatura o substrato dessa personalidade intelectual aberta a todas as manifestações da arte. Natural, portanto, que um aficionado e *expert* assim versátil das diferentes formas artísticas viesse a explorar esses domínios em suas fronteiras "hoje tornadas muito fluidas"[20] e compreendesse o imperativo de sintetizar elementos e técnicas novos numa poesia sintonizada com a linguagem estética de nosso tempo.

O aparecimento de *Convergência*[21], após o lapso de doze anos, interrompido apenas em 1968 pela publicação de *A Idade do Serrote* (memórias? invenção?), ocorre com algum atraso, por dificuldades e embaraços de ordem editorial. E, não obstante a *novidade* bem agressiva de seu texto, o leitor mais atento da obra muriliana constatará no livro o lance esperado de uma evolução consciente, a "convergência" inevitável de toda uma experiência de vida e criação que se desdobrou sob o signo da liberdade

---

19. Murilo Mendes é professor de Estudos Brasileiros na Universidade de Roma.
20. Murilo Mendes, carta à autora.
21. Murilo Mendes, *Convergência*, São Paulo, Livraria Duas Cidades, 1970.

(*poesia-liberdade*). Não se trata aqui, portanto, de uma atitude de vanguarda assumida como risco de extrema defesa do poeta, num mundo sempre/agora inabitável e que cada vez mais lhe parece recusar espaço, função, sentido. Não se trata de ceder, avançar, conceder, atacar, numa estratégia de sobrevivência, nem de pretender-se um programador, um *designer* da linguagem, por modismo ou mesmo por convicção de que a poesia, enquanto palavra articulada, já não se basta, por seus próprios recursos, na competição moderna com a mensagem pictórica, a partitura ou os códigos de notação de outros condutos da informação estética. Quando afirma que "o instrumento básico do poeta é a linguagem, eis um fato tão óbvio"[22], se Murilo Mendes quer com isso delimitar o esquema operatório de sua execução/realização poética, ele quer, por outro lado, explicitar a sua consciência de que essa linguagem enquanto invenção implica, por si mesma, uma larga margem de arbítrio dentro de sua complexidade e riqueza ainda não totalmente exploradas e muito menos esgotadas, como ao contrário pretendem os teóricos de uma "visualização da funcionalidade/consumo"[23].

A classificação quase infalível que ocorre à crítica convencional diante de *Convergência* é de que representa este um *livro de poesia concreta*. A isso o autor responderia – responde – *não*, confessando-se embora em dívida, ou, melhor, em afinidade com os postulados concretistas enquanto eles colocam em questão a estrutura aceita do discurso, enquanto proscrevem a sua organização *clássica*, enquanto reconsideram o primado da informação estética sobre a informação semântica. A *destruição* do discurso em *Convergência* não é, porém, um fato novo ou ocasional na obra muriliana (vimos que se inicia mais drasticamente em *Siciliana*, se não antes), pois na verdade se realiza a partir de uma orientação capital de sua arte no que refere à liberdade da sintaxe poemática, evidenciada primeiro na área dos elementos fônico-temporais – musicalidade, ritmo – e, por fim, na dos elementos morfológicos – visuais. Rebelde, rebelado, Murilo Mendes nunca se deixou, por temperamento, interditar pelos hábitos

---

22. Murilo Mendes, carta à autora.
23. Ver Wladimir Dias Pinto, *Processo. Linguagem. Comunicação*, Petrópolis, Editora Vozes, 1971.

mentais alienadores que acomodam e/ou constrangem o homem às imposições da conjuntura e aos padrões tanto de um sistema de vida, quanto de um estilo de criação. Especulações de âmbito metafísico ou lingüístico levaram-no sempre mais longe ou para fora das medidas de informação de um repertório regulado da mensagem poética. Em *Convergência*, cremos poder afirmar que se dá – dentro da matemática específica da linguagem muriliana – a confluência, a concorrência, das retas que passam pelo mesmo ponto (proposição geométrica), a conversão de uma freqüência à outra (proposição física), a convivência das construções morfológicas (lógica simbólica) e a convexidade prismática (proposição óptica) do texto. A verificação e o controle, porém, dessas operações estruturais existem enquanto o resultado, o objeto-poema, é nitidamente pessoal, enquanto o poeta não se adapta a um gosto e uma fase, mas constrói ele mesmo esse gosto, essa fase.

Inaugurando a texto-grafito[24], este poeta que, no curso de sua obra, não escondeu o arcabouço semântico-formal de feição barroca (e não simplesmente surrealista) vai, mais uma vez, valer-se do conceito, do emblemático, da ambigüidade, para fazer emergir da massa orquestral de sua poderosa experiência sensível um timbre agudamente apurado e redutor da informação estética. Grafito (etimologicamente escrita – *grapho*) supõe conotação ou analogia intrínseca com hieróglifo (imagem sem palavra) e, mais precisamente, uma procedência da cultura islamítica que vai, desde o início do século XV, fundir-se na "moda da divisa" e desdobrar-se na literatura emblemática e lapidar do barroco. Consistindo essa literatura em "imagem e mote", foi larga e correntemente utilizada, para persistir depois como jogo epigramático ou, mais comumente, como conceito judicativo e rememorativo nas convencionais inscrições tumulares, mesmo de nosso tempo[25]. A Murilo Mendes não escaparia, tanto pela sua

---

24. Grafito – Inscrição ou desenho com que os antigos marcavam a estilete um conceito nos monumentos.

25. Servimo-nos aqui da lição de Ernst Robert Curtius, *Literatura Européia e Idade Média Latina*, trad. Teodoro Cabral e Paulo Rónai, Rio de Janeiro, Ministério da Educação e Cultura, Instituto Nacional do Livro, 1957, pp. 362-363.

informação quanto pela sua vivência da tradição cultural ibero-italiana, a sugestividade dessa codificação simbólica da mensagem. Ao aproveitá-la e redimensioná-la em seu conteúdo latente e sobretudo sua mecânica de elisão e concreção, de curiosa sincronia com a atual técnica do fragmentário utilizada na linguagem sintética da publicidade, o poeta prossegue naquela sua demanda da *essencialidade*, que procurará apreender através de cada vez mais absoluta economia de meios capaz de soldá-la em rígido equilíbrio de previsibilidade (valor semântico) e imprevisibilidade (informação estética). Com isso, não sobressairá em sua poesia a oposição substância-forma e a linguagem, em vez de mero veículo do pensamento poético, adquirirá o peso e densidade de *objeto*, conquanto de objeto inteligível.

O *grafito* (como o *murilograma*) resulta aqui de uma espécie de cálculo combinatório a que, estruturalmente, tendeu sempre a poesia de Murilo Mendes em suas curvas ou paralelas cíclicas: arranjos, permutações e redundância do código, movimento desarmônico, reflexão, refração, interferência e superposições de elementos condutores e isolantes da linguagem, colisão e progressão das partículas do discurso condensador. A impressão primeira do leitor de *Convergência* decorrerá da possibilidade ampliada de percepção imediata do texto através da insinuante enfatização de sua realidade física. A perpendicularidade e o paralelismo das retas e dos planos do texto – cada vez mais acentuados – levam-nos logo à noção valorativa do espaço incorporado à poética de nosso tempo.

Na verdade, a incolumidade da frase lógica, posta em xeque pela nova linguagem da comunicação visual, há muito vinha sendo contestada por Murilo Mendes, ao insurgir-se contra o uso normativo de uma só e coletiva *gramática poética* (mesmo em seus primeiros textos *modernistas*, o poeta logo supera a preocupação folclórico-nacionalista, contra a porcelanização esvaziadora do objeto-palavra, contra a ociosa fruição de uma arte inefável). As suas originais associações verbais corresponderiam sempre a respostas dramáticas de uma consciência cosmogônica, envolvida pelo território "asperoanguloso" dos processos intercomunicativos do homem e do mundo. É assim que, no "Grafito na Pedra de Meu Pai", ele pode definir-se como o

... filho pródigo
Polêmico giróvago
Giralivros
Anárquico alicaído
Insoferente do século,

o homem-poeta, projetado sempre além do meramente explícito e previsível, pelo seu jogo de referências e pelo espelho deformante de suas distorções, o insólito contraponto semântico-estético de sua sintaxe. Em *Convergência*, essa inerência orgânica de poeta "polêmico giróvago" vai conduzi-lo finalmente às destruições programadas ou aleatórias dos elementos lingüísticos, pelo corte (na acepção cinematográfica de *suspensão da atenção*) do sentido do discurso, ao desbaste e filtragem progressivos da palavra, à aceleração pela redundância, em busca de uma síntese da inapreensível totalidade poética, valorizando a presença objetual e o próprio silêncio da letra. Então, a linguagem mostrará a um só tempo toda a sua relatividade e complexidade, estabelecendo um fluxo constante e mútuo entre significante e significado, pela rarefação ou multiplicação dos signos. "A escrita é um caso particular de desenho"[26], e, por isso, Murilo Mendes pode falar-nos, lucidamente, das fronteiras "hoje tornadas muito fluidas" entre as artes. Esse desenho, em *Convergência*, ora se faz pela verticalidade do texto,

O amor da liberpaz
A página branca
A Espanha

"Grafito na Pedra de Meu Pai"

ora pela técnica da pontuação, estacando o período, a oração, antes que estes assumam a sua inteira função sintática,

Sacrifício: ritmo. Ablução. Rito direto

"Grafito para a Grande Mesquita de Fez"

---

26. Michel Butor, "La littérature, l'oreille et l'oeil", em *Repertoire III*, Paris, Les Éditions de Minuit, 1968, p. 399. Trad. bras., São Paulo, Perspectiva, 1974.

ora pela elipse completa do verbo e, portanto, da ação ou continuidade da ação, segundo a lição gramatical, ou o acoplamento vocabular,

Astronave
Astroneve
Astronive
Astronovo
Astronuvem
Astronável

"Metamorfoses 11"

ou, ainda, pela integral abstração de qualquer referência, em que as palavras-invenção brotam com espontânea e vertiginosa vida própria:

Ardêmpora	neclauses
Bisdrômena	guevolt
Canéstrofa	trapesso

"Palavras Inventadas"

Este relativismo e insuficiência da linguagem é o próprio teorema proposto aos poetas pelo enigma da magia verbal, do Logos, do mundo de sistemas simbólicos, da coisa mencionada ou da palavra coisificada. Não é um legado primitivo o medo, o respeito, a divinização, enfim, o sentido de tabu ou totem que os sons e os caracteres da linguagem assumiram em nossos hábitos mentais? Não são os poetas outros tantos sacerdotes, senhores das palavras ritualísticas sagradas e de um vocabulário secreto, interdito ao homem comum? Não serão esse prestígio e esse mistério que têm preocupado sempre (e talvez mais ainda atualmente) filósofos e sociólogos, e inspirado aos lingüistas e antropólogos as pesquisas mais profundas sobre os fenômenos da língua e da linguagem? Mesmo na mais científica e anticonvencional formulação de uma *doutrina* lingüística, não persiste esse caráter de *doutrina* e, portanto, de uma dialetologia mística ou mágica de *fórmulas*? Não é, de resto, esse envolvimento misterioso que leva Murilo Mendes às interrogações sobre a insuficiência e o relativismo da linguagem, em *Convergência* como em outros passos anteriores de sua obra –

PLENITUDE E CONCREÇÃO DO VERBO   133

A palavra cria o real?
O real cria a palavra?

"Texto de Consulta"

– ou a concluir, no mesmo poema, que a "palavra nasce-me / fere-me / mata-me / coisa-me / ressuscita-me", ou ainda o incita a criar ele mesmo palavras-totem – "sedráufila – orgântula", um vocabulário indecifrável ou cifrado? Se o *grafito* e o *murilograma*, como vimos, evidenciam o seu substrato ancestral, também a novíssima *Sintaxe* pertence, paradoxalmente, a uma área arcaica, em que "uma pedra em pé era uma letra"[27], ou, agora, invertida a proposição, a uma área em que a letra – ou, por extensão, a palavra – é o elemento concreto na paisagem da folha em branco, ocupando aí o seu lugar hierárquico, a sua posição-tabu, e gerando todo um quadro de articulações significantes. As *metamorfoses* (que já tinham sido título de outro livro do poeta) não implicam, por sua vez, uma consciência cosmogônica (*metà* – para além, *morphê* – da forma) das correspondências mítico-religiosas entre palavra e espírito?

Convergência representa, por tudo isso, livro exemplar para a análise da obra de Murilo Mendes. Desde o título, ele sugere a tentativa de unificação de uma dualidade que é visceral à poética muriliana. Surpreendemos aqui, como um de seus fundamentos, a presença do lúdico, tônus barroquista do poeta que se amolda à peculiar constituição de sua atitude metafísica (que não se deve compreender como simples decorrência de uma condição particular de católico). Assim, o mero enquadramento de *Convergência* como poesia concreta – divorciada que é esta de toda intenção *meta-física* – não satisfaz à definição de uma poesia que, para utilizarmos uma expressão de Karl Vossler relativa à história da língua, parece querer, através de sua linguagem, abarcar, "em realidade, a totalidade da vida do espírito"[28]. O repertório do nosso poeta – fontes de invenção, gênese psicológica, materialidade do texto – se desenvolve com uma continuidade que o vincula sempre, por mais aportações novas que assimile,

27. Cf. Victor Hugo *apud* Michel Butor, *op. cit.*
28. Karl Vossler, *Filosofía del lenguaje*, trad. A. A. y R. L., Madrid, Publicaciones de la *Revista de Filología Española*, 1940, p. 28.

134 MURILO MENDES

acumule ou redimensione, com o homem, com o estar-no-mundo, com o ser tenso e dilemático que ele próprio encarna (*texto textomem testículo*). A permutação, o deslocamento, as operações simbólicas de complexidade crescente, a flexibilidade progressiva da imagem espacial, a intuição geométrica traduzida nos trajetos da linguagem, mantêm em *Convergência*, a outro nível certamente, a mesma técnica de registro, de construção de esquemas, de paralelismo de idéias e símbolos que enforma toda a sua obra. Conduzindo-se agora por estruturas lingüísticas de seriação ou de agrupamento, no seu procedimento de aproximação e inversão das palavras ou das letras, apoiando-se nas simetrias perceptíveis ou nas inferências associativas, Murilo Mendes alcança uma síntese que é original, nova, mas também *antiga*, se a encararmos como conseqüência de sua indesviável opção poética. "Assumir a palavra refratária" ("Murilogroma a Ungaretti") é preservar aquela sua visceral e já anterior disponibilidade para as viagens mágicas do mundo verbal: "Estamos vestidos de alfabeto" ("Abismo Voador" em *As Metamorfoses*).

O espaço operatório de *Convergência* pode ser verificado pelo vigor direto da palavra evoluindo do rigor indireto dos primeiros poemas, consistindo o seu funcionamento em dividir o contínuo ou o inteiro (no caso, o discurso) num certo número de partes, com possibilidades aleatórias de encaixe, e em ordenar, numa seqüência probabilística, as posições dessas partes ou em constituir uma nova unidade, através do destaque de uma dada parte e seu deslocamento sucessivo sobre as outras. Nos grafitos e especialmente nos murilogramas, as texturas sonoras ainda têm valor preponderante, perceptível a partir da apresentação da linha melódica, que se sustenta muitas vezes invariável na sua forma de antífona e salmática, às vezes enriquecida pelo contraponto solo/parte coral, como no "Murilograma a João Sebastião Bach":

Solo	*Coro*
João Sebastião	mete o som na mão
João Sebastião	mete o sol na mão.

Neste *hinário*, as texturas visuais também são utilizadas como partituras, sem ocorrência de diminuição da sonoridade, pela reiteração da letra ou de fonemas, como no "Murilograma a Antero de Quental":

Solo	*Coro*

D isse
+

d e finiu a d úvida
+ +   +
d e scerrou (quase) o ser
+ + +

D e ixando
+ +

d e s vontade
+ + +
d e s espero
+ + +
d e s arrumação.
+ + +

Os aspectos mais ostensivos da linguagem particular de Murilo Mendes continuam pertinentes ao conceitualismo e suas modulações na armação barroca do discurso: ao estático – a inscrição, a letra-pedra –, e ao cinético/sonoro – os valores da forma, os sinais gráficos, os compassos tônicos, a fusão e intensidade das impressões sensoriais. A amplificação – que é um de seus recursos característicos, com o sentido de realçar, insistir, ressaltar a idéia, passa a efetuar-se com a mesma finalidade através do fracionamento do texto, agora criando um grupo de parentesco visual ou fonético, pela insistência

As válvulas da valva. As válvulas da vulva.
As válvulas da viola. As válvulas do vulgo

"As Válvulas"

ou pela maior vibratilidade dos fonemas

A rotação da roda. A rotação do tempo

"Rotação"

o que não contradiz aquela primacial sistemática de oposição e choque de imagens de sua multifária poesia anterior.

Identifica-se assim facilmente a notória seqüência, a relação em escalonamento que sustenta os ciclos da evolução gradual e natural da obra do poeta. Das metáforas violentas (melhor, da violentação do discurso) para a ênfase da tensão expressiva por meio da articulação, decomposição ou recriação de palavras, o caminho não é casual. Apenas se verifica uma gradação ascendente de modelos de coesão interna da linguagem, que se desdobram por processos de assimilação, constrição, combinação, aglutinação etc. Em *Convergência*, os prolongamentos de uma obra unitária são discerníveis nos componentes de um repertório de maior tensão comunicadora, obtida pela equivalência funcional entre peças semântico-fonéticas intercambiantes em sentido e força. Os versos "Passado presente futuro / tiro o alimento de tudo" (de "Memória", em *As Metamorfoses*) encontrarão, trinta anos depois, analogia estrutural em "Eu tenho a vista e a visão: / Soldei concreto e abstrato" (de "Texto de Informação", em *Convergência*). As retificações da atitude formal, que também acontecem no curso de sua trajetória criativa, ocorrem, por sua vez, em *Convergência*, com mais rigor de exigência crítica e atingindo agora as vértebras da palavra, nas correlações sonoras ou de representação gráfica e pela amputação sistemática dos elementos de excesso da enunciação lógica (verbos, conectivos etc.). Retificação da preocupação retórico-persuasiva, pela maior contenção ou, diríamos mesmo, pela *petrificação* das tessituras sintagmáticas[29].

A exploração da linguagem por via de uma sonda pictorial (escrita = desenho), várias vezes utilizada nesses textos, pode, ainda, ser observada como projeções dinâmicas de um mesmo *slide* refeito a partir de diferentes tomadas, com a câmera fixa: "O sol do imperador. O som do imperador. O trem do imperador. O trono do imperador" ("O Imperador"). Procedimento, alias, já usado em *Tempo Espanhol* – "O sol de Granada aspira... O sol de Granada gira... O sol de Granada inspira... O sol de Granada mira..." ("O Sol de Granada") – e mesmo nas formas da litania litúrgica de *Contemplação de Ouro Preto* – "Anjos oblíquos / Anjos oblongos /

---

29. Não teria Murilo Mendes, como João Cabral de Melo Neto, experimentado também uma espécie de *educação pela pedra*, através de um processo não só de precedência do "plástico sobre o discursivo", mas de gradativa substantivação, objetivação, concreção, *petrificação* da linguagem, do real?

(...) Torres torcidas / Torres chuvosas" ("Romance de Ouro Preto") –, neste caso, talvez numa ressonância inconsciente das curtas invocações das ladainhas mineiras da infância do poeta.

É imperioso concluir, portanto, que *Convergência* significa um dos momentos ápices da obra muriliana, mas momento sucessivo, momento no qual o poeta logra transformar e reverter, a um nível de maior eficácia lingüística, o que antes produzia a outros níveis de expressão. A demanda de *objetivação* do mundo e do homem, a constante reflexão sobre a poesia, a colocação de problemas inerentes à natureza teatral das palavras, sua capacidade de encenação (plasticidade e constituição decorativa do verso), a unidade de tempo interior mantida em meio a blocos de textos, tantas vezes irregulares – são princípios que ele não suprime e sim *comprime* e *recorta* nesta nova etapa. À argamassa de ligação que sustinha de pé essas paredes maciças de corredores secretos, onde o nosso olho de leitor se obrigava a movimentar-se com espanto e susto, sucedem a abertura do espaço, o desvendamento do detalhe solitário, a respiração através das janelas colocadas espacialmente no texto (a integração estrutural do espaço em branco) e, equilibrando ritmicamente o novo organismo poemático, a contração dos grandes acordes até o ruído simples e também musicalmente *concreto*. A forma de seus poemas anteriores (até 1959, em *Poesias*), que se podia qualificar como uma espiral em arremesso, é rasurada e redesenhada constantemente, até chegar à *convergência* do ângulo reto – vertical contra horizontal –, como acontece na pintura de Mondrian, pela depilação cada vez maior do trabalho plástico. "Mondrianizeime", admitirá, aliás, Murilo Mendes em "Texto de Informação", depois de explicitamente definir-se dentro de seu outro e novo contexto de poeta:

Inserido numa paisagem quadrilíngüe
Tento operar com violência
Essa coluna vertebral, a linguagem.

Essa coluna vertebral – peças ósseas ligadas entre si e móveis umas sobre as outras – é operada experimentalmente, porém com mão de destreza, seja por novas junções ou extirpação dos elementos, pela montagem e decupagem, seja pela imobilização consciente ou pelo cinetismo aleatório. Operador plástico que manipula agora menos a massa muscular e mais o esqueleto em si, menos a espessura da palavra que a sua dureza, menos a fosforescência e a emanação corrompidas da carne do que a sua espinha dorsal mantenedora, os seus *espinhos*. E voltamos aqui forçosamente àquela imagem muriliana do "olho armado": câmera do poeta-operador que faz o seu *travelling* dos planos de conjunto e profundidade de campo para os primeiros planos e o enquadramento de superfície.

O sentido de vanguarda deste livro – realmente uma *Convergência*, – não será, insistimos, o de uma pesquisa ocasional ou de oportunismo literário, mas o de postura estética conseqüente, vinculada à extrema noção de liberdade e independência criativa desse artista amanhecidamente lúcido, que podia dizer-se "atento às fascinantes inclinações do erro" e, não obstante isso, voltado, a longo prazo, para o projeto de "construir a poesia futura". Essas fascinantes inclinações do erro, que podemos reduzir a um fenômeno ético-psicológico bastante generalizado e, também sob esse prisma, acentuado desde cedo na poesia muriliana, devem, por outro lado, ser consideradas como a larga margem de incerteza e de acaso com que joga todo verdadeiro artista, atraindo-o e impelindo-o (e igualmente ao receptor da sua mensagem) para a tentadora experiência do excepcional, do novo, do insólito. Mas neste jogo de Murilo Mendes, jogo instável e rebelde a uma sistematização rígida, não é difícil reconhecer o tabuleiro, o campo semântico-estético onde se integram as suas estruturas lingüísticas, pela pesquisa de palavras-chaves, cuja freqüência nos mostra o empenho do poeta em conservar a sua *identidade* – e não apenas uma transitória originalidade – de inventor. Esqueleto de palavras ou objeto/realidade, devassado em radiografia, chegamos ao homem, à catalogação do homem em seus compartimentos de permanência e descontinuidade temporal, ao homem como *verbo*, ao *poeta/texto*, ao poeta *contexto* do *texto*, ao *texto contexto* do poeta (cf. "Texto de Consulta").

É quase por força de uma contingência pessoal e inelutável que a sua *mensagem*, conservando na fundação o peso da presença humana, torna-se cada vez mais *imagem* e atinge um despojamento máximo, uma referenciação extremamente objetiva, uma total materialidade da escrita, que deixa de ser um acessório do pensamento poético, para adquirir vigência concreta e valor autônomo. O poeta usa agora a sua dicção também para

PLENITUDE E CONCREÇÃO DO VERBO   139

ser *vista* em percepção direta e imediata, tanto quanto para ser *lida* e *entendida*: não se recusa a enfrentar essa inteligibilidade da palavra como desenho, com uma função no espaço gráfico simultânea à duração temporal da idéia-significado que comporta. Idéia que a palavra do poeta, em certos casos, poderá também deixar de comportar, permitindo ao leitorvedor a livre alternativa de transformá-lo ele mesmo em idéia própria, original, em idéias-imagens que poderão ser tantas quantos forem os eventuais usuários dessas palavras, que ele – poeta – considera e manipula

> ... na sua forma visual
> fora de função/ no seu peso especifico
> & som próprio
> de palavras isoladas.
>
> "Texto de Informação"

A permanência e consolidação de determinados substratos e a irreversibilidade de uma densidade que é o próprio centro nervoso de sua poesia são fatos perfeitamente delimitáveis no processo criativo de Murilo Mendes, nele ostentando mesmo o caráter de uma homogeneidade exemplar. É na *Convergência* desses fatos estruturais, tornados mais nítidos quando mais se radicaliza a sua linguagem, que se completa esta obra – *inacabada* e *imperfeita* até então porque ambígua como todo duplo jogo do homempoeta submetido às leis ambivalentes e muitas vezes fortuitas da expressão. Leis em que os signos e as categorias simbólicas, ainda que em conflito, tendem a sintetizar-se num só corpo de concentrada energia, no caso este poema sempre reproposto em novas aberturas, que é o poema muriliano.

IV. O POETA/VERBO ENTRE AS COLUNAS DA ORDEM E DA DESORDEM

Data de 1935 o poema "Dois Lados", onde se lê o verso "as colunas da ordem e da desordem", que tomaremos como síntese definidora de toda a obra poética muriliana. É nesse par dialético que se fundam a sua concepção do homem e do mundo e a própria textura de sua linguagem, na inter-relação do real, do metafísico e do estético. De fato, numa leitura sistemática da poesia de Murilo Mendes, divisamos a sua percepção do ser-e-estar-no-mundo como duas situações aparentemente irredutíveis ou irreversíveis: as situações-componentes do paradoxo entre o sentido ético-existencial e o sentido ético-social da vida. O dilaceramento do homem, aspirando à verdade e a uma unidade transcendental e limitado pelas contingências da complexidade do mundo sensível, leva-o a uma experiência de crise e tensão, colocada, na arte muriliana, nas constantes de um vocabulário de antinomias. A proporção de determinadas palavras de índole dramática (a *Desordem*), em contraposição às palavras de índole apaziguadora (a *Ordem*), ocorre numa incidência significativa, que podemos indicar – sem pretender qualquer absoluta precisão matemática – no esquema da página seguinte.

A incidência é, como se vê, bem mais elevada na faixa das palavras-dramáticas, de que computamos apenas os exemplos básicos – e que continuam em seus símiles *aniquilamento, calamidade, dissonância, desequilíbrio, destruição, anarquia* – mostrando uma sobrecarga da atmosfera sensorial da realidade, presente no poema como violação constante da dimensionalidade mística e estética do homem (e sua palavra, que É Ele). Perdida a sua identidade e integridade ontológica pelo simples *estar no, ser em*, automaticamente se perdem a Ordem, o Equilíbrio, Deus, mas em razão disso se manifesta mais agudamente a necessidade de o ser transcender-se em Ordem, Equilíbrio, Deus. Sofrendo a ação alienadora da instabilidade e o anseio de restauração de sua unidade, os sentidos do homem passam pela experiência de uma outra crucificação, que é também morte e ressurreição, fracasso e vitória.

Desta conjuntura existencial resulta o quadro semântico e estético que, por emoldurar-se de elementos lingüísticos de conotação simbólica, se insere, também filosoficamente, numa perspectiva barroquizante, antes – ou mais – que surrealista[1]. As metáforas que violentam os conceitos não são, aliás, invenção surrealista: a própria teoria do movimento já nos informa da presença dessa matéria residual do espírito, conservada por sé-

---

1. "Nos anos 20-30" – depõe Murilo Mendes em carta à autora –, "interessei-me vivamente pelo surrealismo. Do Rio, acompanhava com grande interesse o movimento, que representava a vanguarda cultural da época. Encomendava da Europa livros e revistas, informando-me também através de amigos que iam a Paris, como Ismael Nery, Mário Pedrosa a outros. Entretanto, *nunca fui um surrealista ortodoxo* [o grifo é da autora], menos convicto de sua força doutrinária do que da dimensão poética, da atmosfera insólita criada, seja na literatura, seja nas artes plásticas, pelo movimento".

O Poeta/Verbo entre as Colunas...   143

culos, desde a Bíblia[2], e esse encontro de palavras que se digladiam sintetiza o drama da existência humana em suas relações com o mundo, o choque inevitável entre o *eu* em busca de sua afirmação global e as amarras que falseiam ou condicionam o seu caminho.

Toda a poesia muriliana que se estende da fase posterior às suas experiências historicamente modernistas até *Convergência* constrói-se a partir de dicotomias de natureza filosófica e lingüística, em que a *Desordem* representa a essência e a aparência, o ser e o fazer poético. O poema, liberado de qualquer condicionamento, assume-a ou é essa *Desordem* audaciosa, esse estado de consciência fragmentária e instável, esse conflito interno que resulta numa insubmissão verbal que justamente simboliza/realiza o dualismo do ser em sua contingência de miséria e grandeza. As subversões metafóricas

cicatrizes da liberdade – abismos, pontes da noite – os pesadelos de mármore – olho do mundo – a magnólia do seio – o sofrimento como um céu aberto – a mina do sofrimento – os ombros da perda – estrelas peixes – estrelas pianos – diálogo de asas – os crimes do horizonte – a angústia das gaivotas – alfabeto das conchas – olho vertical – nuvens decotadas – desfolha um ciclone – crucifixo estrela – máquina do mundo – comunidade do desespero – mulher-cometa – a liturgia do mundo – a espessura das gerações – olho fértil – olfato febril – morte, salário da vida – eternidade vermelha – a gaiola do céu – prateleiras do céu – o orvalho dos pianos – etc.

são símiles expressivos e modelares das constatações do fracasso da palavra e do homem (homem-vítima, homem-culpado, homem-desgarrado) e, ao mesmo tempo, a estratégia do poeta para levar-nos a viver com ele a vertigem de um mundo em desordem. Todas essas metáforas traduzem uma enfatização da sensibilidade, são as formas violentas desse quadro que recria pela distorção e até mesmo pelo grotesco da imagem aquela distorção e aquele grotesco da realidade que não percebemos por demasia-

---

2. "A moderna psicologia do estilo considera, talvez, 'barroca' toda esta classe de metáforas. Nesse caso, podemos dizer que o barroco literário é tão velho quanto a Bíblia." E. R. Curtius, *op. cit.*, p. 144. – Ver também *Dictionnaire de la littérature française contemporaine*, Paris, Larousse, 1966, p. 238: "Le surréalisme repose sur la croyance à la réalité supérieure de certaines formes d'associations *negligées jusqu*'à *lui* [...] l'esprit surréaliste – dont les origines sont aisement décelables dans le romantisme 'frénétique' des années 1830 et, bien au-delà, dans toutes les oeuvres qui ont cultivé l'insolite, l'étrange ou seulement l'absurde".

da aproximação. "A poesia sopra onde quer", "a poesia é muito grande / Mas o alfabeto é bem curto", e o poeta se descobre "um sinaleiro" que representa "os desânimos espalhados duma geração", hesitando "entre as ancas da morena" e "o mistério do fim do homem". A adjetivação e, sobretudo, a substantivação inusitadas constituem a rede sangüínea dessa poesia com que Murilo Mendes capta, também de maneira *errática*, o mundo em *Desordem*, esboçando as mais estranhas paisagens interiores, mapas labirínticos de seu sistema nervoso. Pelo jogo de atrações e repulsões fonético-sintáticas, desenvolve em polifonia e policromia o seu espaço sonoro e o seu tempo ontológico, acentuando o cinetismo dos ritmos e dando-lhes fisionomia diferenciada, com o predomínio da linha elíptica no discurso poético.

Segundo Abraham Moles, "estética, no sentido amplo, é o estudo da maneira de sentir o mundo circundante, da posição do indivíduo neste meio circundante" e "ultrapassa consideravelmente o problema da arte"[3]. A essa definição quase etimológica parece-nos igualmente adequar-se a estética muriliana, que será de índole fenomenológica ou sociológica, psicológica ou qualquer outra, conforme dermos ênfase a tal ou qual categoria de leitura. Uma estética, portanto, excentrada e extrapolada depois de *ganhar o calor do organismo do poeta*, imagem aqui tomada a Vicente Huidobro ("Humanizar las cosas. Todo lo que pasa a través del organismo del poeta debe coger la mayor cantidad de su calor"), poeta com quem Murilo Mendes muito se identifica pelo caráter também inóspito e agressivo da linguagem, pela atitude vanguardista e premonitória de ambos, com seu *creacionismo* o chileno, com seu *essencialismo* o brasileiro: "El viento vuelve mi flauta hacia el porvenir" / "ajudo a construir a poesia futura"[4]. De fato, a estética muriliana é *meta* e *ultra*/física, quando busca um entendimento do mundo por seus nervos e realizar a poesia com a voracidade e a veracidade de todos os seus sentidos. Aliás, as imagens que o poeta inventa são, por isso mesmo, em muitos casos, exasperadamente sensuais, uma retórica mágica do erotismo, fusão e solidão, plenitude e

---

3. Abraham Moles, *Teoria da Informação e Percepção Estética*, trad. Helena Parente Cunha, Rio de Janeiro, Edições Tempo Brasileiro, 1969, p. 267.

4. Vicente Huidobro, *Conferencia*, em *Orfeo – Revista de Poesía y Teoría*, n. 13-14, Homenaje a Vicente Huidobro, p. inum.

ruptura permanentes do homem. Mais uma vez, a *Desordem* constituída em experiência total, em "poesia em pânico":

Amor, palavra que funda e que consome os seres,
Fogo, fogo do inferno: melhor que o céu.

"Amor-Vida"

O esterco novo da volúpia aquece a terra

"Poema Visto por Fora"

Tudo o que faz parte de ti – desde teus sapatos –
Está unido ao pecado e ao prazer,
À teologia, ao sobrenatural

"Metafísica da Moda Feminina"

Há grandes forças de matéria na terra no mar e no ar
Que se entrelaçam e se casam reproduzindo
Mil versões de pensamentos divinos.
A matéria é forte e absoluta
Sem ela não há poesia.

"Poema Espiritual"

Se o próprio Murilo Mendes não tivesse escrito – "Eu quisera ser o Grande Vociferador da Igreja" ("A Usurpadora") –, teríamos por certo de propor título parecido para este cristão, que só percebe a Verdade no corpo, a Presença no pecado, Deus no desejo[5]. Uma curiosa experiência mística, inimitável e perturbadora, a de encontrar e situar na indistinção e ambiguidade do erotismo/sexo/amor a continuidade e a transcendência divinas da comunicação-consumação dos corpos e almas. A própria Igreja, quando se chama "Esposa do Cristo", sacraliza um erotismo e mitifica o amor. Murilo Mendes consegue verbalizar essa *Desordem* em que o homem e o poeta, apesar das "mudanças e dilaceramentos", encontram a sua Unidade.

5. Alceu Amoroso Lima depõe em carta à autora: "Compreendi perfeitamente que Murilo, como ele mesmo me dizia, só se sentia bem e só mesmo sentia a fundo as suas convicções católicas quando convivendo com os não católicos".

Devemos insistir nas conotações dessa palavra-alicerce – *Amor* – da poesia muriliana? Já observamos que se trata de uma palavra de extensa elasticidade semântica e, para Murilo Mendes, ela não comportaria uma definição precisa, pois está vinculada à própria história pessoal do poeta: "o amor é minha biografia". Por outro lado, a palavra pertence também a esse reino de *Desordem* que ele absorveu e reinventou como seu território. O amor é *abismo, agonia, pânico, caos, violência, enigma,* a grande *anarquia,* afinal. E, não obstante isso, pode simultaneamente ser *harmonia, paz, equilíbrio, perfeição,* a grande *ordem,* afinal. Assim, ainda que conotação biográfica, ela transcende os limites da individualidade e dos sentimentos particulares para converter-se em testemunho histórico e indireto talvez mais significativo, porque dimensão individual de consciência coletiva profunda do pecado e exílio do homem no mundo, que exigem um juiz e uma sanção – juiz misericordioso porque autor da "piada da criação" e sanção misericordiosa porque "há sempre um amor procurando seu nome / Na solidão do Livro dos Tempos". A reconquista da serenidade interior (possível ou impossível) só se obtém passando pela experiência da culpa na intimidade do erro: à *Ordem* pela *Desordem*.

Postas de lado essas implicações filosóficas e religiosas da poesia de Murilo Mendes e de sua concepção estética, verificamos que o procedimento de composição e apresentação da linguagem também se faz aqui pela *Desordem* ordenada. Não nos interessa – e nem a esse típico "franco-atirador" – persistir numa classificação de *estilo* ou de *escola,* em que tanto o poeta quanto seus leitores se sintam inconfortáveis. Surrealismo ou barroco, modernismo ou vanguarda, são expressões com que a crítica procura (é a sua função) decifrar, valorar ou retificar a obra, mas são expressões que, no caso, mais encobrem que revelam. O que temos objetivado é, ao contrário, uma *leitura* que não abranja, mas também não pretenda asfixiar, como toda leitura dogmaticamente dirigida, a fecundidade da poesia muriliana. O sentido com que vimos palmilhando esta leitura é a de um risco: o risco em que todos nós nos lançamos diante do desafio da criação autêntica[6].

---

6. Vicente Huidobro, em *Creación,* n. 1, Madrid, 1921: "Alli encontrareis lo que nunca habeis visto en otra parte: el poema. Una creación del hombre".

O Poeta/Verbo entre as Colunas... 147

De fato, a *Desordem* instaurada na linguagem não como ruído ou tumulto, mas como informação semântica e informação estética, é o modelo fundamental que retiramos da obra de Murilo Mendes – é a sua *Ordem coerente*. Esta bipolaridade inicialmente estabelecida com base em um único verso – "as colunas da ordem e da desordem" – serve-nos como instrumento (insuficiente e imperfeito certamente) para tentarmos detectar o campo lingüístico levantado pelo poeta. Tomamos essa *Desordem* como o princípio de incerteza que rege o ineditismo da mensagem muriliana e mantém, constituindo-se em *Ordem*, a sua linguagem ao nível exemplar da informação original. É o embate de que fala Heidegger, o embate que "projeta e desenvolve o in-audito, o que até então ainda não foi dito nem pensado. Os criadores, isto é, os poetas, pensadores e instauradores do Estado suportam esse embate"[7].

Especificamente: o discurso poético muriliano é, sobretudo, anticonvencional, não avança por estágios normais de sintaxe e nem pretende conservar-se numa trilha predeterminada, daí a sua multiplicidade e sua abertura, os vários registros em que o conceitual, o erótico, o metafísico se produzem dentro da pauta estrutural. O leitor de Murilo Mendes não poderá fixar-se num ponto x de estabilidade, porque a sua atenção estará sujeita às mesmas flutuações aleatórias que a mensagem lhe transmite, estará sujeita à súbita ruptura ou ao alarme de uma palavra não repertoriada e não submissa às leis correntes da "imagem poética". Quando ele escreve – "não há coisa mais clara que o mistério", quando verbaliza o substantivo – "vamos luar", quando concretiza o abstrato – "anjo sólido", "toalha de sonhos", quando aglutina palavras – *cosmotexto*, *formadovo*, *triengolir* – ou as inventa mesmo, *glamífero*, *vercáubero*, o poeta quebra a seqüência elementar e organizada do pensamento e cria uma nova realidade lingüística que exige nossa participação integral no jogo de sua gramática.

Os modelos vocabulares de uma tal gramática resultam: a) da superposição heterométrica de versos em que ocorre um comércio de antíteses e paradoxos, intensificado pela dicção hiperbólica e pela redun-

---

7. Martin Heidegger, *Introdução à Metafísica*, trad. Emmanuel Carneiro Leão, Rio de Janeiro, Edições Tempo Brasileiro, 1969, p. 90.

dância; *b*) da interferência da imprevisibilidade, desprezando-se os recursos estilísticos da homogeneidade ilusória da adjetivação, pela substantivação e concretização dos elementos fônicos; *c*) da dissolução, afinal, do valor puramente semântico do texto e conseqüente integração da palavra como objeto estético.

Em termos de ciclos criativos, a obra muriliana situar-se-ia em uma dialética – digamos – de virtuosismo barroco (desrespeito ou desapreço pelas formas *clássicas* da expressão, imperfeição ou antiperfeição no uso das relações sintáticas, acumulação e amplificação de símiles morfológicos, fusão e tensão no jogo de comparações *per contrarium*) e de virtuosismo concretizante (utilização de um elemento lingüístico para a formação de compostos e derivados, aliteração, polissemia, esquemas fonéticos permutáveis, imagens espaciais e silêncio). Até *Tempo Espanhol* (ou talvez *Siciliana*), a poesia de Murilo Mendes se incluiria no ciclo aqui convencionado como *barroquizante* (inclusive nas incursões ditas surrealísticas) e, de *Tempo Espanhol* a *Convergência*, no ciclo de características *concretas*, de uma consciência do poema como produto; isto é, ela evoluiria de uma retórica particular do pensamento e da forma para o objetivismo do jogo acústico, visual e material com a palavra. Em verdade, a distinção é meramente didática, porque a "poesia de vanguarda" de Murilo Mendes está em absoluta sincronia com a sua "poesia anterior", demarcando-se, sem fronteiras muito nítidas, uma pela maior impulsividade e outra mais pelo controle criativo, uma pela substância e outra pela imanência da linguagem. Persiste, no entanto, a interdependência desses ciclos, de modo que um implica a consideração do outro e vice-versa.

Tudo a que a obra muriliana busca expressar são relações vitais entre o homem e a poesia, o homem e a fé, o homem e o amor, o homem e o outro, o homem e o mundo, o homem e a liberdade, o homem e a invenção:

com a poesia *(relação* *formal)*	Tudo é ritmo do cérebro do poeta. Não me inscrevo em nenhuma teoria. "Mapa"
	A poesia sopra onde quer
	"Parábola"

Estamos vestidos de alfabeto

"Abismo Voador"

É preciso desdobrar a poesia em planos múltiplos

"Ofício Humano"

A poesia está preparada
Para a pesca milagrosa e natural.

"Contemplação"

Alinhavar o feltro
Alilavar o texto

"Metamorfoses 3"

O poema é o texto? O poeta?
O poema é o texto + o poeta?
O poema é o poeta – o texto?

"Texto de Consulta"

com a fé   Inauguro no mundo o estado de bagunça transcendente
(relação
mística)   "Mapa"

Eu digo ao pecado: Tu és meu pai.
Eu digo à podridão: Tu és minha irmã

"O Impenitente"

Deus me dá sua fome e sede

"Estudo nº 3"

Admiro a ordem da anarquia eterna

"A Liberdade"

Quem disse que o corpo é refratário a Deus

"Lida de Góngora"

Lutei com o Verbo encarnado

"Grafito no Pão de Açúcar"

Único ator de milmãos. Teatro aberto

"Murilograma a N.S.J.C."

com o amor
(relação

Na tarde preguiçosa um pensamento de amor
É doce como um pensamento de morte

psicos-
sexual)

"Estudo nº 1"

Mulher, tu és a convergência de dois mundos

"Mulher Vista do Alto de uma Pirâmide"

As pernas do meu amor
Distraem da metafísica

"Arte do Desamar"

A noite é um resumo de cios

"O Poeta Nocaute"

Tu és a relação entre o poeta e Deus

"A Musa"

Meu amor vai começar
Desdobrado em todos os que te amam

"Horóscopo"

O mundo sai de ti, vem desembocar em ti

"Metafísica da Moda Feminina"

No teu corpo reacende-se a estrela apagada.
A água dos mares circula na tua saliva.
O fogo se aquieta nos teus cabelos.
Quando te abraço estou abraçando a primeira mulher

"O Amor e o Cosmo"

O Poeta/Verbo entre as Colunas... 151

com o outro
(relação
social)

Sou ligado pela herança do espírito e do sangue
Ao mártir, ao assassino, ao anarquista

"Solidariedade"

Entretanto, cada um deve beber no coração do outro

"O Rato e a Comunidade"

Me desespero, porque não posso estar presente a todos os
[atos da vida

"Mapa"

Nasci de mil vidas superpostas

"Vocação de Poeta"

Vim para ignorar os grandes e consolar os pequenos

"Vocação de Poeta"

É necessário multiplicar-se em dez, em cinco mil

"Angústia e Reação"

A aurora é coletiva

"Poema Dialético"

com o
mundo
(relação
*cosmoló*gica)

Nada me fixa nos caminhos do mundo

"Cantiga de Malazarte"

Não desprezo nada que tenha visto,
Todas as coisas se gravam pra sempre na minha cachola

"Cantiga de Malazarte"

Mundo – campo de experiência dos demônios

"Vida dos Demônios"

Meus olhos convergem para todas as coisas
Que de todos os lados convergem para mim

"Pirâmide"

Porque não me contenho nos limites do mundo

"Salmo nº 1"

Vida e morte se medindo, se ajustando
Na condensada lâmina que divide
O homem do animal.
Meu olho circular navega o mundo

"O Rito Cruento"

Mundo público
Eu te conservo pela poesia pessoal

"O Rito Geral"

*com a
liberdade
(relação
existencial)*

Todo o meu ser procura romper o seu próprio molde

"O Poeta na Igreja"

Preciso conhecer o meu sistema de artérias
E saber até que ponto me sinto limitado

"Poema Barroco"

Minha forma
Devo eu fabricá-la no tempo
Com estas mãos autônomas

"Murilograma ao Criador"

Ajudo a construir
A poesia futura
Mesmo apesar dos fuzis

"Orfeu"

É absurdo achar mais realidade nas leis
Que nas estrelas

"Manhã"

Não sou brasileiro nem russo nem chinês
Sou da terra que me diz NÃO eternamente

"O Poeta Nocaute"

Greve da inteligência
E um grito deste tamanho, do homem
Tentando romper os moldes do previsto

"Sonata sem Luar, Quase uma Fantasia"

com a
invenção
(relação
metalin
güística)

Toda a realidade do mundo é provisória
O mundo é provisório

"Vida de Mármore"

Qual a forma do poeta? Qual seu rito?
Qual sua arquitetura?

"Meditação de Agrigento"

Eu sou o comunicante
Entre elementos contrários

"O Espírito e o Fogo"

Forma e solidão se ajustam

"O Templo de Segesta"

Tudo deriva do signo manifestando
A força em espiral ou pirâmide
Do verbo que pronunciou o ato

"Grafito para Piranesi"

A palavra nascendo-se comendo-se gritando-se

"Grafito em Ravenna"

Nem criamos grafitos: grafito se é

"Murilograma a Guido Cavalcanti"

A quem entregar sigla e senha?
A quem a chave do verbo
Se todos: ex?

"Murilograma a Holderlin"

O desomem desova a desarte a despoesia a desmúsica

"O Desomem"

Essas relações vitais é que sustentam a linha de continuidade que se verifica na poesia muriliana. Se a desvestirmos de seu caráter hiperbólico (que muitas vezes esconde ao leitor comum o dimensionamento rigoroso do poema), se soubermos intuir a *Ordem* na *Desordem*, observaremos que as dominantes internas, em sua sintaxe discursiva ou em sua sintaxe sonoro/espacial, em sua valorização do *Eu* lírico ou em sua posterior retração da sensibilidade pela depuração verbal, vinculam-se a uma atitude ativa e não passiva do poeta. Ele não escreve para transmitir-nos mimeticamente o inefável e sim para *inventar*, assimilando e corrigindo no corpo a sua percepção do mundo e sustentando sobre os próprios ossos o seu potencial visionário. A recusa de Murilo Mendes a qualquer regulamentação da poesia, sua oposição e rebelião contra as delimitações forma/substância, texto/contexto, são visíveis nos esquemas semântico-estilísticos de sua obra, do mesmo modo que o *cristianismo do pecado* que opõe ao *cristianismo virtuoso* e a certeza de que a consciência lúcida do homem é gerada pela consciência caótica do mundo são noções-valores fundamentais em sua ética. A *Desordem* muriliana (e inteiramente muriliana, já que o poeta não teve seguidores diretos), que mistura a palavra apocalíptica e a palavra prosaica, ou a partitura sinfônica e o ruído seco, usando os reagentes da técnica óptica, produz um dado físico que é o poema – informação nova, inesgotável justamente por não ser lógica e decisiva e por não ser traduzida de outra forma ou por outros agrupamentos verbais. O fato significativo – filosofia, religião, sexo, mundo, vida – forma o tecido hematopoiético, a sua semântica, a *Ordem* da obra muriliana; mas é a linguagem o tecido ósseo, nervoso e muscular que permite a circulação desse sangue, é a retórica da *Desordem* que mantém a coloratura original de sua poesia.

Quem acompanha a obra do poeta desde *Poemas* (1930) a *Convergência* (1971) pode supor uma contradição em nosso raciocínio. Realmente, ao esboçarmos uma morfologia da evolução poética de Murilo Mendes, aludimos várias vezes à clarificação sempre crescente de seus textos, o que equivaleria a dizer que a sua obra caminhou da *Desordem* para a *Ordem*, submetida a uma disciplina e censura severas de sua própria inteligência. Entretanto, essa clarificação paulatina e bastante patente nos últimos livros do poeta mostra-nos uma só e mesma resistência ao conservadorismo e esclerosamento das formas e, portanto, uma "agudeza" viva e contínua da *Desordem*, como sua condição de criatividade. O poeta, que tinha já atrás de si uma tradição de independência criativa – muito particularmente sua – ousa dar à palavra, nos poemas mais recentes, toda a liberdade, acima e para além do conceito e do sentido. Se antes não tratou a poesia com frieza e abstração, também agora não deixará de tratá-la a partir da mesma postura de participante empenho.

Ordem, segundo a lição do dicionário, é regularidade, arranjo, conveniência, boa disposição, sistema de relações fixas –, portanto, o que menos aparece na obra muriliana em seu plano estético, embora esteja presente no plano de unidade de pensamento; a *Desordem*, ao contrário, com suas conotações de desvario, inversão e licença, é difração lingüística, impedimento à propagação retilínea e normalizadora de temas e de formas poéticas. Uma questão de comunicação – poeta/texto/leitor –, em que a motivação prevalente é uma *crise da ordem* (a rebeldia do poeta aos cânones), em que a transmissão se faz em *crise da ordem* (a escrita desbordante ou aglutinante) e em que a recepção resulta em crise do ordem (a perplexidade da reação do leitor). Estamos longe de uma catarse ou da inspiração como fonte divina: estamos, perante a poesia de Murilo Mendes, diante do homem, mais *Desordem* que *Ordem*, porém coluna indispensável à sustentação do corpo vivo da poesia:

> Homem: esferomem, esperomem
>
> "Metamorfoses 4"

> Toda, palavra é adâmica:
> Nomeia o homem
> Que nomeia a palavra.
>
> "Texto de Consulta"

V. O Modernismo *Desarticulado* de Murilo Mendes*

De 1928 a 1930, o movimento modernista ganha vitalidade e atinge seus grandes momentos criativos. Aparecem nesses anos-chaves *Macunaíma*, de Mário de Andrade, *Alguma Poesia*, de Carlos Drummond, *Essa Negra Fulô*, de Jorge de Lima, *Poemas*, de Murilo Mendes, *Libertinagem*, de Manuel Bandeira, entre outros, além de uma abundante produção de periódicos expressivos, como *Antropofagia*, por exemplo, que detona uma nova e exacerbada estética da revolução iniciada em 22. Acontecera o fenômeno "etológico" ou de contaminação do inesperado, do inusitado, conclamando os heróis sem caráter dessa vanguarda ululante a consolidar suas conquistas e impor a sua força criadora.

Entretanto, Murilo Mendes, um dos poetas que a literatura brasileira aponta consensualmente como do grupo dos "maiores" do modernismo mais tarde: "Eu tenho sido toda vida um franco-atirador. [...] sempre evitei os programas e manifestos", como que se eximindo da participação formal e ativista no movimento. De fato, se considerarmos o aparecimento do outro livro do poeta, verificamos que houve um interregno de oito anos desde a eclosão de 22 – os primeiros recombates ruidosos pela "for-

---

* Este capítulo-síntese é de elaboração posterior às edições 1ª e 2ª desse nosso ensaio e ao falecimento do poeta.

mulação de uma nova técnica de representação da vida" – e a iniciativa de publicar-se, pelo poeta. Não seria o medo de um distanciamento geográfico do escritor do eixo das operações inovadoras (São Paulo-Rio), pois já morava na capital federal em 1920, o que poderia explicar a seu não-engajamento imediato nas hostes modernistas se a repercussão do impacto revolucionário da Semana atingiria a relativamente curto prazo até mesmo comunidades menores (é de 1927 o surgimento da revista *Verde*, de Cataguases, Minas).

1. Consciência Crítica

O poeta se dizia dotado de uma "curiosidade inextinguível pela forma" e Alceu Amoroso Lima depõe ter recebido, em 1920, "um rolo de papel escrito no verso de folhas impressas do Banco Boavista, contendo poesias escritas à mão ou à máquina, não me lembro bem. Fiquei encantado com elas e escrevi [...] um rodapé no *O Jornal* sobre esse desconhecido que me parecia revelar uma força poética nova e profunda, com um extraordinário senso de humor". Isso corrobora a hipótese de que Murilo Mendes teria, desde o início do movimento ou até antes, acompanhado com interesse os desdobramentos, na Europa ou no Brasil, das correntes que se lançavam à renovação da poesia. Em 1922, o poeta tinha 20 anos, uma idade portanto psicologicamente propícia às contestações, às rebeliões, o que se acentuaria ainda mais numa curva histórica marcada por mudanças de toda ordem, os anos 20, quando à crise ideológico-política do após-guerra, com os também naturais reflexos da revolução russa, se somavam as transformações decorrentes do acelerado desenvolvimento tecnológico, industrial, social. Ademais, o temperamento do poeta iria revelar, ao longo de sua atuação literária, superada a fase anímica de inconformismo próprio da ânsia jovem de afirmação individual, o fortalecimento de uma tendência muito lúcida para o testemunho histórico, evidenciado por permanente atitude de alerta intelectual e de consciência crítica perante sua época. Nessa vontade de compreender e viver o seu tempo, explicitada mais tarde no verso que afirma "Não sou meu sobrevivente /e sim meu contemporâneo",

O Modernismo Desarticulado... 159

preexistia, entendida como contemporaneidade, a universalidade, mais ambiciosa, portanto, que a brasilidade que temperou durante algum tempo o movimento modernista.

Se o poeta não se postou logo na linha de frente, entre as combatentes da "primeira hora", aguardando oito anos para assumir as diretrizes de componente ideológico-formal do modernismo, é de supor que a sua abstenção tenha tido caráter mais pessoal – ou seja, a postura independente de "franco-atirador", coerentemente mantida por toda a sua obra vida, aliada, quem sabe, à famosa característica de "mineiridade", que pressupõe, mais que a timidez, uma certa desconfiança pela grandiloqüência dos "manifestos e programas". Teria havido, segundo depoimento pessoal dele em correspondência com a autora, uma obstinada e íntima recusa de envolver-se no ambiente então ainda polêmico ou dividido das várias correntes que se formaram a partir da Semana. De fato, o poeta afirmava, pelo silêncio, a sua feroz independência de espírito, ao preferir divisar o seu rumo próprio entre as estradas abertas pelos pioneiros. É curioso anotar, apenas como ilustração, que não constam, entre a enorme e explorada e divulgada correspondência ao líder Mário de Andrade, cartas de Murilo Mendes, à busca de conselho, orientação ou aprovação. No longo comércio de questionamento e consulta que lhe fiz, quando escrevendo o ensaio sobre sua obra, nenhuma menção foi feita sobre interferência alheia opinativa quanto à sua escrita poética. À exceção da anônima remessa de *papéis* ao crítico Alceu de Amoroso Lima, não se conhecem (ou pelo menos eu não conheço) outras aproximações, aliás naturais, do candidato a poeta aos nomes mais representativos da época. Murilo Mendes, ele mesmo, refere-se à sua atividade literária como iniciada em 1925, não tendo deixado testemunho público que valide essa afirmação. Certamente escrevia há muito, mas só aparece em livro em 1930.

2. Uma Hipótese

Avento uma hipótese, inteiramente de minha responsabilidade: a de que os poemas reunidos em *História do Brasil*, publicado em 1932, foram escritos no ímpeto da festa nacionalizante do modernismo, anteriormente aos textos editados em 1930. Seriam esses os poemas datáveis de 1925? O que aponta para essa hipótese é a forma digamos convencional que confina com a poesia do grupo modernista da época, ou seja, o poema-piada, o posicionamento simultaneamente satírico e laudatório das coisas do Brasil, o estilo intencionalmente chocante de uma linguagem coloquial, que não dispensa, no entanto, a retórica ufanista. Tanto é assim que Murilo Mendes renegou a vida toda esse livro, avesso que foi à participação de mero figurante (mais um) na nova estética. Não me parece – e nem ao próprio poeta parecia – existir nele vinculação mais visceral com qualquer das muitas correntes modernistas, o que resulta, realmente, numa questionável convivência com suas premissas nacionalizantes e num empreendimento poético de reduzido alcance. Anunciando esse livro, o *Boletim de Ariel* acrescenta ao título, numa espécie de ressalva, o subtítulo *Philosophia humoristica*, o que faz supor que o poeta já tivesse, na época mesma de sua publicação, a consciência do nível menor da obra, preferindo-a, portanto, compreendida como uma sátira de efeito circunstancial (o que se confirma pela exclusão da obra da antologia guiada pelo poeta e publicada em 1959). A crítica também a repudia, de certo modo, quando Renato Mendonça, em artigo de 1936, define a obra como "variação fútil mas definitiva sobre a proclamação da república, num dia de boa digestão", entendendo-se o adjetivo "fútil" como sinônimo de *divertissement*, brincadeira, expediente bastante comum na etapa de implantação do modernismo, que buscava o impacto, o choque, o escândalo engraçado. Entretanto, o crítico talvez pretendesse, com a segunda adjetivação "mas definitiva", realçar que a atitude de humor frente à gloriosa história pátria era positiva, porque saneava a visão fantasiosa da tradição acadêmica, passada a todos nos bancos das escolas, desmitificando as imagens purpurinas de personagens e fatos.

Mas, enquanto essa desmitificação pelo humor é salutar e muitas vezes contundente como acontece na obra de um Oswald de Andrade, na *História do Brasil* de Murilo Mendes é contingente e pouco ajustada à personalidade do poeta. Essa obra caricatural resta, assim, como fruto de um modismo literário passageiro, epidêmico, epidérmico – "desarticulado".

O Modernismo Desarticulado... 161

3. A Demarragem do Poeta

Houve, aqui, uma inversão cronológica intencional. *História do Brasil* – hoje obra rara em razão de sua ocultação inclusive pelo autor – ocupa assim lugar episódico e singular, estranho até, no itinerário criativo de Murilo Mendes. O livro *Poemas*, sim, anterior, é menos circunstancial e vincado pelas características que viriam a homogeneizar (sem pasteurizar ou neutralizar) a sua natural independência no jogo vocabular do inesperado, pela cunhagem muito hábil de uma linguagem própria, única, inusitada. Publicado quando o poeta se aproximava dos trinta anos, o livro de 1930 é já peculiarmente muriliano, seja pela originalidade com que faz o seu depoimento humano, seja pela novidade da estrutura poemática. O crítico Wilson Martins chega a identificar nessa primeira coletânea a "fase de autêntica criação do poeta", colocando-a curiosamente acima de suas demais obras, a que acusa de "excesso de cerebralismo" e de "desgaste bastante acentuado". O equívoco de uma tal opinião (nada mais que uma opinião, realmente) consiste, quem sabe, em não ver no livro de estréia o que ele é, um microcosmo do universo lingüístico de Murilo, que viria a dimensionar-se em maioridade na sua obra posterior (excluída sempre a *História do Brasil*). Ao contrário de seus companheiros de literatura – Drummond, Bandeira, Oswald, Mário –, o poeta aí extrapola para uma expressão aberta, permitindo-se todas as liberdades do ritmo amplo, ainda que também desarticulando o vocabulário, violando a sintaxe, com o cuidado, portanto, de nunca se fazer rebelde apenas pelas transgressões verbais. *Poemas* transcende, assim, o espírito buscadamente telúrico do modernismo, na sua polarização temática do nacional, para alcançar um já alto grau de universalidade, por uma participação ecumênica no espetáculo do mundo. Já prenuncia, na proporção de uma exuberância de palavras (considerado o estilo telegráfico em voga) o seu pensamento cósmico, que iria evoluir para o ontológico-religioso, para realizar-se, enfim, nos extremos da redução verbal e bipolaridade da linguagem, em solução muito particular. A sua visão cosmogônica da vida começa a definir-se:

Fiquei sem tradição, sem costumes nem lendas
estou diante do mundo

deitado na rede mole
que todos os países embalançam.

"O Menino sem Passado"

ou reconhecendo-se

Múltiplo, *desarticulado*, longe como o diabo,
nada me fixa nos caminhos do mundo.

"Cantiga de Malasarte"

Pelo recurso iluminador da metáfora, pela agressividade dos vocábulos em colisão, pela formulação de imagens de categoria simbólica, *Poemas* já enuncia a presença do ser dilemático que tem em si, entranhado, o tônus residual barroco do jogo dos contrários. Apesar das evidentes concessões ao humor e à sátira, expedientes peculiares à primeira hora modernista, *Poemas* já abre na obra muriliana a luta livre entre o abstrato e o concreto, na ambigüidade das relações do material poético, em que a preocupação com a essencialidade do humano busca resolver-se pelo defrontar-se, a peito aberto, com a lucidez e o delírio, a realidade e o mito, o claro-escuro do desafio existencial.

Sou a luta entre um homem acabado
e um outro homem que está andando no ar.

"A Luta"

Me puseram o rótulo de homem, vou rindo, vou andando,
Danço. Rio e choro, estou aqui estou ali, *desarticulado*,
gosto de todos, não gosto de ninguém, batalho com os espíritos do ar,
alguém da terra me faz sinais, não sei mais o que é o bem nem o mal.

"Mapa"

A tensão semântica está presente ao verso prolongado em superfície e conexões seminais, no plano plástico e significante e na elíptica curvatura do discurso. A musicalidade, característica que mais tarde Murilo Mendes manipulará com maior mestria, impregnando-a de ruídos como numa composição sonora aleatória, é ainda a das fontes primitivas – ou mais ingênuas – a oralidade do salmista/em nível de uma consciência aguda do não-lugar do ser.

4. As Colunas da Ordem e da Desordem

Data de 1935 a poema "Dois Lados", onde se lê o verso "as colunas da ordem e da desordem", que se pode tomar como síntese definidora de toda a obra poética muriliana. É nesse par dialético que se fundam a sua concepção do homem e do mundo e a própria textura de sua linguagem, na inter-relação do real, do metafísico, do estético. De fato, o que ressalta de imediato do livro de 1930 é o dilaceramento do ser, entre o sentido ético-existencial e o sentido ético-social da vida. A aspiração à unidade ("o que se acha em jogo em cima da mesa de operação – e esta mesa de operação é o mundo todo – o que se acha em jogo é a própria condição do homem, sua subsistência no presente e no futuro"), que o leva a pensar e mesmo a doutrinar sobre uma "poesia essencialista", conflita com o dilaceramento (operação) desse mesmo homem, limitado pelas contingências da complexidade das experiências de crise que o momento lhe fornece.

Essa dramaticidade dimensiona uma obra que, publicada na euforia de um modernismo triunfante, quase condena a estética da época, de que o poeta fazia parte. Murilo chega a dizer, em um artigo sobre Ismael Nery, que "o que vem caracterizando os chamados poetas modernos é a ausência total de poesia que se observa na vida e na obra deles. Salvo raras exceções, esses poetas fazem questão fechada de se afirmarem como anti-poetas", mostrando como lhe parecia que o ser humano estava fora de questão no projeto modernista. Claro que há nessa afirmativa o exagero de apreensão dos postulados do movimento apenas pelo ângulo de mera ruptura lingüística e pelo tributo pago ao humor e à sátira. O "antipoético" do modernismo, intencional, é claro, pressupunha a destruição da lírica adocicada como forma fácil de encantamento poético – todo o idealismo ou idealização – e partia, maliciosamente, para o enfrentamento do real com a ânimo das paródias. É certo que se trata de uma atitude perigosa, por levar, pela facilidade, à mera piada, à blague, à inconseqüente brincadeira com as palavras. Esse ângulo menos de ruptura do que de soluções simplistas é o que irrita o poeta e assinala a sua convicção de que havia uma omissão filosófica da preocupação com a espessura humana. Enquanto programa, postulado, "ordem", a temática básica do modernismo conflitava visceralmente com o estado de vigília existencial que dilacerou sempre o poeta. O dramático embate entre o homem e o mundo, o choque inevitável entre o ser em busca de sua afirmação como ser do absoluto e as amarras que falseiam ou condicionam o seu caminho – a "desordem" – portanto, as dicotomias da consciência individual e coletiva, isso, sim, era o verdadeiro "poético" para Murilo.

Natural, portanto, que ele renegasse a vida toda a experiência (para ele, totalmente frustrada e inexistente enquanto estética) de *História do Brasil*. O livro é, de fato, um esforço inútil, repetitivo e "desarticulado" para "acompanhar", em compasso histórico, os ditames modernistas. Tanto é assim que alguma coisa escapa dessa disciplina, versos soltos em meio aos poemas-piadas, como

> A imaginação do Senhor
> flutua sobre a Bahia
> > "1500"

> Uma índia sai da onda
> suspende o corpo no ar
> > "1500"

> No meu corpo cabe tudo,
> cabe passado e presente,
> mais do que tudo o futuro.
> > "A Estátua do Alferes"

> Então de dentro do corpo
> do homem disforme e triste
> sai uma boca de fogo,
> sopra no corpo da estátua
> > "Força do Aleijadinho"

> A cabeça de Maria
> surge das rendas do céu
> > "Relíquias de Frei Caneca"

e outros isolados exemplos de uma incompatibilidade com a subversão apenas epidérmica da impaciência e efervescência do modo de produção modernista da época, meramente vocabular. Aliás, certa pobreza e mesmo mediocridade de informação nova é percebida pelos próprios comandantes do movimento: já assinalamos os anos de 1928-1930 como aqueles que vão mostrar o crescimento do modernismo enquanto intervenção reflexiva na linguagem e postura e estética de um registro tanto de informação performativa, quanto de referência simbólica.

É essa maturação inquieta da poesia enquanto alimento substancial e para além do condicionamento empírico, social, nacional do homem, que impele a obra de Murilo Mendes já a partir de *Poemas*. Nesse livro "posterior" – como o concebo – e incluído nas obras completas de Murilo, em antologia por ele dirigida, enquanto *História do Brasil* é renegado – o dever da poesia se coloca "dentro" da ordem e da desordem, como um tormento do ser, à procura do *essencialismo*. A dicção se faz explosiva, ainda que persista, muito mais discreto, o espaço referencial da releitura histórico-brasileira. Aparecem, em meio à incursão da frase telegráfica típica do verso modernista, "o olhar que penetra nas camadas do mundo", que não despreza nada do que é visto, o deslocar das consciências, a incompatibilidade com a fixidez, o estável: "as colunas da ordem e da desordem".

5. Antipoético, Antimodelar

A fragmentação do espírito, os extremos da palavra em tensão, a penetração nas entranhas do ser, o direito à metamorfose e o poder de fazer-se visionário constituem-se como contingência do homem e seu direito à miséria e à grandeza. Essas premissas, evidentes desde o primeiro livro de Murilo Mendes, colocam-no em lugar à parte no movimento modernista. O canibalismo à Picabia, o indigenismo pretensamente desromantizado mas ainda alencariano, a ideologia nacionalista mal digerida, o abuso da linha reta da frase, o satírico-grotesco, a fabricação fácil de "cromos" da natureza brasileira, formam, para o espírito de Murilo, o "antipoético" da doutrinação modernista e, assim, o poeta reivindica sua autonomia e independência. Acionado pelos motivos próprios ao movimento, ele se desequilibra no entanto (e chega a se perder, como acontece com *História do Brasil*), porque é intrinsecamente avesso aos modelos. Muito mais próximo da "intuição" (como assinala João Cabral de Melo Neto) criadora ou da "revelação", com seu sentido religioso, sim, o poeta se recusa ou realiza-se mal nos estereótipos e, de certo modo, dá marcha à ré no modernismo, quando coloca a sua experiência concreta de expressão na encarnação de seu próprio mal-estar-no-mundo. Mortas as antigas divindades do verso bem-comportado, entra no terreno mágico da crise – "graças a Deus, a poesia está em crise, sempre esteve e sempre estará em crise", gritou em entrevista que nos concedeu quando veio pela última vez ao Brasil. É assim que desconfia do movimento, mesmo nele matriculado, e acaba por se entregar, imergir, inundar-se do caos. Suas palavras trazem o dilúvio, simultaneamente tragédia e liberação: a sua poesia nunca se acomoda ao "estar a serviço de", sua maneira de ser nacional não dispensa o universalismo da condição humana, sua pretensão não é iluminar o burguês, diverti-lo ou acusá-lo, mas recusar a sua moeda de aprovação pela sua incompetência de construir uma fala inocente.

A mais revolucionária das revoluções é, certamente, a da linguagem, mas que linguagem pode ser irredutível aos sistemas e ao cerimonial lingüístico? O poeta descobre que a conspiração é a sua atmosfera, que a invenção verbal não é o mero "cerebralismo" de que foi muitas vezes acusado, mas uma atitude passional diante da palavra, como denúncia do desajustamento da lógica ortodoxa com o imprevisto do espírito, lugar de angústia e contradições, em que a técnica deve confluir com a violentação das idéias. Assim é que o seu modernismo transcende as fórmulas demasiado fáceis, e é visivelmente, enquanto norma, infecundo em suas mãos. "Eu conspiraria se tivesse a certeza de perder", declarou Murilo. Pois bem, conspirou com o movimento modernista, estabeleceu relações de participação com os seus modelos, mas estava certo de perder, como perdeu historicamente com os primeiros livros. Não houve entre o poeta e o movimento a "comunicação sacramental" que a poesia lhe exigia. A etiqueta de "modernista" acaba mesmo por desmontar essa intimidade forçada e antinatural para o homem Murilo. "Ele sempre foi um inconformista e nunca um homem de rebanho", depôs Alceu Amoroso Lima. "Sua poesia é essencialmente descontínua", confirma João Cabral de Melo Neto, o que não impede que seja o "poeta substantivo" de que fala Haroldo de Campos. Vale dizer que o autor dos *Poemas* de 1930 já estava no autor de um livro concreto como *Convergência*, por exemplo, de 1970. Neste jogo de toda vida de Murilo Mendes, sempre rebelde a qualquer sistematização redutora, não é difícil reconhecer o tabuleiro, o campo semântico onde se integram as suas estruturas lingüísticas e onde proclama a sua identidade – e não apenas uma transitória originalidade – de inventor. Modernista *gauche*, havia de impor-se como homem de linguagem – "o poeta/texto, contexto do texto contexto", coluna vertebral da poesia brasileira. Não se pode olhar Murilo Mendes como um – ou mais um – poeta modernista, porque o que existiu nele e nele permanece é a vitalidade da vanguarda, não a modernidade codificada em que a tradição se imobiliza e, sim, a modernidade que presentifica a sua extrema noção de liberdade criativa. O estado de alerta é a areia movediça em que dançam os autênticos poetas, assumindo o risco de romper os timbres, as texturas, as transparências e as opacidades do sistema, de qualquer sistema. "Desarticulado" em 1930, Murilo Mendes articulou sua empresa poética numa outra e mais profunda revolução. O conceito escolástico de "substância" – o que existe em si – será para ele sempre a linguagem, enquanto princípio de permanência e resistência do *acidente* – o percurso e exercício da palavra.

VI. Murilo Através de suas Cartas

Objeto de constante reflexão, a obra literária propicia um elenco importante de elaborações críticas, especialmente por parte daqueles que se dedicam sistematicamente à produção acadêmica e detêm o instrumental teórico e metodológico institucionalizado, estocado e posto no mercado da linguagem como valor paralelo à própria obra-suporte. Esse "saber crítico" exercido até como poder, em nome da apreensão estética, e funcionando como estabelecedor das inter-relações produtor/consumidor, tem transitado por vertentes ideológicas, no sentido de que cristaliza, muitas vezes, parâmetros de *medidas de valor* que se estabelecem à distância do sujeito criador e à margem do seu tempo e espaço humanos. Na afirmação, por exemplo, de que "a poesia corrige a crítica", Murilo Mendes (como outros grandes inventores) remete o aforismo à insuperada dificuldade de penetração no mistério do verbo. Isso não significa, no entanto, que sejam desnecessários ou despiciendos os meios que utilizamos – acadêmicos ou não – para forçar a entrada no escuro e no silêncio da criação, ainda que acabemos por nos tornar "sábios de nossa própria opinião" mais do que participantes do gozo vivo do *saber divino*.

A nossa ingenuidade como teóricos da literatura, como críticos, tem sido posta a nu, através das tentativas de uma *exatidão* de compreensão do fenômeno pela elaboração de metodologias e sistemas "laboratoriais" de re-fabricação, por desmontagem da escritura literal, de que o resultado costuma ser, quase sempre, um produto híbrido e insípido, dito "análise". Entretanto, deve-se reconhecer que a multiplicidade desses produtos críticos vale como sinal básico da *estranheza* e *força* que o *produto criativo* possui. Ou seja, é através da possibilidade de *re-produção* que algo se afirma como matriz (no seu mais puro sentido genético/ gerador) e mostra a sua singularidade. Nossa estratégia de abordagem e aproximação da dimensão enigmática, do universo inacessível e selado da poesia, utiliza as mais sutis e ardilosas armadilhas vocabulares, rotulando-as de Sociologia da Literatura, Estruturalismo, Estética de Recepção, Análise Semiótica e sucessivas teorias importadas dos mais eruditos pensadores do fenômeno, equilibrando sucesso/fracasso simultaneamente.

São não só legítimas como sempre oportunas as experiências exploratórias (elas, também, inventivas a que a arte poética nos convoca. Isso porque há entre produtor e re-produtor um elo significativo – um "gene" – chamado linguagem. Assim, com a tesoura mais ou menos afiada da nossa sensibilidade, conseguimos obter *recortes* do discurso primeiro, o do sujeito criador, tateando a sua característica especial enquanto homo-faber. É o mais recente modo crítico, semanticamente restrito e humilde, de investimento-pesquisador na área da relação imanente que há de se estabelecer entre emissor e receptor. Tal modelo não deixa de ser também um critério fundado numa empatia natural mas que não encobre o simples risco de *relatividade* que permeia toda crítica. Enfim, confessando abertamente a nossa *incompetência*, o máximo que atingimos é cumprir o papel de aprendizes eternos da lição fundamental de que "o verbo se faz carne" ou de que "o homem é a medida de todas as coisas", deixando sempre incompleto e sempre a acrescentar o inventário dos *bens poéticos*, já que não conseguimos nunca *nomeá-los*. Magister dixit: "a poesia corrige a crítica".

Orgulha-me possuir (e transmitir aqui) um arsenal de correspondência de Murilo Mendes, que me parece contribuição importante para desobstruir um pouco os caminhos de nossa *carência afetiva* em relação à identidade do poeta (apresentada documentalmente em *obra*, em outro registro), através do olhar pela "janela indiscreta" (A.A.) de seu *récit personnel*. Permito-me considerar esses depoimentos como uma *anamnése* da evolução de meu ensaio escrito sobre o poeta, na esperança de que possam detectar aí outros sons e sinais não perceptíveis ou não percebidos pela minha tentativa de absorção da verdade muriliana. Assim, passo às mãos dos novos estudiosos do universo poético, muito mais bem equipados do que eu, as informações recolhidas dessa correspondência, carta por carta, tais como me foram enviadas, em sua seqüência cronológica e sintetizadas ao essencial.

Carta 1
9 de janeiro de 1969

"Eu tenho sido toda a vida um franco-atirador. Procuro obedecer a uma espécie de lógica interna, de unidade apesar dos contrastes, dilacerações e mudanças – e sempre evitei os programas e manifestações."

[Profissão de fé: independência e singularidade fora de atitudes coletivas; ressalva da própria identidade ainda que sujeita aos riscos da instabilidade temperamental/ocasional. LÓGICA *INTERNA*, pessoal, e temor ao grupal e massificador.]

Carta 2
7 de julho de 1969

M. M. mostra alegria diante da perspectiva de ser objeto de estudo. Sente-se um pouco marginalizado e abandonado pelo seu país. "Não tenho editor." A satisfação, porém, não impede que faça questão de "acompanhar" o trabalho e ver bem compreendida a sua noção de "estética", a sua visão pessoal de criação. Reclama, por exemplo, das muitas "gralhas" existentes na edição de J. Olympio de *Poesias*.

[Preocupação de resguardar sua personalidade, ou sua independência, ao lado da necessidade de um "reconhecimento público". *Estar a par* lhe é indispensável. "Gralhas"? ou revisão própria, modificações posteriores, perfeccionismo?]

Carta 3
4 de agosto de 1969

Insiste na correção das "gralhas" da Edição J. O. Afirma que não "renegou" *H. do Brasil*, que não a incluiu porque "achei que prejudicaria a unidade" do livro. Manda cuidadosa lista de material a ser examinado.

172   MURILO MENDES

[Senso de organização muito desenvolvido. De certo modo, afirma que *H. do B.* "não é ele". Preocupação com o desconhecimento, no Brasil, de variada análise de sua obra.]

Carta 4
11 de outubro de 1969

Preocupação com o recebimento da documentação enviada, portanto, com o contato e acompanhamento do trabalho.
[Dificuldades de comunicação – correios, distância o assustam. Quer manter-se *sempre a par.*]

Carta 5
1 de dezembro de 1969

Diz ter acompanhado o movimento modernista "sem aparecer na cena literária". Colaborações esparsas em revistas como *Boletim de Ariel, Movimento Brasileiro, Terra Roxa e Outras Terras.* Dessa época, 1922 em diante assinala, sim, "um período decisivo na minha vida", marcado, além *do mais,* pela amizade com Ismael Nery: "personagem único, formidável".
[Atitude diante do modernismo: curiosidade, atenção, acompanhamento, mas não adesão absoluta. Reafirma, pois, sua independência quanto a "programas e manifestos". O período é *decisivo,* no entanto, pois ocorre aí a sua *conversão ao catolicismo* – influência de Ismael Nery, "personagem único"? A questão propicia uma análise dessas relações de amizade, de sua ligação com a arte (pintura). Os anos 20, 30 são considerados por M. M. como um "noviciado".]

Carta 6
12 de maio de 1970

Tema recorrente: o cuidado com a organização e composição do ensaio sobre sua obra. Preocupação com os projetos que tem e a dificuldade de realizá-los no Brasil. A explicação de que, fora do País, a imprensa (a mídia) não se lembra de fazer "promoção" de sua poesia, esclarece: "a palavra 'promoção' não freqüenta muito a minha memória". O que espera é um reconhecimento de valor: "o fato é que o meu Estado natal nunca me deu nada, e eu lhe dei ao menos dois livros".

[Mantém-se um observador constante e cuidadoso. O distanciamento geográfico e o pouco intercâmbio com a "vida literária" brasileira, de que, aliás, sempre foi arredio, o tornam desamparado. A queixa remete-o ao Evangelho: "ninguém é profeta em sua terra". Os livros "mineiros" são *Contemplação de Ouro Preto* e *A Idade do Serrote*. A situação do poeta, continua até hoje, semelhante.]

Carta 7   *Carta 8*
2 de janeiro de 1971   *14 de fevereiro de 1971*

Continua acompanhando cuidadosamente a escrita do ensaio sobre sua obra. Faz algumas observações e se desculpa "se fiz uma ou duas, três observações, foi para atender a seu pedido". Sente-se orgulhoso pela publicação do seu livro recente, *Convergência*, e confessa ter aproveitado a experiência da poesia concreta. Diz textualmente: "é certamente um dos meus livros maiores, resumindo a experiência de três gerações, inclusive concretos e praxis".

[As observações ao texto de ensaio são quase sempre de ordem "ideológica", no sentido de manter a integridade de sua posição estética. *Convergência* é um livro que reúne as experiências de três gerações, isto é, a do próprio poeta (modernismo independente) e a das novas gerações (experimentalismo formal). Mas a obra é justamente um questionamento estético, fundado na trindade básica de seus princípios: "Humanismo/ Experimentalismo/Rigor. Concisão", nunca caindo no vazio da 'ecolalia' e do monossilabismo.]

Carta 9
3 de junho de 1971

"Estou muito satisfeito em ver – finalmente! – que minha obra é compreendida e interpretada por [...] você." Para M. M., o trabalho de criação é solitário e difícil, cita Mallarmé: "Je suis le malade des bruits" e diz "Moi aussi".

[Consciência de valor, de competência, que devem ser "compreendidos". A poesia como seta atirada, visando um local (compreensão/inter-

174 MURILO MENDES

pretação) a que deva chegar. Esse ponto em que a poesia pretende chegar significa muitas vezes um longo percurso de "digestão", absorção. Poesia = trabalho árduo, exigindo silêncio e concentração. Refuta a acusação (antiga) de que seja um poeta "instintivo".]

Carta 10
28 de julho de 1971

Preocupa-se com o recebimento de documentos enviados, a pouca credibilidade dos serviços de correio italiano-brasileiro. Sempre a *ordem*, a organização, a disciplina, são suas formas de manifestação.

[Refuta, insistentemente, desse modo, a concepção vulgar do poeta como "instintivo", indisciplinado, simplesmente emotivo. Há uma indispensável racionalidade em todo trabalho criativo.]

Carta 11
9 de agosto de 1971

Oferece farto material como comprovação do respeito obtido da intelectualidade européia, contraponto ao "esquecimento" brasileiro. Fotos e contatos com Pound, Camus, Guillén (entre outros) e artistas plásticos como Chagall, Miró. Também informa que teve vários poemas musicados pelo compositor italiano Dallapiccola ("Desejo", "Voto", "Tentação") que citou o contato com M. M. como "a descoberta de um irmão".

[A importância do poeta é reconhecida internacionalmente em várias áreas de arte. É uma faceta ainda pouco explorada – suas ligações, preferências e influências recebidas desse "ecumenismo" artístico.]

Carta 12
5 de outubro de 1971

A respeito de sua biografia, diz que certas piadas que circulam "são inventadas". Faz restrições graves ao ensaísta Arnaldo J. Saraiva, português: "ele e um seu parente próximo fizeram-me ursadas, uma gravíssima". Afirma que Saraiva é escritor "do 3º time". Refere-se à sua vida de escritor (M. M.) – "fértil, desde cedo, em encontros". Assusta-se com "informação jornalística sobre a venda de seus retratos (Portinari e Guignard) em depósito no MAM".

[Necessidade de provar a universalidade de sua obra, de ser respeitado em seu país pela aprovação recebida fora dele. Amostragem de suas ligações com as "vanguardas" artísticas mundiais. Por tudo isso, assusta-se com o boato de *venda* de seus quadros.]

Carta 13
6 de outubro de 1971

Discorda de certos nomes incluídos na sua biografia, alegando não se recordar deles. (Apesar disso, há fotos documentando essa informação, mas M. M. não concorda com a citação.) Informa ter escrito ao MAM e ter tido garantia de que sua pinacoteca está resguardada.

[Preocupação com a exatidão de informações. O mesmo cuidado de sempre para com a *verdade*. Preocupação com seus bens pessoais: a mesma cuidadosa organização de tudo.]

Carta 14   Carta 15
14 de outubro de 1971   15 de outubro de 1971

Como se verifica pelas datas das cartas – seguidas (e anteriores à resposta, de 6-10), está preocupado com as informações obtidas sobre sua biografia. Nega "detestar as matemáticas" e diz que não as aprendeu bem no colégio, mas que – "tomei compêndios de álgebra e geometria" (por conta própria) e acrescenta: "Sempre fui fascinado pela *geometria em arte*". Gostaria de reunir em livro artigos sobre arte que escreveu, sob título *A Invenção do Finito.*

Fala também sobre sua conversão, alegando: "o verdadeiro responsável pela minha volta ao catolicismo foi Ismael Nery. Sendo um homem-artista moderníssimo, eu vi que o catolicismo não é um fenômeno do passado, e que poderia atravessar os tempos".

[Mesma preocupação com a veracidade de sua biografia. Geometria – enquanto investigações de *formas* e *dimensões* – este o aspecto fascinante da ciência das matemáticas. Dentro de sua concepção estética, portanto, de precisão e rigor = concisão.

Conversão: como um fenômeno estético, descobrimento da atualidade (modernidade) de valores religiosos. Nenhum apego às fórmulas ou regras *em si*.

Possibilidades de análise da influência de Ismael Nery em sua estética.]

Carta 16   *Carta 17*
22 de outubro de 1971   *28 de outubro de 1971*

As datas, muito próximas, marcam a sua preocupação em colaborar com documentação que oriente o exame de sua obra: envia fotos, xerox de dedicatórias de intelectuais europeus importantes e diz que podem ser "oportunas, depois do meu desaparecimento". Muita coisa guardada no MAM.

[Apesar de desculpar-se da "vaidade" – tem a preocupação com a posteridade, *zelando* por ela. Demonstra extremo cuidado com os seus "bens" *culturais* – e sempre a mesma organização na declaração de que possui "8 álbuns de fotografias". A esposa, Maria da Saudade, é a fotógrafa-documentadora. Material para pesquisa e análise.]

Carta 18
3 de novembro de 1971

Afirma não ser "rancoroso", mas detestar os "medíocres" e os que usam de expedientes ou embustes para se "promoverem". Por isso, insiste em que se obtenha autorização de autores citados ou transcritos na edição do livro (J. C. M. N., por exemplo). Lamenta a morte de Emílio Moura, dizendo: "infelizmente, tive pouco contato pessoal com ele, mas, através de amigos comuns, conhecia bem o homem admirável que era".

[Preocupação com uma postura de respeito e honestidade na vida intelectual. Integridade da "propriedade intelectual" – sua utilização apenas quando autorizada. M. M. assume a mentalidade européia, onde o direito autoral funciona, onde a cultura é alimento conhecido e reconhecido por todos. Respeito pelo "colega" falecido incorpora a mesma postura.]

Carta 19
27 de novembro de 1971

"Não me espanta o desinteresse pela cultura em Juiz de Fora. Não direi que no meu tempo era outra coisa, para não 'fare il nostalgico', como se diz aqui na Itália." Também pede mudanças na seleção de poemas feita: "todas as antologias são criticáveis; eu próprio, um dia destes, critiquei a minha antologia saída em Lisboa".

[A geração de M. M. foi, por circunstâncias óbvias, uma beneficiária da "cultura livresca" do período. A mudança ocorrida – pela abertura de outros canais de informação, tais como a TV, por exemplo – certamente assinala um grande desligamento da "cultura" anterior, reformulando-a em outras bases, não importa se mais frágeis, se massificadoras ou medíocres. Não há por que "fare il nostalgico". A mesma idéia perpassa pela dúvida e angústia de ser "antologizado", conhecendo essa perspectiva subjetiva da *escolha* que mesmo o autor sofre, no percurso de novos olhares. M. M. estava sempre se "corrigindo".]

Carta 20
6 de dezembro de 1971

Tendo aplaudido a idéia de A. Ávila, da criação de um "Arquivo Literário", diz estar selecionando cartas de escritores recebidos por ele para a Biblioteca Nacional: "Nunca me ocupei com essas coisas, parecia-me vaidade, mas agora atingi 70 anos, a coisa mudou e não tenho filhos. Estou cercado de papel por todos os lados, de escritos (meus) inéditos, para não falar da quadraria. Quando desaparecermos, Saudade e eu, não sei onde irá parar tudo isso".

[Uma preocupação que reaparece – a da "posteridade" – descartada como vaidade pessoal e satirizada por M. M. em alguns poemas – mas que se torna real "*agora*, que a *coisa mudou*". Por que mudou? O poeta se dá conta de sua presença literária, que não deve ser obliterada. Seus herdeiros devem utilizar o patrimônio que acumulou, no constante intercâmbio que teve com a "inteligência". Não tendo herdeiros (filhos), os seus "bens" devem ser postos ao alcance dos interessados. Não conheço o destino dessa documentação: com a Biblioteca Nacional mesmo? Alguma coisa possuo, para o "Arquivo Literário" que não saiu do projeto por não ter encontrado apoio institucional.]

Carta 21
de Maria da Saudade Cortesão Mendes
12 de fevereiro de 1972

Certamente por pudor de se "promover", M. M. transfere para a mulher a informação nova: seu nome foi indicado para o Prêmio Internacional de Poesia Etna-Taormina. Os poetas anteriormente premiados são Salvatore Quasimodo, Dylan Thomas, Supervielle, Jorge Guillén, Tristan Tzara, Anna Achmatova, Ungaretti, Ferlinghetti etc. [Diplomaticamente, M. M. passa a notícia gloriosa para Saudade – e, para dar a medida dessa premiação, cita nomes significativos da poesia universal. Não assume a natural vaidade de reconhecimento público e mantém sua reserva de dignidade. Infelizmente, a informação chegou tardiamente, já que o ensaio já estava no prelo.]

Carta 22
7 de abril de 1972

Está um pouco assustado com o sucesso (o prêmio Etna-Taormina) que lhe trouxe "uma tempestade" de congratulações, correspondência, convites, entrevistas. Além disso, recebeu a edição de *Poliedro*: "está bem feito, agradável, com tipos de fácil legibilidade etc. Há alguns erros não graves e um bem grave: a fusão da bibliografia *de* com a bibliografia *sobre*. Creio que não tem conserto. Paciência". Sobre o livro de ensaio, de minha autoria, diz: "Seu livro, estou seguro, deverá ser consultado ainda por muito tempo pelos nossos críticos e historiadores da literatura, no caso, bem entendido, de eu ter posteridade, sei lá". Preocupado, ainda, com a documentação literária que possui: "não temos filhos [...] um dia talvez isso desaparecerá na voragem".

[Alegria natural com o reconhecimento público do valor de sua obra – e satisfação com a edição de novo livro, embora seu olhar observador descubra alguns equívocos. Sempre a exigência do *rigor* ético e estético. A idade e a consciência de sua medida intelectual voltam a fazê-lo pensar na "posteridade" e procurar salvaguardar seus "bens".]

Carta 23
8 de abril de 1972

Irrita-se com notícia publicada na revista *Veja* em 70 (que lhe enviei) e que só agora analisa: "sem assinatura (quem será?) sobre o Ismael, com informações erradas, entre outras a de que aparecia nu aos amigos (sic), e que flertava com o Partido Comunista. Tudo falso! Que fazer? Nada. Se a

gente se dispusesse a corrigir os erros de informação de que toma conheci-
mento, não faria outra coisa na vida". Sobre *Poliedro*, diz: "não é o me-
lhor, mas é talvez o livro meu de que mais gosto". Pede o jornal da Biblio-
teca Municipal de J. de Fora "sobre um *certo poeta nascido ali*".

[Sempre preocupado com a veracidade da informação, em defesa de
seu grande amigo, o pintor Ismael Nery. Ironiza a "lembrança" de seu
nome, em sua própria cidade. Uma alusão à assertiva de que "ninguém é
profeta em sua terra"? Ou ao "provincianismo" da cidade?]

Carta 24
Sem interesse, apenas afetiva.
18 de abril de 1972.

Carta 25
de D. Marcos Barbosa a A. Ávila
11 de maio de 1972,

Recusa o convite feito para apresentação do ensaio *Murilo Mendes*,
na cerimônia de lançamento do livro, alegando: "fiquei muito decepcio-
nado com o Murilo (não com o poeta, é claro) pelo pito gratuito que ele
passou no Papa em sua entrevista ao JB. E do modo até vulgar com que
procurou ser espirituoso naquele momento".

[Evidente incompreensão do catolicismo de M. M. – de linha "pro-
gressista", atualizada, crítica. Se bem me lembro, M. M. protestara contra a
"ordem" papal de repúdio, pelos cristãos, dos anticoncepcionais (a pílu-
la), ironizando-o por não entender do assunto que, aliás, não era "matéria
de fé". D. Marcos, de espírito conservador e reacionário, se mostra incapaz
de perceber a religião de M. M. e sua maioridade intelectual. Esta carta
resultou num esfriamento de nossa amizade com o monge.]

Carta 26
22 de maio de 1972

Não sabe, ainda, da recusa de D. Marcos Barbosa, de quem diz: "te-
nho muita estima, e não de hoje; só que receio uma coisa: provavelmente
se falará muito de 'misticismo' e *Tempo e Eternidade*, palavra livro de que

estou bastante longe". Também não lhe agrada muito que o lançamento ocorra em Ouro Preto, "pois é uma página virada na minha vida". Envia documentação para o nosso "arquivo literário".

[Desconfiança quanto à postura de D. Marcos Barbosa, que supõe ser (e com razão) centrada na questão religiosa e não literária. Como poeta, trata-se de uma fase ultrapassada de "catequização", e não significa nada do ponto de vista de sua autenticidade estética. Também com a cidade de Ouro Preto, mostra uma certa reticência, pelo que, na sua obra (*Contemplação de Ouro Preto*) tem sabor sentimental, nostálgico e menos criativo.]

Carta 27
28 de julho de 1972

"Bravo!" – a palavra ocupa um terço do espaço da carta. "Seu ensaio é magnífico, e durante muito tempo a ele deverão recorrer os que se interessarem pela minha poesia. Você agora passa a figurar na primeira linha dos críticos brasileiros. Saudade ontem me disse: 'Deste livro salta a imagem de um grandíssimo poeta'. [...] Direi à maneira antiga: Seu ensaio foi escrito com amor, inteligência, cultura, 'penetração', vasto conhecimento da obra estudada, e íntima adesão à mesma". Lamenta alguns "defeitos" a respeito das fotos (a "de minha mãe não tenha o mesmo formato da do meu pai" e sua cara de *gangster*). Indica nomes de críticos a quem enviar o volume.

[O entusiasmo de M. M. tem a mesma dimensão de seu sentimento de rejeição pelo público brasileiro. Perfeccionista, gostaria de ter administrado a composição gráfica do livro... Preocupa-se com a sua divulgação, pelo que significa de reconhecimento de sua obra. O poeta vivenciou uma experiência dilaceradora, a de não pertencer a nenhum "universo literário". Afastado geograficamente do Brasil, foi efetivamente desligado dos quadros intelectuais do País – e, na Itália, apesar das amizades que fez, não era um "europeu" integrado naquela cultura. Daí seu entusiasmo transbordante.]

Carta 28
2 de agosto de 1972

Fala de seus textos em prosa, que gostaria de ver publicados: "Retratos-Relâmpago" – "Carta Geográfica" – "Espaço Espanhol" – "Janelas Verdes" – "A Invenção do Finito". Indica textos para uma antologia em prosa, "Transístor", selecionando fragmentos de *A Idade do Serrote – Poliedro – Retratos-Relâmpago –* e os demais citados.

[Mostra a constante preocupação com as "escolhas" de antologias e faz questão de assinalar a sua opção pessoal. Desconfiança em relação ao critério de seleção "subjetiva" de outros.]

Carta 29
23 de novembro de 1972

M. M. esteve no Brasil e em nossa casa, em 14 de setembro de 1972. Nessa rápida temporada, gravei sua "entrevista coletiva", ou seja, uma longa conversa do poeta para o Suplemento Literário do *Minas Gerais*. A carta é de agradecimento e perguntas sobre o livro de ensaio. "Como vai o livro/ tem tido muita saída? Artigos interessantes sobre? O Luis Amaro deu-me em Lisboa fotocópias dos artigos de Affonso Romano e Rui Mourão."

[A preocupação que M. M. passa é com a repercussão do livro ou com a repercussão de sua poesia? Demonstra certa ansiedade quanto à receptividade de sua obra e possibilidade de recuperar o espaço e o tempo que o distanciamento geográfico interpôs entre o poeta e sua terra.]

Carta 30
30 de janeiro de 1973

Refere-se com carinho à autora: "Recordo-a, recordo-os, com grande saudade e afeto. Costumo dizer: os seres que se amam deveriam viver no mesmo espaço". Mostra-se satisfeito pela 2ª edição do livro, mas pede que sejam feitas algumas alterações, de ordem pessoal: "por exemplo, quando você, à página 16, cita contatos e relações de amizade que tenho feito na Europa, omite os mais importantes, não por culpa sua, mas devido a ter se extraviado a carta em que eu lhe mandara esses nomes: Jaime Cortesão e D. Carolina", e outros mais. Agradece artigos que lhe enviei. Detalhe importante é o que acrescenta: "Aqui entre nós, que ninguém o saiba, poderia se omitir a foto da capa da *História do Brasil*. Sou velho amigo do Dí, estimo-o muito; mas acho que a foto desafina do conjunto do livro, aliás, como sabe, renegado por mim".

182 MURILO MENDES

[A omissão (minha? do poeta?) deve ter-lhe causado sentimento de culpa *a posteriori*, já que Jayme Cortesão e D. Carolina eram seus sogros, pais de Maria da Saudade – e os demais nomes servem como justificativa. Quanto ao repúdio à capa de Di Cavalcanti, é absurdo já que o volume (raridade bibliográfica) tem valor inestimável justamente por esse trabalho do artista. Quanto ao texto, *tão renegado*, foi motivo de artigo meu, recente, publicado mas não divulgado, em número 11 da *Revista do Brasil*, 1990, completamente desconhecido, como quase toda publicação oficial. Fiz uma nova leitura do texto na ocasião.]

Carta 31
7 de junho de 1973

Desculpa-se pelo longo silêncio e explica a sua dependência dos correios italianos, em greve constante. Diz ter recebido pedido de colaboração para o S. L. M. G. E diz: "não fala em retribuição . O SLMG tem me dado cobertura, é verdade, mas eu também lhe tenho dado várias contribuições grátis. Consulto-a sobre o assunto".

[Realmente, o final de 1972 e os meses iniciais de 1973 foram "atropelados" pela dificuldade de comunicação via Correios. Quanto à "retribuição" de que fala, Murilo mostra seu desconhecimento da dificuldade de manutenção de um "suplemento literário", a velha e estratificada mentalidade de que o trabalho intelectual não tem "mercado" e de que é "uma honra" publicar poesia, especialmente. M. M. está impregnado da mentalidade cultural européia e ignorante dos percalços da "política cultural" brasileira.]

Carta 32
2 de outubro de 1973

Queixa-se de desânimo, cansaço, inapetência para escrever cartas: "estou a fazer concorrência ao João Cabral. Os acontecimentos mundiais refletem-se em mim de forma desastrosa. [...] trabalhei muito nos *Retratos-Relâmpago*, 2ª série. Depois veio-me enorme moleza, e nada escrevi nas férias".

[O poeta entra numa fase depressiva, explicada por ele pela "burrice, crueldade e sujeira do mundo". Mostra dificuldade em manter um ritmo criativo.]

Carta 33
29 de abril de 1974

Grande lapso de tempo sem enviar cartas. A "motivação" do livro – acabou. E ainda reclama de confusão dos correios italianos. Pergunta pela 2ª edição do livro: "caso sim, haverá algo a corrigir". "Trabalho doidamente nos *Retratos-Relâmpago* 3ª série. O Gastão de Holanda propôs-me editar minha antologia feita pelo João há 8 anos!... Vamos ver. 8 livros inéditos dormem na gaveta".

[Recupera o ânimo para o trabalho e volta a se preocupar com a "exatidão" do livro e com a antologia, que gostaria de modificar, pelo tempo decorrido. Quais são os 8 livros inéditos? Deve-se verificar.]

Carta 34
1º de junho de 1974

Volta a queixar-se das dificuldades de comunicação com o Brasil e pede para encaminhar cartas por intermédio do Itamarati. Manda lista de corrigendas para a 2ª edição do Livro, acrescentando nomes e esclarece: "o grande e querido Jorge de Lima não teve nenhuma influência na minha conversão".

[A mesma e eterna preocupação de corrigir, de refazer informações. Entretanto, não pude mudar, pois a 2ª edição foi simplesmente fotografada da 1ª.]

Carta 35
Lisboa, 18 de agosto de 1974

Sente-se mais aliviado por poder escrever de Portugal, lamentando, de novo, a desorganização dos correios italianos. Diz que *Retratos-Relâmpago* está no Conselho Estadual de Cultura, São Paulo, "Agora presidido por um velho amigo meu, José Geraldo Vieira, vamos ver se sairá". Informa ter escrito "poemas em prosa, textos para artistas etc. [...] Reli agora o 'nosso' livro. Sou suspeito, mas não posso deixar de o considerar uma *réussite*. Só lhe direi uma coisa: não me senti 'constrangido' dentro de um forma rígida, ao escrever *Sonetos Brancos*. Ali pude exercitar minhas pesquisas de síntese. Sentir-me-ia constrangido se quisesse fazer sonetos parnasianos. E, segundo penso, ali estão alguns dos versos mais sugestivos que escrevi: – Todos os que pensem em se ocupar da minha obra não poderão deixar de recorrer a seu livro, guia indispensável".

[Sente-se um tom desalentado nesta carta: "a vida na Itália tem me deprimido muito, pelos episódios de terror e extrema violência, atentados horríveis, mortes, o diabo" e atribui a culpa "aos fanáticos da extrema-direita". Volta sempre à preocupação de retificar, revisar ou justificar sua poesia sob a linha mestra da "síntese". Dificuldade de edição de textos seus no Brasil.]

Carta 36
Lisboa, 20 de setembro de 1974

Lamenta que a 2ª edição do livro tenha saído sem as emendas por ele feitas e acrescenta: "para o Suplemento do MG, espero fazer em breve uma página com certas explicações, correção de trechos de entrevistas etc., e publicar então a lista dos meus maiores amigos europeus". – "Gostei de saber que projeta escrever um novo ensaio sobre minha obra: já estou com água na boca." Confessa: "ando mesmo em crise permanente, diante das notícias de violência, terror, corrupção, mercantilismo atroz, o diabo. Passo certos dias num desânimo horrível, hesitando entre o amor à vida e a vontade de acabar, diante do que vejo, leio e ouço". Queixa-se da dificuldade de publicação: "quanto a editor, nem sombra". Diz que, em *Janelas Verdes*: "consegui algo de difícil, como escrever sobre temas exploradíssimos; nada tem a ver com o 'Portugal pequenino, Portugal dos Meus Avós' etc."

[Insiste sempre na "síndrome do perfeccionismo", a mania de retificar, melhorar, refazer os textos escritos, tirando-lhes qualquer tom "impulsivo" ou "instintivo". A depressão continua, não só pelos acontecimentos externos, mas por um sentimento íntimo de frustração – a dificuldade de divulgação da sua obra, de cujo valor tem consciência.]

Carta 37
22 de janeiro de 1975

Fala de documentos para mandar, mas "fico hesitando diante da anormalidade postal. Aqui calculam que no ano 2000 tudo será resolvido". Pede interferência junto ao Conselho Estadual de Cultura. (SP) que só lhe mandou um exemplar de *Retratos-Relâmpago* e diz ter saído "com muitas gralhas". Insiste: "a atmosfera de Roma (da Itália em geral) está deprimente: roubos, assaltos, assassinatos, seqüestros, o diabo".

[Outra carta cujo tom maior é o desalento – crise existencial? Mas não deixa de mostrar-se preocupado com a sua obra, mal editada, mal divulgada e cheia "de gralhas".]

Carta 38
12 de Junho de 1975

Recebeu carta minha com dois meses de atraso e volta a queixar-se da desorganização dos correios. Torna a informar: "tenho vários livros de prosa, inéditos. Será que a Imprensa Oficial de Minas não poderia editar um deles?" Confessa não se sentir bem: "Tenho andado muito deprimido. A vida na Itália (sei que não é só aqui, mas aqui eu vivo, por isso sinto mais depressa) está desagradável. Roubos, assassinatos, terrorismo, seqüestro de pessoas, o diabo. Que se há de fazer?"

[Sente a dificuldade de publicar e procura até apoio "oficial" – que não existe. O desalento diante de um mundo perigoso aumenta, juntando-se ao desânimo quanto a uma divulgação e reconhecimento da importância de sua obra.]

Carta de Saudade
8 de setembro de 1975

Lamenta que os médicos tenham diagnosticado, em Murilo, "apenas um angústia existencial, sem mais". Consola-se dizendo que "ele morreu duma síncope cardíaca, em poucos minutos, e penso que não teve tempo de sofrer, mas sofreu antes, durante meses".

Esta sintática amostragem permite deduzir algumas características tanto da obra como da personalidade de Murilo Mendes. Desde a sua caligrafia – cursiva, elegante, legível – sente-se a preocupação com a clareza e o domínio de seu pensamento, através de uma apresentação visual condigna. O poeta quer afastar de si a pecha de "instintivo" – esse caráter de elementar e automático que, a princípio, foi-lhe imputada. Daí a sua insistência em colaborar (quase no sentido de comandar) para que a crítica reconheça a sua poesia como uma construção de linguagem. Entre as "colunas da ordem e da desordem", a necessidade de mostrar a luta poética como o estabelecimento de independência e possibilidade de renovação constante. É uma resposta aos desafios que a arte propõe ao homem. Sua rejeição a alguns de seus livros, como *História do Brasil* e até *Tempo e Eternidade* vem de que os percebe como constrangimento, seja na adesão ao facilitário modernista (paródia/sátira) ou na adesão simplista ao misticismo, à religiosidade.

É intensa a preocupação de estabelecer uma *verdade* do poeta enquanto "torturado da forma" – o que se evidencia na obsessiva revisão que procura fazer de tudo, em busca do "vocábulo justo", num sentido de vigilância minuciosa. Essa atenção e cuidado com a linguagem, essa antena de observador e captador de sinais, faz com que Murilo possa estabelecer um elo de ligação entre a sua acuidade para o novo e suas tensões – e a estabilidade de um espaço "clássico", ou seja, de elevação e grandeza indubitáveis. Ainda que insólita, a poesia deve assumir uma "figura total" e esse "método de fusão" é o que é capaz de identificá-lo como um criador, que não segue rastros ou pistas, mas organiza o próprio e singular espaço.

Torna-se evidente que Murilo transita com muita convicção em um território que não admite limites e cuja topografia conhece, reconhece ou inventa, mas que não é a do acaso e sim da necessidade de sua "lógica interna". Essa lógica, essa racionalidade, nada tem de empírica, é decorrência de uma estrutura de dicção particular, em que não há prevalência senão de um rigor disciplinador do lúdico, presente em todo incitamento que os sentidos abertos captam do mundo. Essa lógica é explicitada no tríptico ordenador que o poeta adotou como imagem de sua obra: "humanismo/experimentalismo/síntese".

MURILO ATRAVÉS DE SUAS CARTAS   187

Quanto à sua pessoa, há que se notar que Murilo teve a miragem, por algum tempo, do milagre da bi-locação de Santo Antônio, isto é, a de estar em dois espaços simultaneamente: na Itália e no Brasil. Isso ocorreu quando da publicação de meu livro a seu respeito e pelo Prêmio Etna-Taormina, que o qualificava à altura de poetas europeus. Este momento, porém, foi casual. Na verdade, o que o lúcido poeta vai perceber é que ele se tornou *atópico*, de nenhum lugar, deslocado, desarticulado, como já anunciava seu poema "Mapa". Coincidência ou premonição, o fato é que Murilo é posto "no ar" e, por não se inscrever "em nenhuma teoria", sua resistência vai se minando e o homem sentindo-se desgarrado da literatura brasileira tanto quanto da plêiade de amigos célebres européia. Desalento, desânimo, até mesmo a humilhação de clamar por um editor o encaminham para a morte.

Cabe a nós, hoje, recuperar – de seu *récit personnel* e dos muitos textos inéditos e documentos intocados – esses fragmentos de uma obra e de um ser humano e exigir, como dizia, que seja dada "a cada um a sua morada, conforme o talento que recebeu, conforme sua natureza original ou transfigurada, conforme seu amor, seus erros, suas paixões, seus ímpetos, sua ideologia, suas inclinações, seu silêncio".

CARTAS DE MURILO MENDES E MARIA DA SAUDADE A LAÍS*

* As cartas aqui reproduzidas pertencem ao arquivo pessoal da autora e constituem apenas parte da correspondência recebida de Murilo Mendes e Maria da Saudade no curso dos anos. Inclui-se uma carta de Dom Marcos Barbosa a Affonso Ávila que, pelo seu conteúdo, põe em evidência a reação de certos setores da Igreja diante do espírito de católico libertário e independente do poeta.

Quis entrar em contato com o jornalista A. Fonseca Pimentel do qual tenho duas correspondências para agradecer datadas de Roma. Aqui na "colônia" brasileira não puderam me informar nada. Seria possível a V. mandar o endereço dele? Grazie.

Roma, 9.4.1969.

Cara Laís,

Sua carta deu-me uma satisfação enorme. V. me diz tantas coisas que me lisonjeiam e me confortam, e ainda pede desculpas: é o cúmulo da delicadeza.

Fiquei, repito, "molto lusingato", só que não acredito muito nessa missão que V. me atribui: a de dar uma nova orientação aos jovens poetas brasileiros. O quadro que V. traça da situação da nossa poesia é exato, e suas observações, inteligentíssimas. Entretanto, como sabe, eu tenho sido toda a vida um franco-atirador. Procuro obedecer a uma espécie de lógica interna, de unidade apesar dos contrastes, dilacerações e mudanças; e sempre evitei os programas e manifestos. Mas os meus livros, espero, devem dizer, ao menos em parte, o que acho necessário dizer.

Compreendo perfeitamente a sua crise e a do Affonso: crise de escritores que não desejam renunciar à sua qualidade de humano, e que ainda tentam inserir uma experiência de linguagem humana num diagrama de ruínas e roturas que, transposto um certo limite, desembocam no nada.

Já começo a sentir um certo cansaço de parte de filólogos e lingüistas que, nos últimos anos, tentaram confundir a poesia, a literatura em geral, com a crítica filológica, com a mesma ciência; isto, dentro do imenso quadro de confusão de valores do nosso tempo. Qual será o futuro da poesia, não sei; espero que não seja o da ecolalia e do monossilabismo. O discurso aristotélico, é verdade, nos aborrece, e está superado; mas creio ainda na tentativa de se combinar humanidade, experimentalismo e concisão. É o que propus fazer nos dois livros "Convergência" e "Exercício", reunidos num só, com o título geral "Convergência". Depois que lhe escrevi recebi carta do amigo Paulo Mendes de Almeida. Conseguiu, finalmente, localizar o editor, Frei Benevenuto Santa Cruz, que lhe disse estar o livro já composto, devendo sair breve; e que não atendeu aos meus reiterados pedidos de devolução dos originais, devido a isto. Pelo que decidi esperar mais um pouco. Vamos ver.

Fora estes, tenho quatro praticamente prontos, 4 livros de prosa, e um de poesia em italiano, *Ipotesi*. (Este foi já pedido por um editor milanês.)

Nunca tive editor permanente , nem fiz amizade ou camaradagem com editores (exceto o J. Olympio). Não por motivos polêmicos: aconteceu assim. Diga-me: O Estado de Minas não poderia editar um desses livros de prosa? Em livros que recebo daí, vejo um cólofon de onde se deduz que a edição foi financiada pelo nosso Estado. Que diz?

Não desanimem, V. e Affonso. São jovens, sérios, cultos e inteligentes; têm, não há dúvida, o tempo a seu favor. Trabalhem, trabalhem: é acaciano, mas é verdadeiro o conselho. Rogo-lhe dizer ao xará Rubião que em breve seguirá meu poema para o Suplemento.

De novo lhe agradeço infinitamente. Muitas recomendações de saudade. E a você e Affonso, afetuosos abraços do

P. S. Se vir o Antônio Joaquim e a Lúcia, queira transmitir-lhes nossos saudosos abraços, bem como a Henriqueta Lisboa.

Murilo

Desculpe-me o desalinho desta. A terrível letra.

Roma, 7.7.1969.

Cara Laís,

Além de tremendo desânimo que de vez em quando me ataca diante da situação deste mundo caótico, houve sucessivas greves de correio na Itália. Saudade andou doente várias semanas etc. Pelo que tive de interromper nossa correspondência, do que muito me desculpo.

Espero que tenha recebido minha carta em resposta à sua de 22 de abril: dizia estar contentíssimo ante a escolha de seu nome para fazer o estudo a meu respeito, no livro da coleção projetada. Mandar-lhe-ei algum material antes de partir para as férias de verão (no fim do mês). Entretanto, não fiquei sabendo exatamente quais os livros meus que V. possui. Queira esclarecer-me, se possível na volta do correio, pois assim lhe enviarei logo alguma coisa. Tenho disponíveis aqui a) – um ex. das POESIAS, Ed. José Olympio, 1959 (infelizmente eivado de erros); b) – um ex. da "Antologia Poética", Livraria Morais, Lisboa, 1964. (São estas as fontes fundamentais para o seu trabalho); c) – "Tempo Espanhol", Livraria Morais, 1959. Seguirá de avião o ex. que lhe interessar.

Infelizmente é-me impossível mandar-lhe material antigo copiado à máquina. Posso mandar-lhe fotocópias dos melhores. Quanto à escolha das poesias, agradeço-lhe muito pela sua delicadeza, deixando o caso a meu critério. Faremos assim: V. me manda a lista dos escolhidos, e eu tomarei a liberdade de alterá-la a meu gosto, "va bene?" Mandarei também inéditos.

Soube pela irmã Virgínia que V. irá a Juiz de Fora. Ela é casada com o Prof. Paulo Torres, médico; um casal muito simpático, e certamente os dois gostarão muito de conhecê-la. Virgínia aí pelos 11 anos escreveu um curiosíssimo caderno de poesias que conservo aqui em Roma: parece entretanto que nunca mais voltou à carga.

Esteve há dias aqui Affonso Romano de Sant'Anna; infelizmente parou pouco. Simpático. Grato por tudo.

Aceite com o Affonso um abraço de Saudade e outro deste seu

Murilo

Roma, 4.8.69.

Cara Laís,

Grazie pela sua última carta, tão humana e simpática. Repito o que lhe disse antes: é com real prazer que soube do convite a você para organizar o projetado livro a meu respeito.

Mando-lhe hoje algum material, esperando que lhe seja útil. Escrevi à Livraria José Olympio, pedindo-lhe a remessa a você das Completas (com inúmeras gralhas). É indispensável. Note que não reneguei nenhum livro: não incluí no dito volume a "História do Brasil" porque assim o declaro no prefácio – achei que prejudicaria a unidade do mesmo.

Quanto a inéditos não faltam. Só que partimos amanhã para as férias, não escrevo à máquina, e a datilógrafa Saudade anda ocupadíssima por diversos motivos, e não creio que possa mandar-lhe mais coisa desta vez. Fotografias também há várias*, mas a Saudade (fotógrafa amadora de grande talento) não gosta de nenhuma, criando assim um impasse. Diz ela que fará uma foto durante as férias, e lha mandaremos. Ela acha também que, no Brasil, esses livros levarão muito tempo até serem impressos; e que no período entre o regresso das férias e o começo do meu trabalho no próximo ano acadêmico teremos folga para lhe mandar outras coisas**. Mande-me dizer, please, não esqueça, quem é D. Madalena que lhe falou a meu respeito e a quem eu dediquei um soneto (vai quase rimando); não me lembro nada disto e fiquei invocado. Será Madalena, minha prima de S. Gonçalo do Pará, que vive aí há muitos anos? Seria possível mandar-me uma cópia da crônica do Wilson Frade?...

Nós deveremos girar em vários pontos nas férias. De qualquer modo, você poderá endereçar cartas A/C DA EMBAIXADA DO BRASIL, PRAÇA MARQUÊS DE POMBAL 1, LISBOA; farão seguir.

Thanks, thanks.

*de vários fotógrafos.
** isto é, em começos de outubro.

> Última hora: segue uma foto – também outra, de minha mãe. – De meu pai não tenho foto em duplicata, mas creio que a Virgínia lhe arranjará uma.

Afetuosos abraços a você e ao Affonso

Murilo

Aguardo com grande interesse o novo trabalho do Affonso.
Queira confirmar o recebimento deste material.

Paris, 11.10.69.

Cara Laís,

Em começos de agosto mandei-lhe de Roma um envelope grande com material para o seu livro: fotocópia de 10 artigos; fotografias, notas, etc.
Durante as férias (em Portugal e Espanha) o porteiro romano reexpediu-me várias cartas endereçadas a Via del Consolato; mas não chegou nenhuma sua, confirmando o recebimento do dito material. Peço-lhe portanto o favor de me escrever para Roma (volto amanhã) informando-me algo sobre o assunto. Merci infiniment.
Queira controlar o material enviado, para confirmação: segue como "impressos", aberto, pois fechado pagaria a tarifa de carta, altíssima:
– 9 cópias fotostáticas de artigos de jornal; aliás 10;
– um recorte de "L'Espresso" (Roma) com uma crônica de Giorgio Marchis, crítico de arte da atual geração italiana;
– uma separata da "Revista do Livro", com o ensaio de Luciana Stegagno Picchio;
= 3 fotos, incl. a do retrato feito pelo Portinari.
Afetuosos abraços a você e ao Affonso.

Seu

Murilo

Desculpe a emenda. *M.*
Tive aqui longas conversas (sobre mil temas) com o Merquior

O Paulo Rónai publicou em nov. um ótimo artigo sobre o Serrote. Se não o tem, lhe mandarei fotocópia. *M.*

Roma, 1.12.69.

Cara Laís,

Junto lhe envio a resposta resumida às suas perguntas da carta de 7.11. Claro que poderia dizer-lhe infinitas coisas mais sobre um período decisivo na minha vida, marcado, além do mais, pela amizade com Ismael Nery, personagem único, formidável; mas nem disponho de tempo agora, nem talvez lhe convenha um texto longo. Caso, entretanto, desejar mais, aqui estou para lhe fornecer dados. Consegui até agora ser comunicativo e discreto; não ávido de publicidade; mineiro, apesar de todo o meu universalismo e isto explica muita coisa. A horrível palavra "promoção" não freqüenta muito a minha memória.

Terminei meu último livro, "Janelas Verdes", quase todo em prosa (temas portugueses). A "Portugália" já me deu o contrato; deverá aparecer em Lisboa nos primeiros meses de 70. Considero-o o mais interessante dos meus livros, do ponto de vista da pesquisa da linguagem. Ao mesmo tempo retoco outros, inéditos: FIGURAS, CARTA GEOGRÁFICA, ESPAÇO ESPANHOL. Quanto a "CONVERGÊNCIA", livro capital da minha nova linguagem, continua encalhado em S. Paulo. Um desastre.

V. não respondeu à minha pergunta sobre a possibilidade de um desses inéditos ser publicado pela Imprensa Oficial do E. de Minas. Não me queixo: mas o fato é que meu Estado natal nunca me deu nada (– confidencial; é verdade que eu nunca pedi.), e eu lhe dei ao menos (falo de temas mineiros) 2 livros. Diga-me se esta idéia a constrange: neste caso, escreverei ao xará Rubião.

Recebeu os textos inéditos de POLIEDRO e CONVERGÊNCIA, que lhe mandei a 14 de nov.?...

Grazie pelo que tem feito no sentido da difusão dos meus papéis. Estou naturalmente curioso em ler seu estudo.

Abraços dos dois aos dois.

Murilo

Resposta (resumida) à carta-com-perguntas de Laís Corrêa de Araújo, de 7.11.1969.

· Em 1922 eu já me achava no Rio, para onde me transferira em 1920. Acompanhei com interesse e simpatia o movimento modernista; mas não aderi publicamente, visto me considerar em regime de "noviciado" ou aprendizagem. Era contra o hábito brasileiro de aparecer cedo demais na cena literária, tanto assim que publiquei meu primeiro livro nos arredores dos 30 anos (sic), e isto, por grande insistência do meu pai. Mas, cedendo a convites de amigos, já havia colaborado em revistas literárias: "Boletim de Ariel", "Movimento Brasileiro", "Terra Roxa e outras terras" etc. Dava-me muito bem com os principais líderes modernistas. Segui, desde o fim da adolescência, as manifestações da cultura moderna, através de livros, revistas, discos, filmes etc., europeus e brasileiros.

· A "História do Brasil" foi publicada em 1932 (Ariel), com uma capa de Di Cavalcanti.

Roma, 1.5.70.

Cara Laís,

Junto lhe devolvo, como pediu, o rascunho do começo do s/ estudo. Creio que vai no bom caminho. A seqüência dos livros é a indicada na ed. das "Poesias": assim, de resto, se declara no prefácio.
Estou escrevendo um depoimento que talvez esclareça certas dúvidas suas. Apenas o termine lho enviarei.
Seguiu há vários dias uma carta de agradecimento ao Affonso pelo seu belo livro.

Abraços aos dois.

Murilo

Roma, 2.1.71.

Cara Laís,

Recebi sua carta de 3.11.70, trazida pelo Dr. Gravatá, junto com seu estudo sobre minha obra, e um ex. da ótima revista "Barroco" (o Affonso está se tornando uma autoridade na matéria). Grato por tudo. O Dr. Gravatá disse-me que chegava a Roma há coisa de 1 mês e meio, mas teve que ir a Bolonha, e só agora me procurava... Acontece (isto foi aí por 20 de dezembro) que, ao contrário ao que você diz, os correios italianos andavam muito ruins, em freqüentes greves; e no período das festas natalícias a coisa torna-se séria, pelo que achei mais prudente esperar, deixar passar esta fase, para lhe devolver suas preciosas páginas (das quais ficará aqui uma fotocópia, pois você diz que só tem aquela cópia), com a relação dos meus livros pedida. Quanto a "Janela do Caos", é um poema que fecha "Poesia Liberdade", livro que faz parte do Poesias (J. Olympio); você diz possuir o mesmo, portanto procure-o lá, e o achará. Só que foi publicado a parte em Paris e Milão. Em dezembro saiu o encantado "Convergência". Finalmente!... Já escrevi ao editor pedindo-lhe para lhe mandar urgente um ex. Caso não chegue logo, reclame: EDITORA DUAS CIDADES, RUA BENTO DE FREITAS 158, S. PAULO, CAP. É certamente um dos meus livros maiores, resumindo a experiência de 3 gerações, inclusive concretos e praxis. Estou ansioso por saber sua opinião.

Com o material seguirá outra carta minha, mas desde já lhe digo que seu estudo é muito bom. Discordo de certas coisas, mas em conjunto é sólido, inteligente e nem ao menos em sonho pense em abandoná-lo.

Desculpe as emendas.

FELIZ 71 PARA VOCÊ, AFFONSO E A TRIBO.

Afetuosos abraços de Saudade e do seu grato

Murilo

P. S. Gostaríamos imenso de receber uma foto dos dois. Pense nisto, e aja, please.

Murilo

2º P. S. Quanto aos artigos e crônicas em jornais e revistas, sinto não poder incluí-los na bibliografia: acham-se dentro dum guarda-móveis no Rio (nosso apartamento está alugado) mas não são importantes.

Murilo

Roma 14.2.71

Cara Laís,

Mandei-lhe no dia 5 o seu excelente estudo, acompanhado de notas minhas ao mesmo (tirei fotocópia), e de uma bibliografia, incl. de inéditos. Pedir-lhe-ia o favor de acusar o recebimento deste material, mesmo em 2 linhas, e do meu último livro "Convergência", editado em S. Paulo. Aguardo essa confirmação para meu sossego. Repito: seu ensaio é ótimo, e se fiz uma ou duas, três observações foi para atender a seu pedido. Afetuosos abraços nossos a V. e ao Affonso.

Murilo.

Roma, 3.6.71.

Cara Laís,

Fui constrangido a mandar-lhe a resposta – digo – com enorme atraso a resposta ao seu questionário, devido a uma enésima greve dos correios italianos.

Achei excelente a continuação do ensaio. O comentário a "J. E." é notável. Estou muito satisfeito em ver – finalmente! – que minha obra é compreendida e interpretada por uma pessoa de valor como você. Artigos, desde a aparição do meu primeiro livro, tive-os, é claro, alguns interessantes; mas estudo longo, a fundo, só agora, devido a você, estou-lhe gratíssimo. Como você diz que tirou cópia fiquei com a que enviou; mas, se quiser, mandarei fazer fotocópia dos novos capítulos, restituindo-lhe os mesmos. Entretanto, digo-lhe que a primeira parte enviada termina na pág. 30 (5 linhas, e o resto em branco; continuando (os novos capítulos) na pág. 32. Faltam, portanto, o resto da pág. 30, e a pág. 31. Queira controlar.

"Convergência" tem merecido reações entusiásticas. O Cassiano Ricardo escreveu-me uma carta de 25 páginas, que deseja transformar em artigo. Ele entendeu o livro. Há também 2 ótimos artigos do Nogueira Moutinho, na Folha de S. Paulo (se não os leu posso mandar-lhe fotocópia) etc.

Queira providenciar a remessa, com a possível urgência. Anulada esta frase. Estou com a cabeça no ar. O telefone tocou 3 vezes. Passam jatos fazendo um ruído medonho. "Je suis le malade des bruits", dizia Mallarmé. Moi aussi.

Você tem livros publicados? Queira informar-me com a possível urgência. É para a bibliografia da formidável "Storia della Literatura Brasiliana" de Luciana Stegagno Picchio. Você sabe quem é este grande personagem?... (Claro que a bibliografia do Affonso já está com ela.)

Lembranças de Saudade. Afetuosos abraços a você e Affonso,

Do Murilo

– 5.6.71. Acabo de receber sua carta de 1. Lamento o atraso. Gostaria de receber o art. de Nelly Novaes Coelho, com o endereço dela. Grazie Mille!

Murilo

Roma, 28.VII.71.

Cara Laís,

Desculpe-me a demora. Tenho andado com "labirintose", doença que não mata, mas tira o ânimo de agir.

Peço-lhe o favor de mandar-me 2 linhas confirmando o recebimento desta. Partimos amanhã para Portugal, onde passaremos parte das férias. Endereço até 2º aviso:
A/C DO Dr. ANTÓNIO CORTESÃO.
AVENIDA BOA VISTA, 219 – PORTO.

Seu estudo é excelente.

    Afetuosos abraços a você e ao Affonso,
       de Saudade e

             Murilo.

Desculpe as emendas.

Lisboa, 9.8.71.

Querida Laís,

· Reexpedida de Roma (que deixamos a 29 de julho, para as férias de verão, 1ª etapa Portugal) recebi sua ótima de 24 de julho. Satisfeitíssimo em saber que seu texto está pronto. Não se preocupe: repito que a parte lida por mim (quase tudo) é excelente. Creio que, no momento, pouquíssimos aí poderiam fazer um trabalho tão vivo e consciente. Agradeço-lhe muito e muito.

· Foi o diabo o desencontro. Não tenho aqui nada que você precisa: tudo em Roma, e eu sem meios de fazer retirar de lá esse material. Calculo que você poderá recebê-lo só na 2ª quinzena de setembro. Mas, como a impressão de um livro demora muito, espero que chegue a tempo.

· Fotos com escritores e artistas europeus: tenho muitas, e com sujeitos importantíssimos: Pound, Camus, Jorge Guillén, Rafael Alberti, Magnelli e outros. Algumas estão apagadas, não darão boa impressão; outras melhores. Tenho também muitas cartas e dedicatórias de livros de outros importantíssimos: Chagall, Miró, Léger, Max Ernst, Severini, Lionello Venturi, Cocteau, Malraux, o citado Pound, Michaux, Bernanos, Mauriac, Jouve, Ghelderode, e muitos outros. Tenho tido aqui na Europa contatos maravilhosos, e feito amizade com grandes europeus. Voltando a Roma, repito, poderei lhe mandar, senão tudo, ao menos uma parte desse material.

· Quanto à carta do João: ele me escreveu em 59, à saída do "Tempo Espanhol". Autorizado por ele, mandei a alguns amigos as duas frases mais importantes: consta da orelha das "Poesias", ed. J. O. Sugiro-lhe que inclua as mesmas, como epígrafe, entre a página de frontespício e a 1ª do texto. O endereço do João (Ministro) é: EMBAJADA DEL BRASIL, CALLE RIO DE JANEIRO 1920, ASUNCIÓN, PARAGUAI.

· Na nota biográfica você poderá inserir nomes de ilustres europeus com os quais fiz amizade ou estabeleci contatos, com fez o Ruggero no livro da "Nuova Accademia" de Milão. Não me recordo bem da lista do Ruggero. Mas, além dos que já citei aqui, e dos citados pelo Ruggero, ponha Arp, De Chirico, Dámaso Alonso, Vicente Aleixandre, René Char, André Frênaud, Moravia, Ungaretti, Carlo Levi, Montale, Luigi Dallapicolla (que musicou 3 poesias minhas, já saídas em discos); entre os portugueses: António Sérgio, Ferreira de Castro, Jorge de Sena, Mário Cesariny, Vitorino Nemésio etc.

· Não tenho poema inédito, lamento. Meu último livro é "Convergência", depois não escrevi mais em verso, penso que não escreverei. Tenho uma infinidade de inéditos em prosa. Comecei a escrever.

· Sugiro que peça um testemunho (curto, sintético, uma meia página) a: 1) – Luciana Stegagno Picchio – Via Civitavecchia 7, 00198 Roma; 2) – Carlos Drummond; 3) – José Guilherme Merquior – Brasilianische Botschaff. Dreizehnmorgenweg 10. – 532 Bad Godesberg. Bonn. (Uf!...); 4) – Cassiano Ricardo. Poderia ser algumas frases da carta que me escreveu (com máximo entusiasmo) sobre "Convergência", e da qual tirou cópia, pois disse-me que a transformaria em artigo. 5) – Antonio Candido (Caixa Postal 8105, S. P.). 6) – Haroldo de Campos.

· Claro que gostaria imenso de umas palavras do João, mas se você inserir as frases a que me refiro, é melhor não disturbá-lo.

· Seria interessantíssimo ter uma página de testemunho da Saudade. Acho mesmo fundamental (não sou o poeta, mas sou o personagem M.) Ela é muito preguiçosa, mas se você lhe escrever diretamente, creio que a satisfará.

· Enfim, gostaríamos muito de receber uma foto sua, ou duas – uma, só, outra com o Affonso de formato que não exceda o de cartão postal. Considero isto indispensável. Depois do que fez por mim, tornou-se nossa amiga, e foi promovida de cara a querida. Saudade e eu admiramo-la muito, e a sua foto completará sua identidade. Escrever bem como escreve, sendo dona de casa, mãe de cinco filhos, funcionária, e ainda por cima com dores de cabeça (colega do João), é fantástico.

Aceite com o Affonso
afetuosos abraços de Saudade

e deste seu admirador e já
amigo

Murilo

Correspondência até 2º aviso para:
Avenida Boa Vista 219
A/C do Dr. António Cortesão

PORTO

· As poesias musicadas por Dallapiccola, figura das mais prestigiosas da música moderna italiana, são: 1) Desejo (PL); 2) Voto (PL); 3) A Tentação (PL). Disco ASD 2 388 His Master's Voice Music Today 1968.

Esse disco, contendo outras composições de Dallapiccola, é acompanhado dum folheto em que o mestre comenta nossa amizade. Começa assim:

"A few years I was visited by Murilo Mendes, the Brazilian poet, who teaches at Rome University. I recorded this visit briefly in my diary, commenting on it as follows: 'Découverte d'un frère'."

Diz também que foi por sugestão minha que ele estudou a 1ª Epístola de São Paulo aos Coríntios, resultando disto sua partitura "Parole di San Paolo", a qual tive ocasião de ouvir em Roma, com o próprio D. ao piano. Depois daquele 1º encontro visitei-o várias vezes em Florença, e ele nos visitou em Roma. Tenho várias cartas dele. É uma pessoa extraordinária.

Desculpe as emendas.
M.

Roma, 5.10.71

Querida Laís,

· As férias prolongaram-se por motivos imprevistos, e só agora, de Lisboa, com escalas em Milão e Veneza, chegamos a Roma; onde nos esperam milhares de problemas determinados pela longa ausência.

· Encontramos seu SOS. Não se aflija tanto, pois essa coisa de edições no Brasil é muito demorada.

· Grato pelas fotos de V. e Affonso, tão simpáticos e de personalidade marcada, como eu pensava.

· Por hoje seguem em correio separados:

1). O esquema da biografia, corrigido. (Você não tem culpa dos erros das datas). Embora todo emendado, creio que V. entenderá bem. Está interessante; só que certas piadas são inventadas. Cortei algumas linhas, especialmente as referentes a A.N.: <u>em nenhuma hipótese deverão ser incluídas</u>. Também na última linha omiti o nome de certo jornalista-escritor que não desejo ver associado ao meu nome. Ele e um seu parente próximo fizeram-me ursadas, e uma delas gravíssima. Não lhes desejo mal, se os encontrar amanhã, falarei com eles, mas, repito, não devem ser citados perto de mim. Pertencem ao 3º time (ou 4º), não se iluda.

2). Fotocópias de dedicatórias de escritores e artistas ilustres. Gostaria que fosse publicado o maior número possível das mesmas; ocuparão pouco espaço; e constituem um documento notável da minha vida de escritor, fértil, desde cedo, em encontros, como se lê n' "A Idade do Serrote". Mandarei também algumas fotos; mas acho que as dedicatórias são ainda mais expressivas.

3). A carta do João. Ele me escreveu recentemente, autorizando-a a publicá-la. Caso o faça, queira ajuntar uma nota no fim: "Publicada com autorização do emitente". Não vale a pena insistir com o Drummond.

Ficamos preocupados com a sua informação sobre a venda aí do meu retrato pelo Portinari. Não autorizei ninguém a vendê-lo. Esse e muitos outros quadros acham-se depositados desde 68 no Museu de Arte Moderna do Rio. Escreve-me também uma sobrinha minha que mora aí, dizendo-me que soube que foi posto em leilão meu retrato pelo Guignard, também depositado no dito Museu!!! Rogo-lhe o favor de apurar aí e de me informar com a possível urgência. Acabo de escrever ao Museu de Arte Moderna; caso tenham sido roubados, deverão ser feitas sindicâncias, tocar processo, coisas que nunca fiz e detesto.

Afetuosos abraços a você e ao Affonso.

Murilo

Estou ansioso por ler a página

✉

Roma 6.10.71.

Querida Laís,

· Conforme lhe avisei em carta de ontem, segue incluso mais algum material para o livro. Não digo que se publiquem todas as dedicatórias, mas ao menos as dos personagens famosíssimos.

· Na medida em que o meu tempo (o de todos nós...) apertadíssimo o permitir, mandar-lhe-ei algumas fotos.

· Risquei uma certa passagem da biografia, pg. 5. Tenho muita estima pelas pessoas citadas, mas não me lembro de ter visitado Ouro Preto com elas. Quanto à Carminha, vimo-la em Mariana.

· Obrigado pelos recortes de jornais. V. terá visto a página inteira de Cassiano Ricardo, publicada no "Estadão" a 15.8? Caso não, diga-me, mandar-lhe-ei uma cópia.

· Por favor, mande-me dizer o nome da editora (e do autor) do livro sobre o João: desejo encomendar um ex.

Afetuosos abraços
nossos ao Affonso e a Você.

Murilo

Logo que puder, queira confirmar o recebimento desta.

M.

P. S. Fui ao correio, a tarifa era altíssima, de modo que seguem dois envelopes: um aberto, só com as dedicatórias (27 fotocópias, queira controlar), e outro, fechado, com a cópia da carta do João, e o esquema biográfico. Telefonei hoje para o Museu de Arte Moderna do Rio, e disseram-me que todos os quadros meus depositados lá acham-se em ordem. Que história é essa, então, de 2 retratos meus em leilão aí?...

M.

Roma, 7. X. 71.

Querida Laís,

Seguem à parte 27 fotocópias de dedicatórias. Seguiram também 2 cartas com explicações. A Saudade pede-me para desculpá-la: agradece seu convite e sua carta gentilíssima. Entretanto não tem jeito de depor sobre um certo M. M. Que posso fazer? Quanto ao depoimento da Virgínia, teria mesmo que ser curto: ela nasceu quase 20 anos depois de mim. Não viu, portanto, minha infância e adolescência. Pouco depois do nascimento dela mudei-me para o Rio.

Afetuosos abraços
aos dois.

M.

Roma, 14. X. 1971.

Querida Laís,

. Recebi hoje sua carta de 5, reexpedida do Porto. Na hora de deixar Lisboa (creio que a 15 de setembro) mandei-lhe um cartão dizendo-lhe que estava partindo para Milão e Veneza, sendo portanto melhor adiar a correspondência até meu regresso a Roma. Vejo que o cartão se extraviou. É o grande defeito das férias de verão: a trapalhada com a correspondência. Quanto à informação do Alceu, de que passo meses (acentuado) em Portugal, é inexata, e não lhe quero mal por isso. Não sou tão tolo para pensar que os amigos (para não falar das pessoas restantes) estejam a par de todos os nossos programas e acompanhou todos os nossos passos. Em geral ficamos um mês em Portugal. E, como a Universidade está fechada em agosto e setembro, vamos depois a outros lugares (especialmente Espanha; outras cidades da Itália que não Roma; Paris; Londres etc.) Voilà. Este ano nos demoramos mais por motivo de doença da minha sogra (aliás felizmente restabelecida).

. Devolvo-lhe o esquema biográfico devidamente emendado. No anterior, digo – na carta anterior – você me informava que as palavras em vermelho eram da Virgínia. Ora, há várias frases da "Idade do Serrote" em vermelho. A frase em vermelho "De Coração Boníssimo" é da Virgínia, não? Minha não é. – Não é verdade que detesto as Matemáticas até hoje. Detestava-as no tempo de colégio, é verdade: mais talvez porque os professores – exceto o Dr. Clorindo Burnier Pessoa de Melo, ao qual me refiro em "Poliedro", – fossem desagradáveis. Mais tarde, deixando o colégio, tomei compêndios de álgebra e geometria, fascinado, estudando-os sozinho. Sempre fui fascinado pela geometria em arte (não pude, por exemplo, suportar a pintura informal caótica). É claro que continuo a não entender nada de cozinha da matemática.

* Meu querido e admirado Jorge de Lima não é um dos "responsáveis" pela minha volta ao catolicismo. Antes, ele dizia que voltara ao catolicismo por minha causa; e que eu exercia grande influência sobre sua vida intelectual tanto assim que me dedicou dois livros, inclusive o mais importante, "Invenção de Orfeu". O verdadeiro "responsável" pela minha volta ao catolicismo foi Ismael Nery. Sendo um homem-artista moderníssimo, eu vi que o catolicismo não é um fenômeno do passado, e que poderia atravessar os tempos.

* Seria útil fazer um aceno à minha ação no sentido de salvar a obra do Ismael, que atirava ao lixo tudo o que fazia. Eu levava para casa seus trabalhos (desenhos e quadros). Conservei-os comigo quase trinta anos, até que os filhos, com toda a razão, me pediram sua restituição, o que fiz. Antônio Bento escreveu um livro sobre ele (Ismael). Era um homem espantoso.

*

* Dia 7 mandei-lhe: carta, esquema biográfico emendado, 27 fotocópias de dedicatórias de livros, fotocópia de carta do João (em dois envelopes separados.) Confirme o recebimento, por favor. Quanto às dedicatórias: caso não se publiquem todas, faça, please, uma escolha; Chagall, Miró, Guillén (todas muito expressivas), Cocteau, Malraux, Max Ernst, Guimarães Rosa, Pound, Breton, Camus. Quanto ao jornalista citado na última linha do esquema soube depois que morreu. Paz à sua (dele) alma. Entretanto, tenho razões para evitar a aproximação dos nossos dois nomes.

. Desculpe-me os atrasos, por motivos involuntários. Saudade insiste em que não tem jeito para fazer o depoimento, hélas! Agora vou tratar das fotos, trabalho fatigante e dispendioso. Não penso em reunir meus artigos sobre formação de discoteca, não têm nenhum valor literário. Tenho pena de não atender ao Carlos. Quanto aos meus artigos sobre artes plásticas: isto, sim, seria interessante. Alguns desses artigos, modéstia à parte, são muito originais. Agradeço-lhe o convite, mas responda com franqueza: aí na Imprensa Oficial poderão fazer uma edição bem cuidada? Tratando-se de artistas moderníssimos, uma edição antiquada seria um desastre. Pense nisto. O livro já tem título: "A Invenção do Finito".

* Revi as segundas provas de "Poliedro".

Grazie di tutto! Espero sua carta.

Afetuosos abraços de Saudade e

Murilo.

Alguns Grafitos estão datados do Rio e de Juiz de Fora, 1964. V. esteve no Brasil em 1964? Veio a Minas, a Juiz de Fora ou outras cidades mineiras? Esclareça, por obséquio.

Laís.

Estive rapidamente no Brasil em 1964, a serviço do Depto. Cultural do Itamaraty, ajudando a organizar o material da representação brasileira à 32ª Bienal Interna de Veneza. Fui então ao Rio, São Paulo e Juiz de Fora.

Escritora
Laís Corrêa de Araújo
Rua Cristina 1300
<u>Brasile</u>   <u>Belo Horizonte, MG.</u>

Roma, 15. X. 71.

Querida Laís,

Seguiram desde 7, em 2 correios separados: 27 fotocópias de dedicatórias de livros; 2 esquemas, emendados (biografia); fotocópia da carta de Cabral. Queira confirmar, citando, please, os diversos elementos. Estamos tratando das fotos (o laboratório estava em férias). Seguirão dentro de alguns dias. Você lê italiano? Creio que tem o volume "Poesie de M. M.", a cura Di R. Jacobbi, não? Ali há um resumo biográfico bem feito. Até hoje não recebi o prometido elenco dos poemas inseridos no livro. Pode ser? Escrevi a Adalgisa, pedindo o dep. dela. Mas disse (eu) que não insista, visto ela estar muito doente, assim mesmo me escreve sempre. Afs. abrs. aos 2.

Murilo

Por favor, pelo amor de Deus, acuse em cinco linhas 1) o recebimento das fotos, 2) das fotocópias (27) com dedicatórias de livros 3) e desta. Grazie.

Roma, 22. 10. 71.

Querida Laís,

. Seguem hoje, em envelope à parte, 33 fotos. Destas, 13 são cópia única; portanto queira mas restituir quando não precisar mais delas. As 20 restantes, caso queira, pode guardar. Talvez serão mais oportunas depois do meu desaparecimento... Seguirá na próxima semana uma foto de minha mãe; quanto à de meu pai, só tenho um exemplar, e escrevo à Virgínia (deve ter vários) para lho mandar diretamente.

. É óbvio que somente algumas serão utilizadas: com os nomes mais famosos, Pound, Camus, De Chirico, Guillén, Ungaretti, Magnelli, Severini,

Dámaso Alonso. Temos 8 álbuns (só de 57 até hoje). Com brasileiros as fotos estão guardadas no Rio. As de Paris (onde fiz vários "séjours"), Londres, New York, Grécia, Marrocos etc., não ficaram boas. A pesquisa foi árdua, devido ao excesso de material. E estou com fastio de tudo isto: vanitas vanitatum... Invejo, p. ex., Lautréamont, do qual não existe até agora nenhuma foto.
. A de Ismael Nery e a de M. com dois anos e meio (ótima) são <u>indispensáveis</u>.

Estou com receio de que não saiam bem. Esses trabalhos no Brasil são em geral mal feitos. Mesmo uma editora importante como a Aguilar, veja: reproduções fotográficas péssimas em todas as edições.

Para poupar espaço, talvez se possa publicar quatro ou mesmo seis em cada página.

Espero ansiosamente sua carta de confirmação.

Afetuosos abraços a V. e Affonso,
de Saudade e

Murilo

As fotos do livro sobre o João ficaram boas?

Temos dezenas e dezenas de fotos com ilustres, escritores e artistas europeus, mas creio que estas bastam e sobram...

M.

Roma, 28. 10. 71.

Querida Laís,

Esta é só para lhe enviar a poesia manuscrita que V. pediu, e dizer-lhe que recebi sua boa carta que agradeço; mais, que seguiram 33 fotos para V. fazer uma escolha, sendo indispensáveis a foto com os meus alunos, com Pound, Ungaretti, Camus, por exemplo; Ismael Nery, dos meninos... Por favor, queira acusar o recebimento das mesmas.

Abraços a V. e Affonso,
de Saudade e deste seu

Murilo.

Roma, 3.XI.71.

Querida Laís,

Recebi sua última carta com o roteiro do livro, que me parece muito bom. Estou ansioso por saber se recebeu 33 fotos minhas, muitas das quais com ilustríssimas personalidades da cultura européia, para se fazer uma escolha. Não me lembro se mandei a de Murilo menino: é indispensável.

Quanto àqueles dois personagens a que aludi em carta anterior, não pense que lhes guardo rancor. Ao contrário: só que não me dá prazer o fato de ver o meu nome ligado a eles, ou a um deles. O sobrevivente fez-me, há vários anos, ursada gravíssima que me prejudicou. Anos depois mandou-me dizer por um amigo comum que estava muito arrependido; não sabia como tinha agido daquela maneira em relação a uma pessoa que sempre tinha sido amável para com ele; perguntava-me se o receberia aqui em casa. Respondi que sim, e ele veio aqui em casa, recebido normalmente. Quanto ao outro, a coisa foi muito menos grave, só que sempre o achei um medíocre. O fato de ter morrido não o transforma em "grande", como diz o recorte de jornal mandado por V. Aliás o outro telefonou-me há dias; estava de passagem rápida por aqui; convidei-o a vir à nossa casa, mas disse-me que já estava partindo. Entre os meus numerosos defeitos não consta o de ser rancoroso.

Senti imenso a morte do Emílio Moura. Infelizmente tive pouco contato pessoal com ele; mas através de amigos comuns conhecia bem o homem admirável que era.

Não sei se lhe mandei dizer uma coisa: deve-se inserir uma nota informando que se reproduz a carta do João com autorização do autor.

Recebi cartão do J. O. comunicando-me que POLIEDRO está prestes a explodir. Estou ansioso por que você e o Affonso o leiam. Saudade continua muito encabulada por não ter tido jeito de escrever o ambicionado depoimento. Elle est comme ça, rien à faire...

Na expectativa da confirmação do recebimento das fotos, envio(amos) aos dois afetuosos abraços.

Murilo.

$\boxtimes$

Roma, 27.11.71.

Querida Laís,

Recebi e agradeço a sua última carta. Esperamos que esteja completamente restabelecida da pneumonia, e entregue ao seu trabalho normal. Lamentei o desencontro com a Virgínia. Ela e o marido vão muito ao Rio. Não me espanta o desinteresse pela cultura em J. de F. Não direi que no meu tempo era outra coisa, para não "fare il nostalgico", como se diz aqui na Itália. Lamento que não a tenham convidado para escrever o prefácio de um dos meus livros inéditos. A coisa foi decidida por outros, e a pessoa escolhida nunca me escreveu nem uma linha de consulta. Quanto à escolha antológica: todas as antologias são criticáveis; eu próprio, um dia destes, critiquei a minha antologia (você a tem?...) saída em Lisboa há anos, pela Livraria Morais. De modo geral, achei bem feita a escolha. Caso possível, peço-lhe trocar duas poesias: a) – "Filiação" por "O Profeta", do mesmo livro; b) – "Crucifixo de O. P." por "Montanhas de O. P.", ou "Ao Aleijadinho", ia bem. (Talvez V. não queira, pois já vem outro para o Aleijadinho, da "H. do B."; texto, aliás, de que não me lembro nem uma vírgula; meu exemplar desse livro (renegado está no Rio). Aí então troque por "Os Peixes", de "P. L.". Junto lhe envio uma lista de emendas.

Tive grande prazer em saber que estão criando um arquivo particular de documentos de escritores. Assim sendo, poderão me ajudar a resolver, mesmo em parte, um grande problema nosso: onde deixar papéis interessantes que possuímos, cartas de escritores ilustres etc. Não temos filhos, e quando desaparecermos isto constituirá um grosso problema para nossos parentes. Desde já podem ficar com as fotocópias de dedicatórias de livros. Poderão também guardar muitas fotos. Logo que tiver tempo, mande-me, please, uma relação de fotos com a nota "cópia única": verei então se me deve mandar alguma delas. Estou fazendo agora a triagem das cartas (centenas) e deixando as mais interessantes de lado. Mandar-lhe-ei fotocópias de algumas. Só peço que deixem tudo numa pasta, com os documentos colados, pois soltos perdem-se ou roubam. Desde já, muito gratos. E gratos também pela oferta do livro sobre o João. Foi sacrificado (vocês sabem melhor que eu) pela diminuição da antologia, mas o livro está agradável e de fácil manejo. Achei bom o ensaio do B. Nunes. Também a parte iconográfica deixa a desejar. Thanks, thanks, thanks.

Afetuosos abraços a vocês dois

de Saudade e

Murilo

P. S. Mandarei à parte a lista de emendas.
P. S. Caso possível, queira incluir na bibliografia o livro saído há dias – "Murilo Mendes. Poesia libertà. Antologia poetica a cura di Ruggero Jacobbi". Samsoni – Accademia Ed. Milano 1971.

✉

Poesias (J. O.)	Algumas emendas
	Leia-se
Mapa (pg. 39)	
verso 8;	me insinuarei nos quatro cantos, etc.

Anti-Elegia nº 2 (pg. 144)	
verso 5;	Eis o último gole, a última...
Aproximação do Terror (pg. 325)	
verso 3	Nem tudo o que penso agora
" 13	E os jasmins da palavra "jamais"
o Escrivão (pg. 345)	
verso 10	Não pode ficar deitado na sua pedra
Montanhas de O. P. (388)	
verso 13	coisa (em vez de cousa)
Ao Aleijadinho (437)	
verso 8	...domada,
Os Peixes (320)	
verso 6	Do abismo, ó peixes vibrantes
" 9	Dia e noite, peixes – poetas

Convergência
P. inventadas – Entre Q. e S.   falta   Rindáutera norlun
Texto de Informação
2º verso,   ou diafazes?
Texto de consulta
2º verso   ou a supressão do discurso

Roma, 1.1.1972.

Querida Laís,

A você, Affonso e a toda a tribo,

Feliz 1972

Junto segue uma foto de meu pai. É indispensável que seja inserida no livro, ao lado da de minha mãe. Caso não haja mais espaço vago, queira providenciar a substituição de uma outra por esta. Grazie.

*Quando puder, rogo-lhe confirmar o recebimento desta, sim?

Nossos afetuosos abraços aos dois.

Murilo

Madame
Laís Corrêa de Araújo Ávila
Rua Cristina 1300
<u>Brasile</u>   <u>Belo Horizonte, M.G.</u>

Roma, 2.2.72.

Querida Laís,

Acabo de receber sua carta de 20.1, a qual agradeço. Responderei com mais vagar, pois estou com excesso de trabalho. Vão estas linhas só para dizer-lhe que não pretendo ir ao Rio em fevereiro, nem poderei fazê-lo tão cedo. Não sei como surgiu esta notícia. Estamos em plena estação acadêmica, não posso deixar Roma. Lamento que o Affonso se tenha deslocado ao Rio à vista de uma informação errada. Esclareço também que não sou nem nunca fui adido cultural: sempre, e só, Professor Universitário (sempre, quero dizer, desde que cheguei aqui em 57).

Abraços a você e ao Affonso

Murilo

Roma, 12-2-72.

Querida Laís,

Espero que não me tenha querido mal por não ter acedido ao seu simpático pedido de escrever minhas "impressões" sobre Murilo. Sou um bicho-de-conta, extremamente fechado e me enrolo toda se tocam na minha casca vulnerável. Você compreende, é claro, visto que além de poeta é mulher.

Escrevo agora para lhe dar uma notícia que certamente lhe dará satisfação. Murilo vai ser designado para receber o "Prêmio Internacional de Poesia Etna-Taormina" de cuja importância o elenco dos poetas anteriormente premiados lhe dará uma idéia. Trata-se sem dúvida dum dos mais prestigiosos prêmios literários europeus e para a poesia talvez o mais prestigioso. A notícia ainda não é oficial mas já certa, visto ele ter sido votado por unanimidade. Iremos à Sicília onde no dia 21 deste, em sessão solene no Teatro Massimo de Catania, ele receberá o prêmio das mãos duma estrela de cinema que provavelmente será Monica Vitti – que aliás ele muito admira. Incluo um elenco dos premiados.

Penso que seria interessante juntar umas linhas no seu livro sobre esse prêmio pois é uma consagração européia. E talvez lhe seja possível também dar notícia em jornal aí. Você saberá.

Estamos ansiosos por ver o seu livro publicado pois o apreciamos ao seu justo valor – e é dizer muito. Foi bom ter sido você a ocupar-se de Murilo pois demonstrou ter todas as qualidades para o fazer bem. Um abraço meu muito afetuoso pelo livro em particular e, mais em geral, para você e para o Affonso
da muito vossa e muito amiga

P.S. Desculpe a redação   *Saudade*
apressada e pouco "limpa" –
não é descaso, só falta de tempo.

Via del Consolato, 6.
00186 ROMA Itália.

O Prêmio é atribuído por um júri internacional de críticos ilustres e escritores, em geral de dois em dois anos, a um poeta italiano e a um estrangeiro de cada vez. Não tem nenhuma ligação política nem nacionalística, optando apenas pelo valor, como se vê pelo elenco onde há de todas as nacionalidades e gêneros. Quasimodo teve também o Nobel, como recordará: Se bem que Ungaretti – também premiado – o merecesse mais, em minha opinião – e em opinião quase geral... Mas isso é outra conversa. Se precisar de algumas informações adicionais, estou à disposição.

S.

ALBO D'ORO
PREMIO INTERNAZIONALE DI POESIA
"ETNA-TAORMINA"

1^ Edizione	22.12.51	Umberto Saba (Italia)
2^ Edizione	19.12.53	Dylan Thomas (Gran Bretagna) Salvatore Quasimodo (Italia)
3^ Edizione	30.12.56	Jules Supervielle (Uruguay-Francia) Camillo Sbarbaro (Italia)
4^ Edizione	15.2.59	Jorge Guillen (Spagna) Diego Valeri (Italia)
5^ Edizione	29.12.61	Tristan Tzara (Romania-Francia) Leonardo Sinisgalli (Italia)
6^ Edizione	11.12.64	Anna Achmatova (URSS) Mario Luzi (Itália)
7^ Edizione	5.1.67	Vladimir Holan (Cecoslovacchia) Hans Magnus Enzensberger (R.F.T.) Giuseppe Ungaretti (Italia)
8^ Edizione	18.12.68	Gabriel Celaya (Spagna) Lawrence Ferlinghetti (USA) Lino Curci (Italia)

9^ Edizione	8.12.69	André Frénaud (Francia)
		Johannes Bobrowski (R.D.T., alla memoria)
		Jiri Orton (Cecoslovacchia, alla memoria)
		Libero De Libero (Italia)
10^ Edizione	5.1.71	Eugen Jebeleanu (Romania)
		Raffaele Carrieri (Italia)
11^ Edizione	21.2.72	Murilo Mendes (Brasile)
		Attilio Bertolucci (Italia)

Madame
   Laís Corrêa de Araújo
   Rua Cristina 1300
   BRASILE   Belo Horizonte,
                   M.G.

Roma, 15.2.72.

Querida Laís,

    Escrevi ontem a V. sobre o prêmio internacional de poesia que está para ser atribuído ao Murilo e já hoje tenho que retificar a data indicada.
    Devido à crise governativa local a cerimônia e a designação oficial foram adiadas para princípios de março. Peço pois não anunciar a coisa como já feita nos jornais, e esperar pela data certa que enviarei. No entanto no seu livro pode citar o prêmio pois é coisa segura. Estes italianos são tão desorganizados quanto os brasileiros.
    Abraços afetuosos da

Via del Consolato 6   *Saudade*

00186 – Roma Italia

Roma, 7.4.72.

Querida Laís,

Recebi com algum atraso sua carta de 25. 4 (sic), mas assim mesmo passo a mão na parede. Da minha parte não vejo razão para terminar nossa correspondência, visto seu livro estar terminado. Quase fiquei ofendido com essa hipótese. Nem por sonho. Você passou a fazer parte da minha vida, como amiga. Faço questão da sua amizade. (O mesmo se leia em relação ao Affonso). Não quero bancar o importante, não é hábito meu: mas o fato é que não tenho tido nenhum tempo disponível, com essa tempestade do Etna – (não fosse o Etna!) Taormina que desabou sobre mim. Tenho que responder a montanhas de cartas cartões e telegramas que me chegam de vários países, receber jornalistas, curiosos, o diabo. Mas isto há de passar logo.

Você não deve se preocupar com o meu juízo sobre o seu livro. A versão que li, repito, é excelente, e sua leitura deu-me grande prazer. Tendo você dito – e o creio – que a versão final ainda é melhor, não há dúvida que será para mim uma grande alegria a sua publicação.

POLIEDRO chegou há dias. Não sei se ainda – digo – se já está na rua, e se vocês já o receberam. Está bem feito, agradável, com tipos de fácil legibilidade etc. Há alguns erros, não graves, e um bem grave: a fusão da bibliografia de com a bibliografia sobre M. M. Creio que não tem conserto. Paciência.

Esses freqüentes boatos sobre minha ida ao Rio agora: são falsos. Pretendo ir lá, sim, em agosto: mas não é certo. Depende de certas coisas. Vocês serão avisados em tempo.

Não me admiro da trapalhada que fizeram com o seu trabalho para "aquela" revista. São pessoas simpáticas, mas meio confusas.

Seu livro, estou seguro, deverá ser consultado ainda por muito tempo, pelos nossos críticos e historiadores da literatura (no caso, bem entendido, de eu ter posteridade, sei lá).

Não se preocupe também de não ter podido escrever sobre POLIEDRO no seu livro. Você terá oportunidade de o fazer em revistas e suplementos. A priori lhe digo che "me sarà lietissimo".

Daqui a pouco você receberá outros documentos a meu respeito – não mais para o livro, mas para o "vosso" arquivo. Não temos filhos, e um dia talvez tudo isso desaparecerá na voragem. Vocês poderão salvar alguma coisa. E temos documentos em demasia.

Aguardamos sempre outra foto sua. Você mesma disse que aquela não é boa.
Preocupou-nos, isto sim, o saber que as reproduções não sairão bem por serem a xerox. Caso haja tempo, mande-nos uma lista das mais importantes, faremos fotografias dos documentos. (.)
Escreva, please, contando as novidades. Poderei tardar, mas responderei.
Aceite, querida Laís, com o Affonso, afetuosos abraços da Saudade e deste
seu
(.) Seria lamentável
omitir dedicatórias de
Pound, Miró, Chagall,
Camus, Michaux, Breton,   *Murilo.*
e tantos outros.

Roma, 8.4.72.

Querida Laís,

Desculpe-me o atraso desta motivado por excesso de trabalho, de compromissos, doença dos dois (felizmente já superada) etc. Meus agradecimentos pelo prêmio Taormina, digo pelas felicitações alusivas ao prêmio Taormina. Como toda a melhora tem seu reverso, caiu o Leviatã em cima de mim, com esse prêmio. Enfim, veio a televisão aqui em casa e fez um longo e importante serviço. Terminei minhas declarações saudando os poetas brasileiros, em particular meus companheiros Carlos e Cabral.
Esperamos que sua babá esteja completamente recebi – digo – restabelecida, e que a vida de vocês tenha voltado à normalidade. Há tempos você mandou-me uma nota publicada em "Veja", em 70, sem assinatura (quem será?) sobre o Ismael com informações erradas, entre outras a de que ele aparecia nu aos amigos (sic), e que flertava com o Partido Comunista. Tudo falso! Que fazer? Nada. Se a gente se dispusesse a corrigir os erros de informação de que toma conhecimento não faria outra coisa na vida. Como vai o nosso livro?

Esteve aqui há dias a Vera Pacheco Jordão, e disse-me que POLIEDRO sairá durante este mês. Vamos ver. Não sei se é o melhor, mas é talvez o livro meu de que mais gosto. Li, samb – digo – sim, uma nota sua no SL do "MG.", sobre o prêmio Taormina. Estava bem feita. Grazie.

Aguardo também o número da Biblioteca Munic. de J. de F. sobre um certo poeta nascido ali.

Aguardo (bis) as notícias de vocês, e enquanto espero, mando aos dois um afetuoso abraço, a que se junta Saudade

Murilo

P. S. Esta carta é admiravelmente mal escrita, e cheia de emendas. Perdão. Vai assim mesmo. Penso que você não seja formalista.

M.

Mil agradecimentos pelas suas últimas cartas, tão amigas, e com tantas informações (exatas). Você é fantástica.

M.

Rio de Janeiro 11 de maio de 1972

Caro Affonso

Justamente a noite em que telefonei de Petrópolis vocês tinham vindo até o Rio! Andamos sempre brincando de esconder... Como na noite em que foram ao cinema.

Não [sei] se o Carlos entendeu o que eu disse. Eu tinha os seus dois livros. Acontece porém que a nossa Biblioteca está em arrumação, felizmente para espaço maior, e o bibliotecário estava ausente, o que dificultava a localização dos livros, que eu precisava consultar com alguma urgência. Sabia que não tratavam diretamente do que eu estava estudando, mas não queria deixar de citá-los num trabalho que não será lá essas coisas, mas que colocará os seus livros, se outros colaboradores já não os citarem, numa "História da Cultura", editada pelo Conselho. Quando chegou o "Lúdico" (que bela edição!), eu já tinha localizado o "Triunfo" e o "Áureo Trono". Mas chegou ainda em tempo e vem muito a propósito para reforçar a tese da convivência do barroco com o neoclássico, tão evidente em Minas.

Mas o que me faz escrever hoje (com enxaqueca) é o convite da carta recebida anteontem, cuja resposta é urgente. Haveria pequenas dificuldades de compromissos que eu conseguiria remover, se não fosse uma outra... É que fiquei muito decepcionado com o Murilo (não com o poeta, é claro) pelo pito gratuito que ele passou no Papa na sua entrevista ao JB e do modo até vulgar com que procurou ser espirituoso naquele momento. Confesso que não poderia participar do evento como gosto, de todo o coração... Este fica reservado para a autora, marido, filhos, empregada(?) e, muito em breve, netos... Com outras pessoas, é melhor não comentar o motivo da minha recusa; podem alegar outros compromissos, que também existem.

Sabia do livro de Laís pelo Pe. Palú, que tive a sorte de encontrar ao descermos de Petrópolis, após mais de dois anos de ausência e saudade.

Fico muito contente com a lembrança de vocês e estou certo de que vão compreender minhas razões...

Senti não ter me interessado em tempo pela elaboração da "História da Cultura", pois teria conseguido encaixá-lo num dos capítulos, sobretudo aqueles em que você já é hoje, embora ainda não bastante sabido, o dono da bola. Meu capítulo, pelo enunciado, é mais de exposição do que propriamente crítica e reflexão. De boa vontade abriria mão dele, pois sei que não estou suficientemente dentro do assunto. Mas ficou estabelecido que todos os conselheiros deveriam participar do trabalho.

Um grande abraço, um só abraço, para vocês todos, Pinheira inclusive.

D. Marcos

Roma, 22.5.72.

Querida Laís,

Grato pela sua última carta, com as felicitações relativas ao dia 13.
Estou certo de que seu livro é ótimo. A cópia que li já era muito boa, e você diz que depois melhorou o texto, portanto, nem você nem eu devemos nos preocupar. O que me preocupa é a questão dos caracteres tipográficos muito pequenos, mas, que se há de fazer?

Quanto à escolha da pessoa que o deve apresentar: tenho muita estima pela mesma, e não de hoje; só que receio uma coisa: provavelmente se falará muito de "misticismo" e "Tempo e eternidade", palavra e livro de que estou bastante longe. Paciência... agora é tarde para mudar.

Preferiria que o livro fosse apresentado no Rio ou em B. H., pois Ouro Preto é uma página virada na minha vida. De novo, paciência... Não me lembro dessa Casa da Baronesa. Existe ali agora uma sociedade cultural?

Enviei-lhe anteontem, em envelope aberto (devido a altíssima tarifa postal, fechado é muito mais caro, 3 ou 4 vezes pelo menos) algumas fotocópias de documento, precisamente 8, para o arquivo de vocês. Rogo controlar e me dizer se chegaram direitinho.

1) Carta de Jean Tardieu a M. M. , em que o ilustre poeta felicita o dito, M. M. pelo seu conhecimento da língua francesa; 2) Carta de Drummond a M. sobre "Convergência" (não destinada a publicação); 3) Improviso de M. no Congresso Intern. de Poetas, Montréal 67; 4) Cópia do texto francês de M. sobre o pintor Arpad Szenes; 5) Artigo de M. sobre Bernanos (publicado em Paris); 6) Cópia de cartas do festival de poesia de Spoleto 65; 7) Cópia de uma carta de M. a Guimarães Rosa; 8) Lista parcial de correspondentes de M. M. (Em breve também será incluído o nome de uma ilustre senhora autora de um livro sobre certo poeta...)

Afetuosos abraços a você e Affonso

de Saudade e
Murilo

Roma, 28.7.72

Querida Laís,

BRAVO!

Estamos contentíssimos, seu ensaio é magnífico, e durante muito tempo a ele deverão recorrer os que se interessarem pela minha poesia. Você agora passa a figurar na primeira linha dos críticos brasileiros. Saudade ontem me disse: "Deste livro salta a imagem de um grandíssimo poeta". Sinto-me até abafado... Direi à minha maneira antiga: seu ensaio foi escrito com amor. Amor, inteligência, cultura, "penetração", vasto conhecimento da obra estudada, e íntima adesão à mesma. Que mais posso dizer, a não ser:

GRATÍSSIMO: aos dois.

O volume está agradável de seu folhear, com a rica documentação, as notas abundantes. Saudade reclamou só uma coisa: achou má a foto (capa e frontispício): "pareces um gângster". Quanto a mim, lamentei que a foto de minha mãe não tenha o mesmo formato da do meu pai; desequilibrou a página.

Deverei ir ao Brasil em agosto – só, infelizmente. Uma semana para rever Paris, alguns dias em Lisboa (estas etapas, com Saudade, felizmente) – depois, Rio, São Paulo, Brasília, B.H., J. de F. Pelo menos, este é o plano. Ainda não sei o dia da chegada ao Rio. Serão avisados. Será um grande prazer conhecê-los pessoalmente.

Rogo-lhe o favor de providenciar a remessa, por via aérea, do livro aos seguintes ilustres críticos: Ruggero Jacobbi – Via Carlo Pascal 22. Scala B. Int. 16 A. – C. P. 00167 Roma; Luciana Stegagno Picchio – Via Civitavecchia 7 – C. P. 00198 Roma; e José Guilherme Merquior – 53 Bonn – Bad Godesberg. 4 Steubenring 4 – apt. 2, Bundesrep. Alemanha.

"Grazie", ainda pelos recortes de jornais, pelas suas belas referências a mim, no "E. de Minas". Grazie Grazie Grazie.

Afetuosos abraços dos dois aos dois.

Sevíssimo

Murilo

Roma, 2.8.72

Querida Laís,

Espero que tenha recebido minha carta de há poucos dias, acusando o recebimento do seu excelente livro.

Hoje mando-lhe o índice do livro que gostaria de ver publicado: uma antologia dos meus textos em prosa.

– Retratos-relâmpago:
Em impressão na Conselho Estadual de Cultura de São Paulo. Terminei a 1ª série, comecei a trabalhar na 2ª, tendo aprontado alguns textos; e não continuei por absoluta falta de tempo.

– Carta geográfica:
Texto pronto aqui em casa. Talvez eu leve uma cópia para o Brasil (o melhor), deixando outra depositada na biblioteca da Casa do Brasil, Roma.

– Espaço Espanhol:
Idem idem

– Janelas Verde:
Em impressão na Livraria Portugália, Lisboa

– A Invenção do Finito:
Cópia depositada na biblioteca da Casa do Brasil, Roma.
Textos sobre artistas plásticos, ainda em organização.

Deveria figurar também algo tirado de "O Discípulo de Emaús". Ainda não tive tempo de fazer a escolha.

Afetuoso abraço

Murilo

A entrevista saiu bem, embora a meu ver longa demais. Há algumas coisitas a notar, o que farei em outra carta.

Roma, 23.11.72

Queridos Laís e Affonso,

Desculpe-me o atraso desta: motivos principais, acessos de labirintite que me trazem desânimo, e freqüentes greves nos correios italianos (situação alarmante). Não havia ainda escrito nem para minha família.
    Mas não pensem que sou ingrato. Antes, sou-lhes gratíssimo pela generosa acolhida que me dispensaram nessa casa tão agradável. Eu já sabia que vocês são uns amores, é claro, mas constatá-lo "sur place" foi para mim uma grande alegria. Saudade também muito lhes agradece pelo que fizeram por mim. Tonta de trabalho, ainda não escreveu à Laís por isto, e também por lhe ter enviado um belo presente; breve se manifestará.
    Como vai o livro? Tem tido muita saída? Artigos interessantes sobre? O Luis Amaro deu-me em Lisboa fotocópias dos artigos de Affonso Romano e Rui Mourão. Aguardo as próximas notícias de vocês; mas não mandem a carta antes de 1º de dezembro, porque os jornais estão anunciando uma nova greve dos correios para 28 deste. Aqui os sindicatos mandam mais que os governos. Laís, queira informar-me quem é essa "grande mulher" do meu artigo citado na sua bibliografia. Não me lembro de nada. Saudade e eu abraçamo-los ultra-afetuosamente. Notícias...

Murilo

Roma, 30.1.73

Querida Laís,

Peço-lhe mil desculpas. Recebi há muito sua ótima carta, e tive sorte, pois a questão dos correios aqui não melhora: greves sobre greves. Vou à agência aqui perto, e me informam: "A coisa anda ruim, professor, é melhor esperar". Diante disto, desanimo de escrever. Saudade tem recebido cartas de minha sogra, com enorme atraso: tem que telefonar para Lisboa. E o homem vai à lua!

Obrigado pelas notícias. Você, como sempre, um amor. Recordo-a, recordo-os, com grande saudade e afeto. Costumo dizer: os seres que se amam deveriam viver no mesmo espaço.

Gostei, é óbvio, de saber que provavelmente haverá uma segunda edição do nosso livro. Caso isto se verifique, rogo-lhe fazer algumas alterações. P. ex., quando você, à pg. 16, cita contatos e relações de amizade que tenho feito na Europa, omite os mais importantes: não por culpa sua, mas devido a se ter extraviado (somente o soube depois de ver o livro impresso) a carta em que eu lhe mandava, com fotos, esses nomes: Jaime Cortesão e D. Carolina; Arpad Szenes e Maria Helena Vieira da Silva; Alberto Magnelli; Luciana Stegagno Picchio; Ruggero Jacobbi. Onde se lê Jouvet, leia-se Jouve (Pierre Jean Jouve).

Aqui entre nós, que ninguém o saiba, poderia se omitir a foto da capa da "História do Brasil". Sou velho amigo do Di, estimo-o muito; mas acho que a foto desafina do conjunto do livro, aliás, como sabe, renegado por mim. Queira me revelar quem é essa "grande mulher" do artigo cit. a pág. 208. Esqueci-me totalmente.

Por seu gentil intermédio agradeço a Márcio Sampaio, Maria Léa e Max Martins, os textos que me dedicaram. Ignoro o endereço deles. Grazie. Os mais afetuosos abraços nossos a você e Affonso.

De Saudade

e

Murilo

Mandamos-lhes um cartão de Natal. Receberam-no?

Roma, 7.6.73

Querida Laís,

. Sinto-me encabulado, mas tenho que repetir a lenga-lenga anterior, a situação dos correios italianos piorou muito. O mês inteiro de abril, em greve. Agora melhorou, vamos ver. Hoje saiu um artigo do escritor Giorgio Zampa, no "Corriere della Sera", onde diz que escrever cartas, na Itália, é coisa do passado: todos usam o telefone. É verdade: mas para o estrangeiro?...
. Quais são as novidades literárias daí? Luciana disse-me que lhe mandará os originais da conferência que fez em Veneza sobre M. M. , mas que ainda tem que retocá-los. Vamos ver.
. Recebi carta do Angelo Oswaldo (veio com enorme atraso, vide supra), pedindo-me colaboração para o Suplemento. Estou muito embaraçado: o simpaticíssimo rapaz não fala em retribuição. O Supl. tem me dado cobertura, é verdade, mas eu também tenho lhe dado várias colaborações grátis. Consulto-a sobre o assunto.

Esperando breves notícias dos dois, Saudade e eu abraçamo-los afetuosamente

Murilo

P. S. Você falou há tempos numa provável 2ª ed. do nosso livro. Caso isto se dê, tenho que mandar-lhe uma nota para ser inserida.

M.

Lisboa, 2.10.73

Querida Laís,

Ando num desânimo terrível. Quase não tenho escrito cartas, a não ser à minha irmã Virgínia, para saber notícias da família. Estou a fazer concorrência ao João Cabral.

Os acontecimentos mundiais refletem-se em mim de forma desastrosa. Quanta burrice, crueldade e sujeira por aí afora! É de desanimar. Bem sei que em todas as épocas houve burrice, crueldade e sujeira, mas a questão é que agora estamos cercados de meios de informação, sabemos das coisas que se passam, sabemos logo, além do mais documentadas em imagens. É tremendo.

Como vão vocês? Trabalhos novos? Você já acabou a tradução do livro sobre o Schmidt? E o nosso livro, como vai? Perguntas, perguntas, perguntas.

Quanto a mim, nos primeiros meses do ano trabalhei muito nos "Retratos-Relâmpago", 2ª série. Depois, veio-me uma enorme moleza, e nada escrevi nas férias.

Regressaremos a Roma 5ª-feira. Lá espero(amos) receber notícias dos dois.

Aceite com o Affonso os mais afetuosos abraços de Saudade e deste seu

Murilo.

Roma, 29.4.74

Querida Laís,

Aproveito o gentil oferecimento de Maria Léa para mandar-lhe esta. Continua a crise dos correios italianos. É uma situação permanente, que se arrasta há alguns anos. Incrível. Disseram-nos que pelo Vaticano a coisa vai melhor. Tentarei. Isto para a ida: mas para a volta? A carta terá que passar "forcément" pelo Estado italiano. Vamos ver.

Tenho tido muita vontade de lhe escrever. Mas, com a crise postal, desanimo. Como vão vocês? Esperamo-la por aqui, pois desde o ano passado tivemos notícia da sua bolsa de estudos. Mas a Maria Léa disse que você não virá. É pena.

Trabalhos novos seus? Conte, conte, bem como os do Affonso. Nosso livro? Boa saída? Provável 2ª edição? Caso sim, haverá algo a corrigir. Quanto

a mim, trabalho doidamente nos "Retratos-Relâmpago", 3ª série (sic). O Gastão de Holanda propôs-me editar minha antologia feita pelo João há 8 anos!... Vamos ver. 8 livros inéditos dormem na gaveta. Escreva!
Abraços e saudades mil a você e Affonso, de Saudade e do sempríssimo seu, "vosso", *Murilo*

Roma, 1.6.74

Querida Laís,

Obrigado pela sua carta de 18/5. Achando-me eu adoentado, um dos secretários da Embaixada de Portugal teve a gentileza de vir aqui pessoalmente entregar-me a mesma.

Estranhei o fato de você não haver recebido a lista de emendas que constava da carta que foi pela Maria Léa: será que essa lista se tenha perdido no caminho?

Convençam-se os amigos brasileiros: a situação dos correios aqui continua péssima. Seria longo explicar por quê. E prometem piorar. Em casos de urgência, só vejo uma solução: mandar a carta para Brasília, A/c do secretário José Guilherme Merquior, pedindo-lhe o favor de ma reexpedir para aqui (.). No caso de o mesmo estar em férias, o dito favor poderá ser feito pelo conselheiro (poeta) Sergio Bath.

Saudade vai agora ao aeroporto (3 hs, no mínimo, ida e volta) levar esta, por isso não me estendo mais.

Afetuosos abraços nossos a você e Affonso.

Murilo

Você não vem à Europa?

(.) por via diplomática, é óbvio.

Listas dos meus principais amigos europeus: (indispensável)

- Jaime e Carolina Cortesão
- Maria Helena Vieira da Silva e Arpad Szenes
- Alberto Magnelli
- Luciana Stegagno Picchio
- Ruggero Jacobbi

---

* Suprimir a foto da capa da "História do Brasil". Não por hostilidade a Di Cavalcanti, do qual sou velho amigo, mas porque desafina do conjunto

* Pg. 14. O grande e querido Jorge de Lima não teve nenhuma influência na minha "conversão":

* Pg. 16. Em vez de Jouvet leia-se Jouve (Pierre Jean Jouve). Entretanto os amigos mais importantes são (ou foram, pois Cortesão e Magnelli já morreram) os assinalados acima.

* Pg. 145. Leia-se arrabbiato (com 2 b). Pg. 208. Leia-se G (Giuliano) Macchi. Pg. 221. Leia-se Dallapiccola.
Arp (iconografia) falta a palavra escultor.

Endereço de Lisboa:
Rua João de Deus   Porto,
19 – 3º And. à Estrela   18.8.74
Lisboa 2.
                             Parece que o Gastão de Holanda editará minha
                             Antologia feita pelo João, e "Janelas Verdes".

Cara Laís,

A esta hora você já deve estar informada que a desorganização dos serviços dos correios italianos chegou ao máximo. Não se trata de greve. É uma situação que se arrasta há anos, parece coisa de science-fiction. Recebi sua carta vinda pela Signora Peragallo, e outra pelo Ministério português dos Negócios Estrangeiros. Respondi às duas. Não recebi sua carta de pêsames, mas agradeço-lhe da mesma maneira. Você me pergunta se as cartas não poderiam vir pela mala diplomática. Posso escrever para Brasília por este meio, mas só para diplomatas. Apesar de desordem, uma ou outra carta ou algum livro chegam. Aproveitamos estas semanas em que estou de férias em Portugal para nos correspondermos, já que os correios portugueses e os brasileiros parece que funcionam.

Como vão vocês? Trabalhos novos dos dois? Quanto a mim, terminei a 2ª série de "Relâmpago", digo "Retratos-Relâmpago". Quanto a 1ª, continua no Conselho Estadual de Cultura de S. Paulo, agora presidido por um velho amigo meu, José Geraldo Vieira. Vamos ver se sairá.

Além disto, tenho escrito poemas em prosa, textos para artistas etc. Gostaria muito de lhes enviar cópia dos mesmos, não o fazendo devido ao caso dos correios. Pretendia trazer alguns para Portugal a fim de lhos mandar, mas à última hora, na pressa da viagem, esqueci de os meter na mala.

A vida na Itália tem me deprimido muito, pelos episódios de terror e extrema violência, atentados horríveis, mortes, o diabo. Parece não haver dúvida que os culpados são os fanáticos da extrema-direita.

Reli agora "nosso" livro. Sou suspeito, mas não posso de deixar de o considerar uma "réussite". Só lhe direi uma coisa: não me senti constrangido, dentro de uma forma rígida, ao escrever "Sonetos Brancos". Ali pude exercitar minhas pesquisas de síntese. Sentir-me-ia constrangido se quisesse fazer sonetos parnasianos. E, segundo penso, ali estão alguns dos versos mais sugestivos que escrevi. Todos os que pensam em se ocupar da minha obra não poderão deixar de recorrer a seu livro, guia indispensável. Espero ansioso uma carta sua. Saudade está no Rio, para coisas práticas, mas não terá tempo de ir a B. H. Para você e Affonso, os mais afetuosos abraços do grattissimo

Murilo

234 MURILO MENDES

Regressaremos a Roma   Lisboa, 20.9.74
na próxima semana

Cara Laís,

Só há poucos dias recebi sua carta de 28 de agosto, ótima, e que muito lhe agradeço. Acontece que fui para o Porto – onde mora grande parte da família de Saudade – com a minha sogra, de modo que a casa ficou fechada. Lamento que não tenham saído as emendas, mas a culpa não é sua, paciência. Espero fazer em breve, para o Suplemento do "M. G.", uma página com certas explicações, correções de trechos de entrevistas etc., e publicar então a lista dos meus maiores amigos europeus. Quanto ao envio de exemplares, é coisa complicada, pois não sei bem quais as pessoas que receberam o livro, seja no Brasil, Espanha ou Portugal, países que, no caso, me interessam mais. Vamos ver. Gostei de saber que projeta escrever um novo ensaio sobre minha obra: já estou com água na boca. Eu já havia escrito ao meu velho amigo José Geraldo V., o qual me respondeu que o livro (1ª série de "R. R.") está pronto, devendo ser em breve distribuído. Não sei ainda se o Conselho estará em condições de enviar aos destinatários os 100 exemplares a que tenho direito. Para o Brasil não há problema. A questão é que continua a desorganização dos correios italianos. Não quer dizer que não chegue nada. Cartas, poucas; livros e revistas muito mais, pois, dizem lá nos correios, ocupam mais espaço que as cartas. Não sei se já lhe expliquei: estas podem ser mandadas pelo aeroporto de Roma (Fiumicino), mas se gastam no mínimo 3 horas para ida e volta. Para os lados de Milão há muita gente que vai à Suíça levar cartas, têm lá caixas postais; é incrível, mas é verdade.

O que você diz sobre a vida atual e os tremendos problemas do nosso mundo é exatíssimo. Ando mesmo em crise permanente, diante das notícias de violência, terror, corrupção, mercantilismo atroz, o diabo. Passo certos dias num desânimo horrível, hesitando entre o amor à vida e a vontade de acabar, diante do que vejo, leio e ouço. – Quero repetir que a minha idéia de suprimir a página da foto de capa da "História do Brasil" não era absolutamente contra o Di, meu antiqüíssimo amigo, ao qual muito quero: só que achei que a foto desafina no conjunto do livro. O Gastão de Holanda parece muito interessado em editar livros meus. Já recebeu a antologia feita há alguns anos pelo João (Cabral), e receberá dentro em pouco "Janelas Verdes" (temas portugueses, quase todos em prosa), um dos livros mais originais que já escrevi; penso, sem modéstia, que consegui algo de difícil, como escrever sobre temas exploradíssimos; nada tem a ver com o "Portugal pequenino, Portugal dos meus avós", etc. Gostei de saber que o Affonso está trabalhando na preservação de Ouro Preto, e que você se aposentará no próximo ano, podendo dedicar-se a seus trabalhos pessoais. Não sei se lhe mandei dizer que já terminei a 2ª série de "R. R.". Quanto a editor, nem sombra. Saudade já regressou do Rio, não tendo tido tempo de ir a outras cidades. Quanto às suas (dela) impressões... Portugal está vivendo dias dificílimos. Há muita desorientação, como é natural, depois de 50 anos de ditadura. Mas o povo está mais vivo, muito mais participante, e é de fora de dúvida que o processo de descolonização está se processando com rapidez maior que a prevista. Aceite com o Affonso afetuosos abraços de Saudade e deste seu

Murilo

→ supérfluo dizer que fiquei
muito satisfeito com a saída da 2ª edição.

Roma, 22.1.75.

Caríssima Laís,

Muito lhe agradecemos e ao Affonso pelos AUGURI de Ano Novo, retribuindo-os com igual sinceridade.

Vejo que não recebeu minha carta de novembro, em resposta à sua, trazida pelo simpático Marco Antonio. Não tenho outro remédio senão explicar-lhe de novo que o funcionamento do correio italiano continua irregular. Há cartas que chegam, outras não. Por exemplo, chegaram os cartões de boas-festas de Portugal, e nenhuma carta de minha sogra, que, soubemos pelo telefone, escreveu pelo menos 3 vezes nestas últimas semanas. De Lisboa chegou também seu cartão. Deixamos aquela capital a 1-outubro-1974. O problema é simples: diante do enorme aumento dos correios, o serviço deveria ser autorizado, mas o governo diz que não há verba.

Eu também tenho coisas, documentos, fotocópias, para lhe mandar, mas fico hesitando diante da anormalidade postal. Aqui calculam que no ano 2000 tudo será resolvido.

Saiu há uns 2 meses a 1ª série dos meus "Retratos-Relâmpago", edição do Conselho Estadual de Cultura, Rua Antonio de Godói 88, S. Paulo. Recebi um exemplar. Escrevi uma carta a Maria de Lourdes Teixeira, com uma lista de nomes onde, naturalmente, figuram os de vocês. Perguntava-lhe também como se faria a distribuição do livro. Não tive resposta. Se vocês têm algum amigo no Conselho, ou em S. Paulo, talvez possam obter um exemplar. Gostaria imenso que o lessem, embora tenha saído com muitas gralhas.

Grazie ainda pelos documentos que acompanharam sua carta vinda pelo Marco Antonio.

Não sei se os jornais daí têm falado, mas a atmosfera de Roma (da Itália em geral) está deprimente: roubos, assaltos, assassinatos, seqüestros, o diabo. Há dias um comando de 3 jovens matou uma senhora num restaurante cheio de gente, roubando-lhe um casaco de peles. Ninguém se mexeu.

Tente me escrever e me mandar documentos. Repito: ora chega, ora não chega.

Aceitem afetuosos abraços
de Saudade e
Murilo

A Editora Vozes não se manifestou (pelo menos não recebi carta nenhuma) sobre a 2ª edição do meu livro.

Roma, 12-6-1975.

Cara Laís,

Grato pela sua carta e pela página do "Jornal do Brasil", recebidas <u>ontem</u>. Foi um feliz acaso. Meu amigo Araújo Netto, correspondente do "J. do B."

aqui, foi ontem à "Varig" e viu o envelope subscrito para mim, em cima da mesa de um funcionário conhecido dele. O mesmo entregou-lhe o envelope que assim, depois de mais de 2 meses, chegou ao seu destino. Ninguém se deu ao trabalho de procurar no livro de telefones o meu número (654-1836) para me avisar. Se não fosse a casual descoberta do Araújo talvez sua carta nunca me chegasse às mãos. Veja você que beleza!

Os correios daqui continuam irregulares, mas mesmo assim chegam cartas, embora com atraso. As da Virgínia, por exemplo, têm chegado todas. As de minha sogra, de Lisboa, aqui ao lado, vêm com atrasos enormes, às vezes de 20 dias.

Esperamos receber "O grande blá-blá-blá". Claro que nos interessa. Quanto ao meu encontro com o Edson Nery da Fonseca, isto foi em 1972. Creio que houve um mal-entendido. Depois daquele ano não voltei ao Brasil. Se tivesse voltado, não teria deixado de fazer-lhes sinal.

Quanto aos "Retratos-Relâmpago" (1ª série), caso ainda não os tenha recebido, talvez você possa escrever ao prof. Benevenuto Santa Cruz, Livraria Duas Cidades, Rua Bento de Freitas 158, S. P., pois ele encarregou-se da distribuição de alguns exemplares. Eu até hoje só recebi um, imagine! É incrível. Supérfluo dizer que tenho o maior interesse em que vocês leiam esse livro.

Como sabe, tenho vários livros de prosa, inéditos. Será que a Imprensa Oficial de Minas não poderia editar um deles? Por exemplo, "Carta Geográfica", "Retratos-Relâmpago" (2ª série), "Espaço Espanhol". Através do Murilo Rubião (diga-lhe que gostei muito dos seus livros e que lhe escrevi) ou de outro amigo seu chegado à imprensa, seria possível tratar disto? A priori lhe agradeço.

Quanto ao nosso livro, não recebi nenhum ex. da 2ª edição, nem nenhuma carta, nem dinheiro, nada. Ah! Esses editores!

Tenho andado muito deprimido. A vida na Itália (sei que não é só aqui, mas aqui eu vivo, por isso sinto mais depressa) está desagradável. Roubos, assassinatos, terrorismo, seqüestro de pessoas, o diabo. Que se há de fazer?

Tente escrever pelo correio comum. Afetuosos abraços meus e de Saudade a você e Affonso.

Murilo

Lisboa, 8.9.75

Querida Laís

    Sua carta me comoveu pelas belas, sensíveis e verdadeiras palavras que li sobre Murilo.
    Você o compreendia, e assim pôde escrever sobre ele um livro que ficará e de que ele gostava.
    Se tem uma carta dele recente, como vi, deve ser das últimas que escreveu e peço-lhe para guardar com carinho. Gostaria de conhecer dela o que se refere ao seu estado de espírito de então, pois me atormenta que ele se tenha queixado e os médicos que o atendiam não tivessem compreendido que se tratava certamente de algo mais do que uma simples depressão psíquica. Ele morreu duma síncope cardíaca, em poucos minutos, e penso que não teve tempo de sofrer, mas sofreu antes, durante meses, por sentir-se mal e todos levaram à conta duma angústia existencial, sem mais.
    Fico triste também que tenha perdido uma irmã assim querida e lhe envio o meu abraço amigo.
    Peço-lhe que me envie alguma coisa mais que tenha saído sobre Murilo. (Obrigada pela página do Jornal de Minas.) Não vi o poema de Drummond de que me falaram.

Com gratidão e amizade sua sempre

Saudade

Até fins de outubro:
Via del Consolato, 6
00186 – Roma

Lisboa, 14 de agosto 93.

Cara Laís,

Acabo de regressar dumas indispensáveis, mas curtas, férias e recebo sua carta de 31 de julho a que me apresso em responder, visto a invocada urgência.

Ficarei muito feliz com a republicação de seu ensaio sobre Murilo para a qual não há, nem vejo como poderia haver qualquer impedimento "legal". Espanta-me até que tenha julgado pertinente a questão. Tenho efetivamente um contrato com a Nova Fronteira, há muito invalidado por incumprimento da editora e agora a ser renegociado, mas penso que isso não impede a publicação de antologias: têm sido editadas algumas nos últimos anos.

Claro que a escolha dos poemas a acrescentar, ou a substituir, lhe cabe inteiramente. Pode retirá-los dos livros que quiser; de minha parte nunca lhe criarei problemas. Nem julgo necessária uma autorização "legal" mais explícita. Tenho no entanto de excetuar "Ipotesi" que não desejo, por enquanto, ver publicado – nem no original italiano nem, ainda menos, num inexistente texto português.

Luciana deverá ir ao Rio em meados de setembro. Está-me desafiando para ir com ela, mas eu estou cansada. Sempre. Gostaria que se encontrassem. Já terminou a monumental – a magistral – edição crítica das Obras Completas de Murilo que organizou para a Nova Aguilar, num minucioso trabalho de anos e anos, e pela publicação da qual eu também muito me empenhei junto da editora, pois era um desejo de Murilo. Insiste para que eu reveja o plano geral, alguns textos dela e dos outros, os documentos, as legendas das fotos (todas pesquisadas por mim) etc. Estou mergulhada em quilos de papéis.

Quilos de papéis também acabo de receber das simpáticas amigas Marisa Timponi e Leila Barbosa e entre os quais vem a sua conferência de maio em Juiz de Fora, que eu lhes pedira para me enviarem. Vou lê-la quando tiver um mínimo de tempo e de sossego.

Você diz que eu me coloquei em "estado de silêncio". Bem gostaria, pois tal é a minha tendência inata: sou contemplativa (ou preguiçosa?) por natureza; mas não me posso dar a tanto luxo. Um dia terei tempo de falar comigo. Agora só com os outros.

Faz hoje dezoito anos que Murilo morreu. Fui levar-lhe flores. Mas não é esse o tributo que lhe venho dedicando ao longo de todo esse tempo. Creia, Laís, de minha amizade e gratidão.

Saudade

FAC-SÍMILES

Quis entrar em contacto com o jornalista A. Fonseca Pimentel, do qual tenho correspondência, para o suplemento de Datas de Roma. Aqui na "colônia" brasileira não deram me informar nada. Seria possível a V. mandar-me o endereço dele? Grazie.

Roma, 9. 4. 1969.

Cara Laís,

Sua carta deu me uma satisfação enorme. V. me diz tantas coisas que me lisonjeiam e me confortam, e ainda pede desculpas : é o cúmulo da delicadeza.

Fiquei, repito, "molto lusingato", só que não acredito muito nessa missão que V. me atribui : a de dar uma nova orientação aos jovens poetas brasileiros. O quadro que V. traça da situação da nossa poesia é exato, e suas observações, inteligentíssimas. Intetanto, como sabe, eu tenho sido toda a vida um franco atirador. Procuro obedecer a uma espécie de lógica interna, de unidade apesar do contraste, e dilacerações e mudanças, e sempre evitei os programas e manifestos. Mas, os meus livros, espero, devem dizer, ao menos em parte, o que acho necessário dizer.

Compreendo perfeitamente a sua crise e a do Affonso : crise de escritores que não desejam renunciar à sua qualidade de humano, e que ainda

tentam inserir uma experiência de lin=
guagem **humana** num diagrama de ruínas
e roturas que, transposto um certo li=
mite, desembocam no nada.

Já começo a sentir um
certo cansaço de parte de filólogos e linguis=
tas que, nos últimos anos, tentaram con
fundir a poesia, a literatura em geral,
com a crítica filológica, com a mesma ciên=
cia; isto, dentro do imenso quadro de confusão
de valores do nosso tempo. Qual será o futuro
da poesia, não sei; espero que não seja
o da ecolalia e do monossilabismo. O dis=
curso aristotélico, é verdade, no aborrece,
e está superado; mas creio ainda na
tentativa de se combinar humanidade,
experimentalismo e concisão. E o que
me propus fazer nos meus livros "Conver=
gência" e "Exercício", reunidos num só, com
o título geral "Convergência". Depois que
lhe escrevi recebi carta do amigo Paulo
Mendes de Almeida. Conseguiu, finalmente,
localizar o editor, Frei Benevenuto Santa Cruz,
que lhe disse estar o livro já composto,
devendo sair breve; e que não atendeu ao
meu reiterado pedido, de devolução dos ori=
ginais, devido a isto. Pelo que terei esperar
mais um pouco. Vamos ver.

Fora êstes, tenho, pràticamente prontos,
ti livro de prosa, e um de poesia
em italiano, IPOTESI. (Este foi já pedido
por um editor milanês).

Nunca tive editor perma-
nente, nem fiz amizade ou camara-
dagem com editôres (exceto o J. Olympio,
não por motivos polêmicos: aconteceu
assim. Digas-me: O Estado de
Minas não poderia editar um dêsses
livros de prosa? Em livros que recebo
daí, vejo um cólofon de onde se vê
que a edição foi patrocinada pelo nosso
Estado. Que vê?

Não desanimem, v.e.
Affonso. São jovens, sérios, cultos e in-
teligentes; têm, não há dúvida, o tempo
a seu favor. Trabalhem, trabalhem:
é acaciano, mas é verdadeiro o con-
selho. Rogo-lhe dizer ao xará
Rubião
Amaro que em breve seguirá meu
poema para o Suplemento.
De nôvo lhe agradeço infinita-
mente. Muitas recomendações de
Saudade. E a você e affonso, afe-
tuosos abraços do

P.S. De vir o antonio joaquim
e a Lúcia, queira transmi-
tir-lhes nosso saudoso
abraço, bem como a Henri-
queta Lisboa.   CDM.
                              Desculpe-me o desalinho
                              desta. A terrível pressa.

RESPOSTA (RESUMIDA) À CARTA-COM-PERGUNTAS, DE
LAÍS CORRÊA DE ARAÚJO, DE 7. 11. 1969.

. Em 1922 eu já me achava no Rio, para
onde me transferira em 1920. Acompanhei com
interêsse e simpatia o movimento modernista;
mas não aderi publicamente, visto me considerar
em regime de "noviciado" ou aprendizagem. Era
contra o hábito brasileiro de aparecer cedo de-
mais na cena literária, tanto assim que
publiquei meu primeiro livro nos arredores dos
30 anos (sic), e isto, por grande insistência
do meu pai. Mas, cedendo a convites de
amigos, já havia colaborado em revistas lite-
rárias — "Boletim de Ariel", "movimento Brasi-
leiro", "Terra Roxa e outras Terras", etc. Dava-
me muito bem com os principais líderes moder-
nistas. Segui, desde o fim da adolescência, as
manifestações da cultura moderna, através de
livros, revistas, discos, filmes, etc., europeus e
brasileiros.

. A "História do Brasil" foi publicada em
1932 (ARIEL), com uma capa de Di Cavalcanti.

O Paulo Rónai publicou em nov. um ótimo artigo sôbre o Drummond. Se não o tem, lhe mandarei fotocópia. M.,

UNIVERSITÀ DI ROMA
FACOLTÀ DI LETTERE E FILOSOFIA
ISTITUTO DI FILOLOGIA ROMANZA   Roma, 1. 12. 69.

Cara Laïs,

Junto lhe envio a resposta resumida às suas perguntas da carta de 7. 11. Claro que poderia dizer-lhe infinitas coisas mais sôbre um período decisivo na minha vida, marcado, além do mais, pela amizade com Ismael Nery, personagem único, formidável; mas nem disponho de tempo agora, nem talvez lhe convenha um texto longo. Caso, entretanto, desejar mais, aqui estou para lhe fornecer dados. Consegui até agora ser comunicativo e discreto; não ávido de publicidade; mineiro, apesar

de todo o meu universalismo. e isto ex-
plica muita coisa. A horrível palavra
"promoção" não freqüenta muito a
minha memória.

Terminei meu último livro, "Ja-
nelas Verdes", quase todo em prosa (
temas portuguêses). A "Portugália" já
me deu o contrato; deverá aparecer
em Lisboa nos primeiros mese, de
70. Considero-o o mais interessante
dos meus livros, do ponto de vista da
pesquisa da linguagem. Ao mesmo
tempo retoco outros, inéditos: FIGU-
RAS, CARTA GEOGRÁFICA, ESPAÇO ES-
PANHOL. Quanto a "CONVERGÊNCIA",
livro capital da m. nova linguagem,
continua encalhado em S. Paulo.
Um desastre.   V. não respondeu à
m. pergunta sôbre a possibilidade de
um desses inéditos ser publicado pela
Imprensa Oficial do E. de Minas. Não
me queixo: mas o fato é que meu
Estado natal nunca me deu nada, e
eu lhe dei ao menos (falo se temas mi-
neiros) 2 livros. Diga-me se esta idéia
o constrange: neste caso, escreverei ao
xará Rubião.   Recebeu os textos
inéditos de POLIEDRO e CONVERGÊN-
CIA, que lhe mandei a 14 de nov.?...
GRAZIE pelo que tem feito
no sentido da difusão dos meus papéis.
Estou naturalmente curioso em ler
seu estudo.   Abraços do
dois aos dois.

(- confidencial, é verdade que eu nunca..la paz).

Roma, 2. 1. 71.

Cara Laïs,

Recebi sua carta de 3.11.70,
trazida pelo Sr. Gravatá, junto com seu estudo
sôbre minha obra, e um ex. da ótima revista
"Barroco" (o Afonso está se tornando uma
autoridade na matéria). Grato por tudo. O Sr.
Gravatá disse-me que chegara a Roma há
coisa de 1 mês e meio, mas teve que ir a
Bolonha, e só agora me procurava... Acon-
tece (isto foi aí por 20 de dezembro) que,
ao contrário do que você diz, o correio italiano
andam mto. ruins, em freqüentes greves; e no período
das festas natalícia a coisa torna-se séria, pelo
que achei mais prudente esperar, deixar passar esta
fase, pra lhe devolver suas preciosas páginas (das
quais ficará aqui uma fotocópia, pois você diz q.
só tem aquela cópia), com a relação dos meus livros
pedidos. Quanto a "Janela do caos", é um poema que
fecha "Poesia Liberdade", livro que faz parte da
POESIAS (J. Olímpio), você diz possuir o mesmo, portanto
procure-o lá, e o achará. Só que foi publicado à
parte em Paris e Milão. Em dezembro saiu o encader-
nado "Convergência". Afinal Finalmente!... Já escrevi
ao editor pedindo-lhe pra lhe mandar urgente um ex. Caso
não chegue logo, reclame: EDITÔRA DUAS CIDADES, RUA BER-
TO DE FREITAS 158, S. PAULO, CAP. É certamente um dos
meus livros maiores, resumindo a experiência de 3

gendição, inclusive concreto e pracit. Estou ansioso
por saber sua opinião.
                          Com o material
seguirá outra carta minha, mas desde já
lhe digo que seu estudo é muito bom.
Discordo de certas coisas, mas em conjunto
é sólido, inteligente, agudo, e nem ao
menos em sonho pensei em abando-
ná-lo.   Desculpe as emendas.
        FELIZ 71 PARA VOCÊ, AFONSO
        E A TRIBO.

                    Afetuoso abraço
de saudade e do seu grato

                        Murilo.

        P.S. Gostaríamos imenso de receber
             uma foto dos dois. Pense
             nisto, e aja, please.
                                  (oo-)

2ª P.S. Quanto a artigos e crônicas em
         jornais e revistas, sinto não poder
         incluí-los na bibliografia: acham-
         se dentro dum guarda-móveis no
         Rio (nosso apartamento está alugado)
         mas não são importantes.   (oo-)

Roma, 3. 6. 71.

Cara Laís,

Fui constrangido a mandar-lhe a resposta —digo— com enorme atraso a resposta ao seu questionário, devido a uma enésima greve dos correios italianos.

Achei excelente a continuação do ensaio. O comentário a "T.E." é notável. Estou muito satisfeito em ver —finalmente!— que minha obra é compreendida e interpretada por uma pessoa de valor como você. Artigos, desde a aparição do meu primeiro livro, tive-os, é claro. Alguns interessantes; mas estudo longo, a fundo só agora, devido a você, estou-lhe gratíssimo. Como você diz que tirou cópia fiquei com a que enviou; mas, se quiser, mandarei fazer fotocópia dos novos capítulos, restituindo-lhe os mesmos. Entretanto, digo-lhe que a primeira parte enviada termina na pág. 30 (5 linhas, e o resto em branco; continuando (os novos capítulos) na pg. 32. Faltam, portanto, o resto da pg. 30, e a pg. 31. Queira controlar.

"CONVERGÊNCIA" TEM MERECIDO REAÇÕES ENTUSIÁSTI-
CAS. O CASSIANO RICARDO ESCREVEU-LHE UMA CARTA DE
25 PÁGINAS, QUE DESEJA TRANSFORMAR EM ARTIGO.
ELE ENTENDEU O LIVRO. HÁ TAMBÉM 2 ÓTIMOS ARTIGOS
DO NOGUEIRA MOUTINHO, NA FÔLHA DE S. PAULO (SE
NÃO OS LEU POSSO MANDAR-LHE FOTOCÓPIA). ETC.

QUEIRA PROVIDENCIAR A REMESSA,
COM A POSSÍVEL URGÊNCIA.   ANULADA ESTA
FRASE. ESTOU COM A CABEÇA NO AR. O TELE-
FONE TOCOU 3 VÊZES. PASSAM JATOS FAZENDO UM
RUÍDO MEDONHO. " JE SUIS LE MALADE DES BRUITS ",
DIZIA MALLARMÉ. MOI AUSSI.

VOCÊ TEM LIVROS PUBLICADOS ? QUEIRA
INFORMAR-ME COM A POSSÍVEL URGÊNCIA. É PARA A
BIBLIOGRAFIA DA FORMIDÁVEL " STORIA DELLA LET-
TERATURA BRASILIANA " DE LUCIANA STEGAGNO PIC-
CHIO. VOCÊ SABE QUEM É ÊSTE GRANDE PERSO-
NAGEM ?... (CLARO QUE A BIBLIOGR. DO AFFONSO JÁ ESTÁ
                                              COM ELA)
                      LEMBRANÇAS DE
SAUDADE.   AFETUOSOS ABRAÇOS A VOCÊ E
AFFONSO,
                      DO MURILO.

— 5.6.71. ACABO DE RECEBER SUA CARTA DE 1. LAMENTO O
ATRASO. GOSTARIA DE RECEBER O ART. DE NELLY NOVAES
COELHO, COM O ENDERÊÇO DELA. GRAZIE MILLE!
                                   MURILO.

DESCULPE AS EMENDAS

LISBOA, 9.8.71.

QUERIDA LAIS,

. REEXPEDIDA DE ROMA (QUE DEIXAMOS A 29 DE JULHO, PARA AS FÉRIAS DE VERÃO, 1ª ETAPA PORTUGAL) RECEBI SUA ÓTIMA DE 24 DE JULHO. SATISFEITÍSSIMO EM SABER QUE SEU TEXTO ESTÁ PRONTO. NÃO SE PREOCUPE: REPITO QUE A PARTE LIDA POR MIM (QUASE TUDO) É EXCELENTE. CREIO QUE, NO MOMENTO, POUQUÍSSIMOS AÍ PODERIAM FAZER UM TRABALHO TÃO VIVO E CONSCIENTE. AGRADEÇO=LHE MUITO E MUITO.

. FOI O DIABO O DESENCONTRO. NÃO TENHO AQUI NADA DO QUE VOCÊ PRECISA: TUDO EM ROMA, E EU SEM MEIOS DE FAZER RETIRAR DE LÁ ÊSSE MATERIAL. CALCULO QUE VOCÊ PODERÁ RECEBÊ=LO SÓ NA 2ª QUINZENA DE SETEMBRO. MAS, COMO A IMPRESSÃO DE UM LIVRO DEMORA MUITO, ESPERO QUE CHEGUE A TEMPO.

. FOTOS COM ESCRITORES E ARTISTAS EUROPEUS: TENHO MUITAS, E COM SUJEITOS IMPORTANTÍSSIMOS: POUND, CANUS JORGE GUILLÉN (GUILLÉN), RAFAEL ALBERTI, MAGNELLI E OUTROS. ALGUNS ESTÃO APAGADOS, NÃO DARÃO BOA IMPRESSÃO; OUTRAS MELHORES. TENHO TAMBÉM MUITAS CARTAS E DEDICATÓRIAS DE LIVROS DE OUTROS IMPORTANTÍSSIMOS: CHAGALL, MIRÓ,

2) Léger, Max Ernst, Severini, Lionello Venturi, Cocteau, Malraux, o citado Pound, Michaux, Bernanos, Mauriac, Jouve, Ghelderode, e muitos outros. Tenho tido aqui na Europa contactos maravilhosos, e feito amizade com grandes europeus. Voltando a Roma, repito, poderei lhe mandar, senão tudo, ao menos uma parte dêsse material.

. Quanto à carta do João: êle me es= creveu em 59, à saída do "Tempo espa= nhol". Autorizado por êle, mandei a alguns amigos as duas proses mais im= portantes: consta da orelha dos "Poe= sias", O.J.O. Sugiro=lhe que inclua as mesmos, como epígrafe, entre a capa a página de frontespício e a 1ª do tex= to. O endereço do João (ministro) é: Embajada del Brasil, Calle Rio de Janeiro 1920, Asunción, Paraguai.

. Na nota biográfica você poderá inse= rir nomes de ilustres europeus com os quais fiz amizade ou estabeleci contactos, como fêz o Ruggero no livro da "Nuova Accademia" de Milão não me recordo bem da lista do Rug= (X) gero. Mas, além dos que já citei aqui, Ponha Arp, De Chirico, Dámaso Alonso, Vicente Aleixandre, René Char, André Frénaud, Luigi Dallapiccola (que musicou 3 poesias minhas, já saídos em disco; em

Moravia, Ungaretti, Carlo Levi, Montale:

(X), e dos citados pelo Ruggero,

3)

TRE OS PORTUGUÊSES. ANTÓNIO SÉRGIO, FERREIRA DE CASTRO, JORGE DE SENA, MÁRIO CESARINY, VITORINO NEMÉSIO, ETC.

• NÃO TENHO POEMA INÉDITO, LAMENTO. MEU ÚLTIMO LIVRO É « CONVERGÊNCIA », DEPOIS NÃO ESCREVI MAIS EM VERSO, PENSO Q. NÃO ESCREVEREI. TENHO UMA INFINIDADE DE INÉDITOS EM PROSA. COMECEI A ESCREVER!

• SUGIRO QUE PEÇA UM TESTEMUNHO (CURTO, SINTÉTICO, UMA (MEIA) PÁGINA) A: 1) LUCIANA STEGAGNO PICCHIO — VIA CIVITAVECCHIA 7, — 00198 ROMA ; 2) # CARLOS DRUMMOND ; 3) — JOSÉ GUILHERME MERQUIOR = BRASILIANISCHE BOTSCHAFF. DREIZEHNMORGENWE 10. — 532 BAD GODESBERG. BONN. (UF!...) 4). — CASSIANO RICARDO. PODERIA SER ALGUMAS FRASES DA CARTA QUE ME ESCREVEU (COM O MÁXIMO ENTUSIASMO) SÔBRE "CONVERGÊNCIA", E DA QUAL TIROU CÓPIA, POIS DISSE-ME QUE A TRANSFORMARIA EM ARTIGO. 5) = ANTÓNIO CÂNDIDO (OR. CAIXA POSTAL 8105, S.P.) 6 = HAROLDO DE CAMPOS.

• CLARO QUE GOSTARIA IMENSO DE UMAS PALAVRAS DO JOÃO, MAS SE VOCÊ INSERIR AS FRASES QUE ME REFIRO, É MELHOR NÃO DISTURBÁ-LO.

• SERIA INTERESSANTÍSSIMO TER UMA PÁGINA DE TESTEMUNHO DE SAUDADE. ACHO MESMO FUNDAMENTAL (NÃO S/O POETA, MAS S/ O PERSONAGEM H.) ELA É MUITO PREGUIÇOSA,

MAS SE VOCÊ LHE ESCREVER DIRETAMENTE, CREIÔ QUE A SATIS FAÇA.

4)

• ENFIM, GOSTARÍAMOS MUITO DE RECEBER UMA FOTO SUA, OU DUAS — UMA, SÓ, OUTRA c/ O AFFONSO. DE FORMATO QUE NÃO EXCEDA O DE CARTÃO POSTAL. CONSIDERO ISTO INDISPENSÁVEL. DEPOIS DO QUE FÊZ POR MIM, TORNOU-SE NOSSA AMIGA, E FOI PROMOVIDA DE CARA A QUERIDA. SAUDADE E EU ADMIRAMO-LA MUITO, E A SUA FOTO COMPLETARÁ SUA IDENTIDADE. ESCREVER BEM COMO ESCREVE, SENDO DONA-DE-CASA, MÃE DE CINCO FILHOS, FUNCIONÁRIA, E AINDA POR CIMA COM DORES DE CABEÇA (COLEGA DO JOÃO), É FANTÁSTICO.

ACEITE COM O AFFONSO
AFETUOSOS ABRAÇOS DE SAUDADE

E DÊSTE SEU ADMIRADOR E JÁ AMIGO

Maurilo..

CORRESPONDÊNCIA ATÉ 2º AVISO PARA:
AVENIDA BOAVISTA 219
A. — DO Dr. ANTÓNIO CORTESÃO
PORTO.

. AS POESIAS MUSICADAS POR DALLAPICCOLA, FIGURA DAS
MAIS PRESTIGIOSAS DA MÚSICA MODERNA ITALIANA, SÃO:
1) DESEJO (PL); 2) - VOTO (PL); 3) - A TENTAÇÃO
                                              (PL).

    DISCO ASD 2388 HIS MASTER'S VOICE
    MUSIC TODAY 1968.

   ÊSSE DISCO, CONTENDO OUTRAS COMPOSIÇÕES DE
DALLAPICCOLA, É ACOMPANHADO DUM FOLHETO EM Q.
O MESTRE COMENTA NOSSA AMIZADE. COMEÇA
ASSIM:
    « A FEW YEARS I WAS VISITED BY MURILO
MENDES, THE BRAZILIAN POET, WHO TEACHES
AT ROME UNIVERSITY. I RECORDED THIS VISIT
BRIEFLY IN MY DIARY, COMMENTING ON IT
AS FOLLOWS: « DÉCOUVERTE D'UN FRÈRE ».

    DIZ TAMBÉM QUE FOI POR SUGESTÃO MI-
NHA QUE ÊLE ESTUDOU A 1ª EPÍSTOLA DE
S. PAULO AOS CORÍNTIOS, RESULTANDO DISTO
SUA PARTITURA « PAROLE DI SAN PAOLO,
A QUAL TIVE OCASIÃO DE OUVIR EM RO-
MA, COM O PRÓPRIO D. AO PIANO.
    DEPOIS DAQUELE 1º ENCONTRO VISITEI=O
VÁRIAS VÊZES EM FLORENÇA, E ÊLE NOS
VISITOU EM ROMA. TENHO VÁRIAS CARTAS
DÊLE. É UMA PESSOA EXTRAORDINÁRIA.

DESCULPE AS EMENDAS ETC.)

ROMA, 5.10.71.

QUERIDA LAÏS,

. AS FÉRIAS PROLONGARAM=SE POR MOTI=
VOS IMPREVISTOS, E SÓ AGORA, DE LISBOA, COM ES=
CALAS EM MILÃO E VENEZA, CHEGAMOS A ROMA; ONDE
NOS ESPERAM
COM MILHARES DE PROBLEMAS DETERMINADOS PELA
LONGA AUSÊNCIA.

. ENCONTRAMOS SEU SOS. NÃO SE AFLITA
TANTO, POIS ESSA COISA DE EDIÇÕES NO BRASIL É
MUITO DEMORADA.

. GRATO PELAS FOTOS DE V. E AFONSO,
TÃO SIMPÁTICOS E DE PERSONALIDADE MARCADA,
COMO EU PENSAVA.

. POR HOJE SEGUEM EM CORREIO SEPARADO.

1) . O ESQUEMA DA BIOGRAFIA, CORRIGIDO. (VOCÊ NÃO
TEM CULPA DOS ERROS DE DATAS). EMBORA TODO EMEN=
DADO, CREIO QUE V. ENTENDERÁ BEM. ESTÁ INTERES=
SANTE; SÓ QUE CERTAS PIADAS SÃO INVENTADAS.
CORTEI ALGUMAS LINHAS, ESPEC. AS REFS. A N.:
→ EM NENHUMA HIPÓTESE DEVERÃO SER INCLUÍDAS.

TAMBÉM NA ÚLTIMA LINHA OMITI O NOME DE CERTO
JORNALISTA - ESCRITOR QUE NÃO DESEJO VER ASSO=
CIADO AO MEU NOME. ÊLE E UM SEU PARENTO
PRÓXIMO FIZERAM=ME U)SADEZ, E UMA DELAS GRA=

VÍSSIMA. NÃO LHES DESEJO MAL; SE OS ENCONTRAR AMANHÃ, FALAREI COM ÊLES, MAS, REPITO, NÃO DEVEM SER CITADOS PERTO DE MIM. PERTENCEM AO 3º TIME (OU 4º), NÃO SE ILUDA.

2). FOTOCÓPIAS DE DEDICATÓRIAS DE ESCRITORES E ARTISTAS ILUSTRES. GOSTARIA QUE FÔSSE PUBLICADO O MAIOR NÚMERO POSSÍVEL DAS MESMAS; OCUPARÃO POUCO ESPAÇO; E CONSTITUEM UM DOCUMENTO NOTÁVEL DA MINHA VIDA DE ESCRITOR, FÉRTIL, DESDE CEDO, EM ENCONTROS, COMO SE LÊ N' "A IDADE DO SERROTE". MANDAREI TAMBÉM ALGUMAS FOTOS; MAS ACHO QUE AS DEDICATÓRIAS SÃO AINDA MAIS EXPRESSIVAS.

3). A CARTA DO JOÃO. ÊLE ME ESCREVEU RECENTEMENTE, AUTORIZANDO-A A PUBLICÁ-LA. SE ISSO O FAÇA, QUEIRA AJUNTAR UMA NOTA NO FIM: "PUBLICADA COM AUTORIZAÇÃO DO EMITENTE". NÃO VALE A PENA INSISTIR COM O DRUMMOND.

FICAMOS PREOCUPADOS COM A SUA INFORMAÇÃO SÔBRE A VENDA AÍ, DO MEU RETRATO PELO PORTINARI. NÃO AUTORIZEI NINGUÉM A VENDÊ-LO. ÊSSE E MUITOS OUTROS QUADROS ACHAM-SE DEPOSITADOS DESDE '68 NO MUSEU DE ARTE MODERNA DO RIO. ESCREVE-ME TAMBÉM UMA SOBRINHA MINHA QUE MORA AÍ, DIZENDO-ME QUE SOUBE QUE FOI POSTO EM LEILÃO MEU RETRATO PELO GUIGNARD, TAMBÉM DEPOSITADO NO DITO MUSEU !!! ROGO-LHE O FAVOR DE INDAGAR AÍ E DE ME INFORMAR COM A POSSÍVEL URGÊNCIA

ACABO DE ESCREVER AO MUSEU DE ARTE MODERNA; CASO TENHAM SIDO ROUBADOS, FER DEVERÃO SER FEITAS SINDICÂNCIAS, TOCAR PROCESSO, — COISAS QUE NUNCA FIZ E DETESTO.

AFETUOSOS ABRAÇOS NOSSOS À V. E AFONSE.

Murilo.

ESTOU ANSIOSO POR (PEÇA
PÁGINA 8/ ² CONVERGÊNCIA ".

Roma, 3. XI. '71.

Querida Laïs,

Recebi sua última carta com o roteiro do livro, que me parece muito bem. Estou ansioso por saber se recebeu 33 fotos minhas, muitas das quais com ilustríssimas personalidades da cultura européia, para se fazer uma escolha. Não me lembro se mandei a de Murilo menino: é indispensável.

Quanto àqueles dois personagens a que aludi em carta anterior, não pense que lhes guardo rancor: ao contrário; só que não me dá prazer o fato de ver o meu nome ligado a êles, ou a um dêles. O sobrevivente fêz-me, há vários anos, uma grandíssima que me prejudicou. Outro, depois mandou me dizer por um amigo comum que estava muito arrependido; não sabia como tinha agido daquela maneira em relação a uma pessoa que sempre tinha sido amável pra con êle; perguntava-me se o receberia aqui em casa. Respondi que sim, e êle veio aqui em casa, recebi normalmente. Quanto ao outro, a coisa foi muito menos grave; só que sempre o achei um medíocre. O fato de ter morrido não o transforma em «grande», como diz o recorte de jornal mandado por V. Aliás o outro telefonou-me há dias; estava de passagem rápida por aqui; convidei-o a vir à nossa casa, mas disseram-me que já estava para tinr. Entre os meus numerosos defeitos não consta o de ser rancoroso.

Senti imenso a morte do Emílio Brousa. Infelismente tive pouco contacto pessoal com êle; mas, através de amigos comuns conhecia bem o homem a admirá-vel que era.

Não sei se lhe mandei dizer uma coisa: devesse inserir uma nota informando que se reproduz a carta do João com autorisação do seu tor.

Recebi carta do ~. S.; comunicando-me que POLIEDRO está preste a expedir. Estou ansioso por que você e o Affonso o vejam. Saudade continua muito encabulada por não ter tido jeito de escrever o ambicioso depoimento. Eu est comme ça, rien à faire...

Na expectativa da confirmação do recebimento da foto, meio amor e tóis, afetuoso abraço.

Eurico.

MADAME

LAÏS CORRÊA DE ARAÚJO.

RUA CRISTINA 1300.

Respondi

BELO HORIZONTE, M.G.

BRASIL.

ISTITUTO DI FILOLOGIA ROMANZA
DELL'UNIVERSITÀ DI ROMA

. MURILO MENDES.
. 6 VIA DEL CONSOLATO.
. 00186 ROMA.

Roma, 27. 11. '71.

Querida Laïs,

Recebi e agradeço a sua última
carta. Esperamos que esteja completamente res-
tabelecida da pneumonia, e entregue ao seu trabalho
normal. Lamentei o desencontro com a Virgínia.
Ela e o marido são muito do Rio. Não me espanta
o desinteresse pela cultura em J. de F. Não direi que
no meu tempo era outra coisa, para não u fazer
il nostalgico u, como se diz aqui na Itália.
Lamento que não a tenham convidado para
escrever o prefácio de um dos meus livros inéditos.
A coisa foi decidida por outros, e a pessoa escolhida
nunca me escreveu nem uma linha de consulta. Quanto
à escolha antológica: tôdas as antologias são
criticáveis; eu próprio, um dia dêstes, critiquei
a mª antologia (V. a tem?...) saída em Lisboa
há anos, pela Livr. Morais. De modo geral, achei
bem feita a escolha. Caso possível, peço-
lhe trocar 2 poesias: a) - "Filiação", por " O
profeta ", do mesmo livro; b). - "Crucifixo de O. P."
por "Montanhas de O. P.", ou "Ao Aleijadinho", i.
dem. (Talvez V. não queira, pois já vem outra
pª o Aleijadinho, da "H. do B.; texto, aliás, de que
não me lembro nem uma vírgula; meu ex. dêsse livro
renegado está no Rio). Ou então troque por " Os Peixes
de P. L. "

Junto lhe envio uma lista de emendas.

Tive grande prazer em saber que estás
se criando um arquivo particular de documentos
de escritores. Assim sendo, poderão me ajudar
a resolver, mesmo em parte, um grande
problema nosso: onde deixar papéis interessantes
que possuímos, cartas de escritores ilustres, etc.
Não temos filhos, e quando desaparecermos
isto constituirá um grosso problema para nossos
parentes. Desde já podem ficar com as fotocópias
de dedicatórias de livros. Poderão também guardar
muitas fotos. Logo que tiver tempo, mande-
me, please, uma relação das fotos com a nota
"cópia única": verei então se me deve mandar
alguma delas. Estou fazendo agora a triagem
das cartas (centenas) e deixando as mais inte-
ressantes de lado. Mandar-lhe-ei fotocópias
de algumas. Só peço que deixem tudo numa
pasta, com os documentos colados, pois soltos
perdem-se ou roubam. Desde já, muito grato.
E grato também pela oferta do livro s/o João.
Foi sacrificado (vocês sabem melhor que eu)
pela diminuição da antologia, mas o livro
está agradável e de fácil manejo. Achei bom
o ensaio do B. Nunez. Também a parte iconográ-
fica deixa a desejar.   Thanks, thanks, thanks.
           Afetuoso abraço a vocês dois,

de saudade   e
                                    Murilo

P.S. Mandarei à parte a lista
       de emendas.

P.S. Caso possível, queira incluir na bibliografia
o livro saído há dias — " MURILO MENDES.
~~A cura di Rugg~~ — ~~di~~ POESIA LIBERTÀ. Antolo.
poetica a cura di RUGGERO JACOBBI. »
SANSONI — ACCADEMIA ED. Milano 1971.

MADAME

Laïs coutã de maúm hilda~

7 x cristina 1300.

Belo Ho ... onte. M.G.

BRASil

Roma, 7.4.72.

Querida Laïs,

(?) Recebi com algum atraso sua carta de 25.4., mas assim mesmo passo a mão na parede. Da minha parte não vejo razão para terminar nossa correspondência, visto seu livro estar terminado. Quase fiquei ofendido com essa hipótese. Nem pra sonho. Você passou a fazer parte da minha vida, como amiga. Faço questão da sua amizade. (O mesmo se lia em relação ao Druso). Não quero banzar o importante, não é hábito meu: mas o fato é que não tenho tido nenhum tempo disponível, com essa tempestade or̂tua— (não fôsse or̂tua!) taormina que desabou sôbre mim. Tenho que responder a montanhas de cartas, cartões e telegramas que me chegam de vários países, receber jornalistas, curiosos, o diabo. Mas, isto há de passar logo.

Você não deve se preocupar com o meu juízo sôbre o seu livro. A versão que li, repito, é excelente, e sua leitura deu-me grande prazer. Tendo você dito – e o creio – que a versão final ainda é melhor, não há dúvida que será para mim uma grande alegria a sua publicação.

POLIEDRO chegou há dias. Não sei se ainda digo – se já está na rua, e se vocês já o receberam. Está bem feito, agradável, com tipo de fácil legibilidade, etc. Há alguns erros não graves, e um bem grave: a fusão da bibliografia de com a bibliografia sôbre m.m. Creio que não tem conserto. Paciência.

Esses freqüentes boatos sôbre minha ida ao Rio agora: são falsos. Pretendo ir lá, sim, em agôsto: mas, não é certo. Depende de certas coisas. Vocês serão avisados em tempo.

Não me admiro da trapalhada que fizeram com o seu trabalho p/ "aquela" revista. São pessoas simpáticas, mas meio confusas.

Seu livro, estou seguro, deverá ser consultado ainda por muito tempo, pelos nossos críticos e historiadores da literatura (no caso, bem entendido, de eu ter posteridade, sei lá).

Não se preocupe também de não ter podido escrever sôbre POLIEDRO no seu livro. Você terá oportunidade de o fazer em

3) revistas e suplementos. A priori lhe digo che "ne sarà lietissimo."

Daqui a pouco você receberá outros documentos a meu respeito — não mais para o livro, mas para o "vosso" arquivo. Não tenho filhos, e um dia talvez tudo isso desaparecerá na voragem. Vocês poderão salvar alguma coisa. E tenho documentos em demasia.

Aguardamos sempre outra foto sua. Você mesma disse que aquela não é boa.

Preocupou-me, isto sim, o saber que as reproduções não sairão bem por serem a xerox. Caso haja tempo, mandem-nos uma lista das mais importantes, faremos fotografar os documentos. (.)

Escreva, please, contando as novidades. Poderei tardar, mas responderei. Aceito, queira Laïs, com o Afonso, afetuoso abraço de saudade e deste seu

(.) seria lamentável de omitir dedicatória de Pound, Miró, Chagall, Camus, Michaux, Breton, e tantos outros.

Murilo.

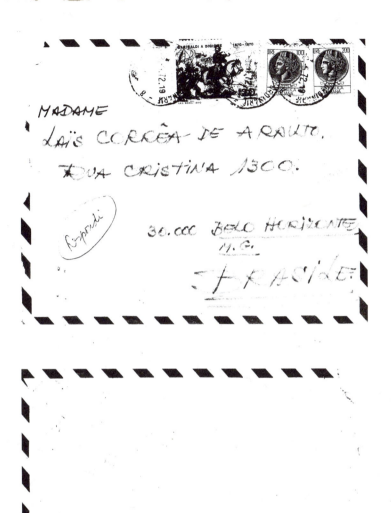

ROMA, 28. 7. 72.

QUERIDA LAÍS,

BRAVO!

ESTAMOS CONTENTÍSSIMOS, SEU ENSAIO É MAGNÍ-
FICO, E DURANTE MUITO TEMPO A ÊLE DEVERÃO
RECORRER OS QUE SE INTERESSAREM PELA MI-
NHA POESIA. VOCÊ AGORA PASSA A FIGURAR NA
PRIMEIRA LINHA DOS CRÍTICOS BRASILEIROS. SAU-
DADE ONTEM ME DISSE: « DÊSTE LIVRO SALTA A
IMAGEM DE UM GRANDÍSSIMO POETA ». SINTO-ME
ATÉ ABAFADO...

DIREI À MANEIRA ANTIGA: SEU ENSAIO FOI ES-
CRITO COM AMOR, AMOR, INTELIGÊNCIA, CULTU-
RA, « PENETRAÇÃO », VASTO CONHECIMENTO
DA OBRA ESTUDADA, E ÍNTIMA ADESÃO À MES-
MA. QUE MAIS POSSO DIZER, A NÃO SER:

GRATÍSSIMO : AOS DOIS

O VOLUME ESTÁ AGRADÁVEL DE SE FOLHEAR, C/
A RICA DOCUMENTAÇÃO AS NOTAS ABUNDANTES.
SAUDADE RECLAMOU SÓ UMA COISA: ACHOU MÁ A

FOTO (CAPA E FRONTISPÍCIO): « PARECES UM GANGSTER ». QUANTO A MIM, LAMENTEI QUE A FOTO DE MINHA MÃE NÃO TENHA O MESMO FORMATO DA DO MEU PAI; DESEQUILIBROU A PÁGINA.

DEVEREI IR AO BRASIL EM AGÔSTO _ SÓ, INFELIZMENTE. UMA SEMANA PARA REVER PARIS, ALGUNS DIAS EM LISBOA (ESTAS ETAPAS, COM SAUDADE, FELIZMENTE) _ DEPOIS, RIO, S. PAULO, BRASÍLIA, B.H., J. DE F. PELO MENOS, ÊSTE É O PLANO. AINDA NÃO SEI O DIA DA CHEGADA AO RIO. SERÃO AVISADOS. SERÁ UM GRANDE PRAZER CONHECÊ-LOS PESSOALMENTE.

ROGO-LHE O FAVOR DE PROVIDENCIAR A REMESSA, POR VIA AÉREA, DO LIVRO AOS SEGUINTES ILUSTRES CRÍTICOS: RUGGERO JACOBBI _ VIA CARLO PASCAL 22. SCALA B. INT. 16 A. = C.P. 00167 ROMA; LUCIANA STEGAGNO PICCHIO _ VIA CIVITAVECCHIA 7 = CP. 00198 ROMA; E JOSÉ GUILHERME MERQUIOR _ 53 BONN _ BAD GODESBERG. 4 STEUBENRING 4 = APT. 2. BUNDESREP. ALEMANHA.

"GRAZIE" AINDA PELOS RECORTES DE JORNAIS, PELAS SUAS BELAS REFERÊNCIAS A MIM, NO "E. DE MINAS". GRAZIE GRAZIE GRAZIE.

AFETUOSOS ABRAÇOS DOS DOIS AOS DOIS.

SEVÍSSIMO
Murilo.

MADAME
Laís CORRÊA DE ARAUJO.
RUA CRISTINA 1300.

BELO HORIZONTE, MG,
BRASIL

. MURILO MENDES. 6 Via
DEL CONSOLATO. 00186
ROMA.

Roma. 30.1.73.

Querida Laís,

Peço-lhe mil desculpas. Recebi há muito sua ótima carta, e tive sorte, pois a questão dos correios aqui não melhora: greves sôbre greves. Vou à agência aqui perto, e me informam: "a coisa anda ruim, professor, é melhor esperar." Diante dìsto, desanimo de escrever. Saúde tem recebido cartas de minha sogra, com enorme atraso: tem que telefonar pª Lisboa. E o homem vai à lua!

Obrigado pelas notícias. Você, como sempre, um amor. Recordo-a, recordo-os, com grande saudade e afeto. Costumo dizer: os sêres que se amam deveriam viver no mesmo espaço.

Gostei, é óbvio, de saber que provàvelmente haverá uma segunda edição do nosso livro. Caso isto se verifique, rogo-lhe fazer algumas alterações. P. ex., quando você a pg. 16, cita contatos e relações de

AMIZADE QUE TENHO FEITO NA EURO-
PA, OMITE OS MAIS IMPORTANTES: NÃO
POR CULPA SUA, MAS DEVIDO A SE TER
EXTRAVIADO (SÒMENTE O SOUBE DEPOIS DE
VER O LIVRO IMPRESSO) A CARTA EM QUE
EU LHE MANDAVA, COM FOTOS, ÊSSES NO-
MES: JAIME CORTESÃO E D. CAROLINA;
ARPAD SZENES E MARIA HELENA VIEIRA
DA SILVA; ALBERTO MAGNELLI; LUCIA-
NA STEGAGNO PICCHIO; RUGGERO
JACOBBI. ONDE SE LÊ JOUVET, LEIA-
SE JOUVE (PIERRE JEAN JOUVE).
AQUI ENTRE NÓS, QUE NINGUÉM O SAI-
BA, PODERIA SE OMITIR A FOTO DA CASA
DA "HISTÓRIA DO BRASIL". SOU VELHO
AMIGO DO DI, ESTIMO-O MUITO; MAS
ACHO QUE A FOTO DESAFINA DO CONJUN-
TO DO LIVRO, ADIÓS, COMO SABE, RENE-
GADO POR MIM. → QUEIRA ME REVELAR
QUEM É ESSA "GRANDE MULHER" DO ARTI-
GO CIT. A PG. 208. ESQUECI-ME TOTALMENTE
        POR SEU GENTIL INTERMÉDIO
AGRADEÇO A MÁRCIO SAMPAIO, MARIA
LEA E MAX MARTINS, OS TEXTOS QUE
ME DEDICARAM. IGNORO O ENDERÊÇO
DÊLES.   GRAZIE.   OS MAIS AFE-
TUOSOS ABRAÇOS NOSSOS A VOCÊ E
AFFONSO,
                DE SAUDADE

    ↙
            MURILO
MANDAMOS-LHES UM CARTÃO DE
NATAL. RECEBERAM-NO?

SENHORA
Laïs CORRÊA DE ARAUJO.
Rua CRISTINA 1300.

Risposta

BELO HORIZONTE,
M. G.
BRASILE

. MURILO MENDES, 6 VIA DEL
CONSOLATO, 00186 ROMA.

REGRESSAREMOS A ROMA
NA PRÓXIMA SEMANA.
                           36

LISBOA, 20. Set. 74.

CARA LAÍS,

SÓ HÁ POUCOS DIAS RECEBI S/ CARTA DE 28 AGOSTO, ÓTIMA, E QUE MUITO LHE AGRADEÇO. ACONTECE QUE FUI P.ª O PORTO — ONDE MORA GRANDE PARTE DA FAMÍLIA DE SAÚDE — COM A M.ª SOGRA, DE MODO QUE A CASA FICOU FECHADA. LAMENTO QUE NÃO TENHAM SAÍDO AS EMENDAS, MAS A CULPA NÃO É SUA, PACIÊNCIA. ESPERO FAZER EM BREVE, P.ª O SUPLEMENTO DO "M. G.", UMA PÁGINA COM CERTAS EXPLICAÇÕES, CORREÇÕES DE TRECHOS DE ENTREVISTAS, ETC., E PUBLICAR ENTÃO A LISTA DOS MEUS MAIORES AMIGOS EUROPEUS. QUANTO AO ENVIO DE EXEMPLARES É COISA COMPLICADA, POIS NÃO SEI BEM QUAIS AS PESSOAS QUE RECEBERAM O LIVRO, SEJA EM NO BRASIL, ESPANHA E PORTUGAL, PAÍSES QUE, NO CASO, ME INTERESSAM MAIS. VAMOS VER. GOSTEI DE SABER QUE PROJETA ESCREVER UM NÔVO ENSAIO S/ MINHA OBRA: JÁ ESTOU COM ÁGUA NA BÔCA. EU JÁ HAVIA ESCRITO AO MEU VELHO AMIGO JOSÉ GERALDO V., O QUAL ME RESPONDEU Q. O LIVRO (1.ª SÉRIE DE "R. R.") ESTÁ PRONTO, DEVENDO SER EM BREVE DISTRIBUÍDO. NÃO SEI AINDA SE O CONSELHO ESTARÁ EM CONDIÇÕES DE ENVIAR AOS DESTINATÁRIOS OS 100 EX.S A QUE TENHO DIREITO. P.ª O BRASIL NÃO HÁ PROBLEMA. A QUESTÃO É QUE CONTINUA A DESORGANIZAÇÃO DOS CORREIOS ITALIANOS. NÃO QUER DIZER QUE NÃO CHEGUE NADA CARTAS, POUCAS; LIVROS E REVISTAS MUITO MAIS, POIS, DIZEM LÁ NOS CORREIOS, OCUPAM MAIS ESPAÇO Q. AS CARTAS. NÃO SEI SE JÁ LHE EXPLIQUEI: ESTAS PODEM SER MANDADAS PELO AEROPORTO DE ROMA (FIUMICINO), MAS SE GOSTAM NO MÍNIMO 3 HORAS P.ª IDA E VOLTA. P.ª OS LADOS DE MILÃO HÁ M.ª GENTE QUE VAI À SUÍÇA LEVAR CARTAS, TÊM LÁ CAIXAS POSTAIS; É INCRÍVEL, MAS É VERDADE.

O QUE VOCÊ DIZ SÔBRE A VIDA ATUAL E OS TREMENDOS PROBLEMAS DO NOSSO MUNDO É EXATÍSSIMO. ANDO MESMO EM CRISE PERMANENTE, DIANTE DOS NOTÍCIAS DE VIOLÊNCIA, TERROR, CORRUPÇÃO, MERCANTILISMO ATRÓS, O DIABO. PASSO CERTOS DIAS NUM DESÂNIMO HORRÍVEL, HESITANDO ENTRE O AMOR À VIDA E A VONTADE DE ACABAR, DIANTE DO QUE VETO, LEIO E OUÇO. — QUERO REPETIR QUE A Nª IDÉIA DE SUPRIMIR A PÁGINA DA FOTO DE CAPA DA "HISTÓRIA DO BRASIL" NÃO ERA ABSOLUTAMENTE CONTRA O Dr, MEU ANTIQÜÍSSIMO AMIGO, AO QUAL MUITO QUERO: SÓ QUE ACHEI QUE A FOTO DESAFINA NO CONTEÚDO DO LIVRO. * O GASTÃO DE HOLANDA PARECE Mº INTERESSADO EM EDITAR LIVROS MEUS. JÁ RECEBEU A ANTOLOGIA FEITA HÁ ALGUNS ANOS PELO JOÃO (CABRAL), E RECEBERÁ DENTRO EM POUCO "JANELAS VERDES". (TEMAS PORTUGUÊSES, QUASE TODOS EM PROSA), UM DOS LIVROS MAIS ORIGINAIS Q. JÁ ESCREVI; PENSO, SEM MODÉSTIA, QUE CONSEGUÍ ALGO DE DIFÍCIL, COMO ESCREVER SÔBRE TEMAS EXPLORADÍSSIMOS; NADA TEM A VER COM O "PORTUGAL PEQUENINO, PORTUGAL DOS MEUS AVÓS, ETC. GOSTEI DE SABER QUE O AFFONSO ESTÁ TRABALHANDO NA PRESERVAÇÃO DE OURO PRÊTO, E Q. VOCÊ SE APOSENTARÁ NO PRÓXIMO ANO, PODENDO DEDICAR-SE A SEUS TRABALHOS PESSOAIS. NÃO SEI SE LHE MANDEI DIZER Q. JÁ TERMINEI A 2ª SÉRIE DE "R.R." QUANTO A EDITOR, NEM SOMBRA. SAUDADE Já REGRE SOU DO RIO, NÃO TENDO TIDO TEMPO DE IR A OUTRAS CIDADES. QUANTO ÀS SUAS (DELA) IMPRESSÕES... PORTUGAL ESTÁ VIVENDO DIAS DIFÍCILIMOS. HÁ MUITA DESORIENTAÇÃO, COMO É NATURAL, DEPOIS DE 50 ANOS DE DITADURA. MAS O POVO ESTÁ MAIS VIVO, MUITO MAIS PARTICIPANTE, E É FORA DE DÚVIDA QUE O PROCESSO DE DESCOLONIZAÇÃO ESTÁ SE PROCESSANDO COM RAPIDEZ MAIOR QUE A PREVISTA. ACEITE COM O AFFONSO AFETUOSOS ABRAÇOS DE SAUDADE E DÊSTE SEU

→ SUPÉRFLUO DIZER QUE FIQUEI Mtº SATISFEITO COM A SAÍDA DA 2ª ED.

onrilo

Lisboa 8-9-75

Peço-lhe que me envie alguma coisa
mais que tenha saído sobre Morila
(Obrigado pela página do Jornal de Minas)
Não vi a prosa de Drummond de
que me falaram.
Com gratidão e amizade
sua sempre
Andrade

Até fins de outubro:
Via del Consolato, 6
00186 - Roma

PORTUGAL

UM PAÍS
NOVO
MFA
POVO

DINAMIZAÇÃO

3.80

Mme
Laís Correa de Araujo
Rua Cristina, 1300
BELO HORIZONTE
Minas Gerais   30.000
BRASIL

(correos)

Laudate Caterina Vendre
Via del Consolato, 6
00186 - Roma
Italia

Cara Laís,

Lisboa, 14 de agosto 93.

Acabo de regressar dumas indispensáveis, mas curtas, férias e recebo sua carta de 31 de julho à que me apresso em responder, visto a invocada urgência.

Ficarei muito feliz com a republicação de seu ensaio sobre Murilo para a qual não há, nem vejo como poderia haver qualquer impedimento "legal". Espanta-me até que tenha julgado pertinente a questão. Tenho efectivamente um contrato com a Nova Fronteira, há muito invalidado por incumprimento da editora e agora a ser renegociado, mas penso que isso não impede a publicação de antologias : tem sido editadas algumas nos últimos anos.

Claro que a escolha dos poemas a acrescentar, ou a substituir, lhe cabe inteiramente. Pode retirá-los dos livros que quizer ; de minha parte nunca lhe criarei 'problemas'. Nem julgo necessária uma autorização "legal"mais explícita. Tenho no entanto de exceptuar "Ipotesi" que não desejo, por enquanto, ver publicado – nem no original italiano nem, ainda menos, num inexistente texto português.

Luciana deverá ir ao Rio em meados de setembro. Está-me desafiando para ir com ela, mas eu estou cansada. Sempre. Gostaria que se encontrassem. Já terminou a monumental – e magistral– edição critica das Obras Completas de Murilo que organizou para a Nova Aguilar, num minucioso trabalho de anos e anos, e pela publicação da qual eu tambem muito me empenhei junto da editora, pois era um desejo de Murilo. Insiste para que eu reveja o plano geral, alguns textos dela e de outros, os documentos, as legendas das fotos, (todas pesquizadas por mim) etc. Estou mergulhada em quilos de papéis.

Quilos de papéis também acabo de receber das simpáticas amigas Marisa Timponi e Leila Barbosa e entre os quais vem a sua conferência de maio em Juiz de Fora, que eu lhes pedira para me enviarem. Vou lê-la quando tiver um mínimo de tempo e de sossêgo.

Você diz que eu me coloquei "em estado de silêncio". Bem gostaria, pois tal é a minha tendência inata: sou contemplativa (ou preguiçosa ?) por natureza; mas não me posso dar a tanto luxo. Um dia terei tempo de falar comigo. *Agora só com*

Faz hoje dezoito anos que Murilo morreu. Fui levar-lhe *os outros* flores. Mas não é êsse o tributo que lhe venho dedicando ao longo de todo êsse tempo.

Creia, Laís, na minha viva Ja[...]
e grat[...]ã

Mariah C. Mendes
Trav. da Palmeira, 7. 1° E do
1200 Lisboa Portugal

PATRIARCAL
1200 LISBOA
17.8.93
CORREIO PORTUGAL
130 00

Para
Laís Corrêa de Araújo
Rua Cristina, 1300
Santo António
30330-130 Belo Horizonte - M.g.
BRASIL

ANTOLOGIA*

---

* Na 1ª e 2ª edições, esta concisa Antologia foi organizada mediante escolha e autorização do poeta. Acrescentam-se à presente edição mais dez poemas, conforme aquiescência expressa de Maria da Saudade em carta de 14 de agosto de 1993, constante deste volume.

Os Dois Lados

Deste lado tem meu corpo
tem o sonho
tem a minha namorada na janela
tem as ruas gritando de luzes e movimentos
tem meu amor tão lento
tem o mundo batendo na minha memória
tem o caminho pro trabalho.

Do outro lado tem outras vidas vivendo da minha vida
tem pensamentos sérios me esperando na sala de visitas
tem minha noiva definitiva me esperando com flores na mão,
tem a morte, as colunas da ordem e da desordem.

(De *Poemas*)

O MENINO SEM PASSADO

Monstros complicados
não povoaram meus sonhos de criança
porque o saci-pererê não fazia mal a ninguém
limitando-se moleque a dançar maxixes desenfreados
no mundo das garotas de madeira
que meu tio habilidoso fazia para mim.

A mãe-d'água só se preocupava
em tomar banhos asseadíssima
na piscina do sítio que não tinha chuveiro.

De noite eu ia no fundo do quintal
pra ver se aparecia um gigante com trezentos anos
que ia me levar dentro dum surrão
mas não acreditava nada.

Fiquei sem tradição de costumes nem lendas
estou diante do mundo
deitado na rede mole
que todos os países embalançam.

(De *Poemas*)

MAPA

A Jorge Burlamaqui

Me colaram no tempo, me puseram
uma alma viva e um corpo desconjuntado. Estou
limitado ao norte pelos sentidos, ao sul pelo medo,
a leste pelo Apóstolo São Paulo, a oeste pela minha educação.
Me vejo numa nebulosa, rodando, sou um fluido,
depois chego à consciência da terra, ando como os outros,
me pregam numa cruz, numa única vida.

Colégio. Indignado, me chamam pelo número, detesto a hierarquia.
Me puseram o rótulo de homem, vou rindo, vou andando, aos solavancos.
Danço. Rio e choro, estou aqui, estou ali, desarticulado,
gosto de todos, não gosto de ninguém, batalho com os espíritos do ar,
alguém da terra me faz sinais, não sei mais o que é o bem nem o mal.
Minha cabeça voou acima da baía, estou suspenso, angustiado, no éter,
tonto de vidas, de cheiros, de movimentos, de pensamentos,
não acredito em nenhuma técnica.
Estou com os meus antepassados, me balanço em arenas espanholas,
é por isso que saio às vezes pra rua combatendo personagens imaginários,
depois estou com os meus tios doidos, às gargalhadas,
na fazenda do interior, olhando os girassóis do jardim.
Estou no outro lado do mundo, daqui a cem anos, levantando

[populações...

Me desespero porque não posso estar presente a todos os atos da vida.
Onde esconder minha cara? O mundo samba na minha cabeça.
Triângulos, estrelas, noite, mulheres andando,
presságios brotando no ar, diversos pesos e movimentos me chamam

[a atenção,

o mundo vai mudar a cara,
a morte revelará o sentido verdadeiro das coisas.

Andarei no ar.
Estarei em todos os nascimentos e em todas as agonias,
me aninharei nos recantos do corpo da noiva,
na cabeça dos artistas doentes, dos revolucionários...
Tudo transparecerá:
vulcões de ódio, explosões de amor, outras caras aparecerão na terra,
o vento que vem da eternidade suspenderá os passos,
dançarei na luz dos relâmpagos, beijarei sete mulheres,
vibrarei nos cangerês do mar, abraçarei as almas no ar,
me insinuarei nos quatro cantos do mundo.

Almas desesperadas eu vos amo. Almas insatisfeitas, ardentes.
Detesto os que se tapeiam,
os que brincam de cabra-cega com a vida, os homens "práticos"...

Viva São Francisco e vários suicidas e amantes suicidas,
e os soldados que perderam a batalha, as mães bem mães,
as fêmeas bem fêmeas, os doidos bem doidos.
Vivam os transfigurados, ou porque eram perfeitos ou porque jejuavam
[muito...
viva eu, que inauguro no mundo o estado de bagunça transcendente.
Sou a presa do homem que fui há vinte anos passados,
dos amores raros que tive,
vida de planos ardentes, desertos vibrando sob os dedos do amor,
tudo é ritmo do cérebro do poeta. Não me inscrevo em nenhuma teoria,
estou no ar,
na alma dos criminosos, dos amantes desesperados,
no meu quarto modesto da praia de Botafogo,
no pensamento dos homens que movem o mundo,
nem triste nem alegre, chama com dois olhos andando,
sempre em transformação.

(De *Poemas*)

FORÇA DO ALEIJADINHO

A mão doente parou,
Fica suspensa no ar,
Inutilizada no ar.

Lá fora os lundus dos escravos
Acordam a luta do sono.
A escultura bem que pede
Uma força bem maior.
– Homem homem se me acabas
Eu acabo te abraçando. –

E a mão nunca que chega
Até o fim do caminho,
Ela está presa, bem presa,
Desde o princípio do mundo.

Então de dentro do corpo
Do homem disforme e triste
Sai uma boca de fogo,
Sopra no corpo da estátua
Que respira já prontinha,
Dá um abraço no escultor.

(De *História do Brasil*)

SOLIDARIEDADE

Sou ligado pela herança do espírito e do sangue
Ao mártir, ao assassino, ao anarquista,
Sou ligado
Aos casais na terra e no ar,
Ao vendeiro da esquina,
Ao padre, ao mendigo, à mulher da vida,
Ao mecânico, ao poeta, ao soldado,
Ao santo e ao demônio,
Construídos à minha imagem e semelhança.

(De *O Visionário*)

CHORO DO POETA ATUAL

Deram-me um corpo, só um!
Para suportar calado
Tantas almas desunidas
Que esbarram umas nas outras,
De tantas idades diversas;
Uma nasceu muito antes
De eu aparecer no mundo,
Outra nasceu com este corpo,
Outra está nascendo agora,
Há outras, nem sei direito,

São minhas filhas naturais,
Deliram dentro de mim,
Querem mudar de lugar,
Cada uma quer uma coisa,
Nunca mais tenho sossego.
Ó Deus, se existis, juntai
Minhas almas desencontradas.

(De *O Visionário*)

JANDIRA

O mundo começava nos seios de Jandira.

Depois surgiram outras peças da criação:
Surgiram os cabelos para cobrir o corpo,
(Às vezes o braço esquerdo desaparecia no caos).
E surgiram os olhos para vigiar o resto do corpo.
E surgiram sereias da garganta de Jandira:
O ar inteirinho ficou rodeado de sons
Mais palpáveis do que pássaros.

E as antenas das mãos de Jandira
Captavam objetos animados, inanimados,
Dominavam a rosa, o peixe, a máquina.
E os mortos acordavam nos caminhos visíveis do ar
Quando Jandira penteava a cabeleira...

Depois o mundo desvendou-se completamente,
Foi-se levantando, armado de anúncios luminosos,
E Jandira apareceu inteiriça,
Da cabeça aos pés.
Todas as partes do mecanismo tinham importância,
E a moça apareceu com o cortejo do seu pai,
De sua mãe, de seus irmãos.
Eles é que obedeciam aos sinais de Jandira

Crescendo na vida em graça, beleza, violência.
Os namorados passavam, cheiravam os seios de Jandira
E eram precipitados nas delícias do inferno.
Eles jogavam por causa de Jandira,
Deixavam noivas, esposas, mães, irmãs
Por causa de Jandira.
E Jandira não tinha pedido coisa alguma.
E vieram retratos no jornal
E apareceram cadáveres boiando por causa de Jandira.
Certos namorados viviam e morriam
Por causa de um detalhe de Jandira.
Um deles suicidou-se por causa da boca de Jandira.
Outro, por causa de uma pinta na face esquerda de Jandira.

E seus cabelos cresciam furiosamente com a força das máquinas;
Não caía nem um fio,
Nem ela os aparava.
E sua boca era um disco vermelho
Tal qual um sol mirim.
Em roda do cheiro de Jandira
A família andava tonta.
As visitas tropeçavam nas conversações
Por causa de Jandira.
E um padre na missa
Esqueceu de fazer o sinal da cruz por causa de Jandira.

E Jandira se casou.
E seu corpo inaugurou uma vida nova,
Apareceram ritmos que estavam de reserva,
Combinações de movimento entre as ancas e os seios.
À sombra do seu corpo nasceram quatro meninas que repetem
As formas e os sestros de Jandira desde o princípio do tempo.

E o marido de Jandira
Morreu na epidemia de gripe espanhola.
E Jandira cobriu a sepultura com os cabelos dela.
Desde o terceiro dia o marido

Fez um grande esforço para ressuscitar:
Não se conforma, no quarto escuro onde está,
Que Jandira viva sozinha,
Que os seios, a cabeleira dela transtornem a cidade
E que ele fique ali à toa.

E as filhas de Jandira
Inda parecem mais velhas do que ela.
E Jandira não morre,
Espera que os clarins do juízo final
Venham chamar seu corpo,
Mas eles não vêm.
E mesmo que venham, o corpo de Jandira
Ressuscitará inda mais belo, mais ágil e transparente.

(De *O Visionário*)

O FILHO DO SÉCULO

Nunca mais andarei de bicicleta
Nem conversarei no portão
Com meninas de cabelos cacheados
Adeus valsa "Danúbio Azul",
Adeus tardes preguiçosas
Adeus cheiros do mundo sambas
Adeus puro amor
Atirei ao fogo a medalhinha da Virgem
Não tenho forças para gritar um grande grito
Cairei no chão do século vinte
Aguardam-me lá fora
As multidões famintas justiceiras
Sujeitos com gases venenosos
É a hora dos barricadas
É a hora do fuzilamento, da raiva maior
Os vivos pedem vingança

Os mortos minerais vegetais pedem vingança
É a hora do protesto geral
É a hora dos vôos destruidores
É a hora das barricadas, dos fuzilamentos
Fomes desejos ânsias sonhos perdidos
Misérias de todos as países uni-vos
fogem a galope os anjos-aviões
Carregando o cálice da esperança
Tempo espaço firmes porque me abandonastes.

(De *O Visionário*)

VOCAÇÃO DO POETA

Não nasci no começo deste século:
Nasci no plano do eterno,
Nasci de mil vidas superpostas,
Nasci de mil ternuras desdobradas.
Vim para conhecer o mal e o bem
E para separar o mal do bem.
Vim para amar e ser desamado.
Vim para ignorar os grandes e consolar os pequenos.
Não vim para construir minha própria riqueza
Nem para destruir a riqueza dos outros.
Vim para reprimir o choro formidável
Que as gerações anteriores me transmitiram.
Vim para experimentar dúvidas e contradições.

Vim para sofrer as influências do tempo
E para afirmar o princípio eterno de onde vim.
Vim para distribuir inspiração às musas.
Vim para anunciar que a voz dos homens
Abafará a voz da sirene e da máquina,
E que a palavra essencial de Jesus Cristo
Dominará as palavras do patrão e do operário.

Vim para conhecer Deus meu criador, pouco a pouco,
Pois se O visse de repente, sem preparo, morreria.

(De *Tempo e Eternidade*)

FILIAÇÃO

Eu sou da raça do Eterno.
Fui criado no princípio
E desdobrado em muitas gerações
Através do espaço e do tempo.
Sinto-me acima das bandeiras,
Tropeçando em cabeças de chefes.
Caminho no mar, na terra e no ar.
Eu sou da raça do Eterno,
Do amor que unirá todos os homens:
Vinde a mim, órfãos da poesia,
Choremos sobre o mundo mutilado.

(De *Tempo e Eternidade*)

POEMA ESSENCIALISTA

A Aníbal Machado

A madrugada de amor do primeiro homem
O retrato da minha mãe com um ano de idade
O filme descritivo do meu nascimento
A tarde da morte da última mulher
O desabamento das montanhas, o estancar dos rios
O descerrar das cortinas da eternidade
O encontro com Eva penteando os cabelos
O aperto de mão aos meus ascendentes

O fim da idéia de propriedade, carne e tempo
E a permanência no absoluto e no imutável.

(De *Tempo e Eternidade*)

Anti-Elegia Nº 2

Olho para tudo
Com o olhar ambíguo
De quem vai se despedir do mundo
Eis a última curva o último filme
Eis o último gole dágua a última mulher
Eis o último fox-blue

Já estou sentindo
As violetas crescerem sobre mim.

(De *Os Quatro Elementos*)

Manhã

As estátuas sem mim não podem mover os braços
Minhas antigas namoradas sem mim não podem amar seus maridos
Muitos versos sem mim não poderão existir.

É inútil deter as aparições da musa
É difícil não amar a vida
Mesmo explorado pelos outros homens
É absurdo achar mais realidade na lei que nas estrelas
Sou poeta irrevogavelmente.

(De *Os Quatro Elementos*)

Poema Espiritual

Eu me sinto um fragmento de Deus
Como sou um resto de raiz
Um pouco da água dos mares
O braço desgarrado de uma constelação.
A matéria pensa por ordem de Deus,
Transforma-se e evolui por ordem de Deus.
A matéria variada e bela
É uma das formas visíveis do invisível.
Cristo, dos filhos do homem és o perfeito.

Na Igreja há pernas, seios, ventres e cabelos
Em toda parte, até nos altares.
Há grandes forças de matéria na terra no mar e no ar
Que se entrelaçam e se casam reproduzindo
Mil versões dos pensamentos divinos.
A matéria é forte e absoluta
Sem ela não há poesia.

(De *A Poesia em Pânico*)

Conhecimento

A marcha das constelações me segue até no lodo.
Estendo os braços para separar os tempos
E indico ao navio de poetas o caminho do pânico.
Quem sou eu? a sombra ambulante de meus pais até o primeiro homem,
Quem sou eu? Um cérebro deixado em pasto aos bichos,
Sou a fome de mim mesmo e de todos,
Sou o alimento dos outros,
Sou o bem encarcerado e o mal que não germina.
Sou a própria esfinge que me devora.

(De *A Poesia em Pânico*)

Amor - Vida

Vivi entre os homens
Que não me viram, não me ouviram
Nem me consolaram.
Eu fui o poeta que distribui seus dons
E que não recebe coisa alguma.
Fui envolvido na tempestade do amor,
Tive que amar até antes do meu nascimento.
Amor, palavra que funda e que consome os seres.
Fogo, fogo do inferno: melhor que o céu.

(De *A Poesia em Pânico*)

Temas Eternos

Há sempre um amor procurando seu nome
Na solidão do livro dos tempos.

Há sempre uma veste nupcial
Pendendo da guilhotina da noite.

Há sempre restos do Minotauro
A escurecer os campos tranqüilos.

Há sempre um olhar espiando o horizonte,
Um olhar que não foi visto.

(De *As Metamorfoses*)

Novíssimo Orfeu

Vou onde a Poesia me chama.

O amor é minha biografia,
Texto de argila e fogo.

Aves contemporâneas
Largam do meu peito
Levando recado aos homens.

O mundo alegórico se esvai,
Fica esta substância de luta
De onde se descortina a eternidade.

A estrela azul familiar
Vira as costas, foi-se embora...
A Poesia sopra onde quer.

(De *As Metamorfoses*)

MULHER

Mulher
Ora opaca ora translúcida
Submarina ou vegetal
Assumes todas as formas,
Desposas o movimento.

Sinal de contradição
Posto um dia neste mundo
Tu és o quinto elemento
Agregado pelo poeta
Que te ama e te assimila
E é bebido por ti.

Tu és na verdade, mulher,
Construção e destruição.

(De *As Metamorfoses*)

Poema Barroco

Os cavalos da aurora derrubando pianos
Avançam furiosamente pelas portas da noite.
Dormem na penumbra antigos santos com os pés feridos,
Dormem relógios e cristais de outro tempo, esqueletos de atrizes.

O poeta calça nuvens ornadas de cabeças gregas
E ajoelha-se ante a imagem de Nossa Senhora das Vitórias
Enquanto os primeiros ruídos de carrocinhas de leiteiros
Atravessam o céu de açucenas e bronze.

Preciso conhecer meu sistema de artérias
E saber até que ponto me sinto limitado
Pelos sonhos a galope, pelas últimas notícias de massacres,
Pelo caminhar das constelações, pela coreografia dos pássaros,
Pelo labirinto da esperança, pela respiração das plantas,
E pelos vagidos da criança recém-parida na Maternidade.

Preciso conhecer os porões da minha miséria,
Tocar fogo nas ervas que crescem pelo corpo acima,
Ameaçando tapar meus olhos, meus ouvidos,
E amordaçar a indefesa e nua castidade.

É então que viro a bela imagem azul-vermelha:
Apresentando-me o outro lado coberto de punhais,
Nossa Senhora das Derrotas, coroada de goivos,
Aponta seu coração e também pede auxílio.

(De *Mundo Enigma*)

Mundo Estrangeiro

Dia fantasia
Noite açoite

O homem sai de um ovo
E volta para um saco

Um amor extinto
Procura outro amor extinto
No mapa-múndi

Pesada carruagem
Despede relâmpagos

Talvez da lua te ouçam
Que saudade do futuro.

(De *Mundo Enigma*)

O CRISTO DA PEDRA FRIA

O Cristo da pedra fria
Sentou-se aqui em frente
Com a chaga do ombro aberta.

O mundo do demônio cai no chão.
O Cristo de manhã
Sentou-se na pedra fria
Ó frio que sinto pela queixa dos mortos,
Ó frio da fome dos outros,
Ó frio do extremo desconsolo
– Do desconsolo do Cristo em mim, em vós, em todos,
Na pedra fria, nossa alma
Que omite, que espanca.

(De *Poesia Liberdade*)

ALGO

A Maria da Saudade

O que raras vezes a forma
Revela.
O que, sem evidência, vive.
O que a violeta sonha.
O que o cristal contém
Na sua primeira infância.

(De *Poesia Liberdade*)

APROXIMAÇÃO DO TERROR

1

Dos braços do poeta
Pende a ópera do mundo
(Tempo, cirurgião do mundo):

O abismo bate palmas,
A noite aponta o revólver.
Ouço a multidão, o coro do universo,
O trote das estrelas
Já nos subúrbios da caneta:
As rosas perderam a fala.
Entrega-se a morte a domicílio.
Dos braços...
Pende a ópera do mundo.

2

Tenho que dar de comer ao poema.
Novas perturbações me alimentam:
Nem tudo o que penso agora

Posso dizer por papel e tinta.
O poeta já nasce conscrito,
Atento às fascinantes inclinações do erro,
Já nasce com as cicatrizes da liberdade.

O ouvido soprando sua trompa
Percebe a galope
A marcha do número 666.

Palpo as Quimeras,
O tremor
E os jasmins da palavra "jamais".

3

Dos telhados abstratos
Vejo os limites da pele,
Assisto crescerem os cabelos dos minutos
No instante da eternidade.
Vejo ouvindo, ouço vendo.

Considero as tatuagens dos peixes,
O astro monossecular.
Os rochedos colocam-se máscaras contra pássaros asfixiantes,
A grande Babilônia ergue o corpo de dólares.
Ruído surdo, o tempo oco a tombar...
A espiral das gerações cresce.

(De *Poesia Liberdade*)

O Escrivão

Ressoam graves no ar os silêncios da noite.
Escrivão no mundo-Patmos exilado,
Escreve. Escreve a distribuição da fome,
O homem quebrando o seu divino molde,

O labirinto do mal aberto a todos,
O enxerto de almas em animais bifrontes,
A marcha da multidão procurando sua forma,
E as tesouras da morte em movimento.

Mas, já que a posição do homem é vertical,
Não pode ficar deitado na sua pedra,
Tem mesmo um dia que ressuscitar,

Escreve o novo céu e a nova terra,
O Kyrios pela sua cruz vitoriosa
Tudo reinventando. Escreve, escreve.

(De *Sonetos Brancos*)

FLORES DE OURO PRETO

A Cecília Meireles

Vi a cidade barroca
Sem enfeites se levantar.
Nem flores eu pude ver,
Flores da vida fecunda,
Nesta áspera Ouro Preto,
Nesta árida Ouro Preto:
Nem veras flores eu vi
Nascidas da natureza,

Da natureza lavada
Pelo frio e o céu azul.
Tristes flores de Ouro Preto!
Só vi cravos-de-defunto,
Apagadas escabiosas,
Murchas perpétuas sem cheiro,
Só vi flores desbotadas
Nascidas de sete meses,

Só vi cravos-de-defunto
Que se atam ao crucifixo,
Que se levam ao Senhor Morto.
Vi flores de pedra azul...
Eu vi nos muros de canga
A simples folhagem rasa,
A avenca úmida e humilde,
Brancos botões pequeninos
A custo se entreabrindo,
Mas não vi flores fecundas,
Não vi as flores da vida
Nascidas à luz do sol.
Eu vi a cidade árida,
Estéril, sem ouro, esquálida;
Eu vi a cidade nobre
Na sua pátina fosca,
Desfolhando lá das grimpas
No seu regaço de pedra
Buquês de flores extintas.

Eu vi a cidade sóbria
Medida na eternidade,
Severa se confrontando
À cinza das ampulhetas,
Sem outro ornato apurado
Além da pedra do chão.
Eu vi a cidade barroca
Vivendo da luz do céu.

(De *Contemplação de Ouro Preto*)

CRUCIFIXO DE OURO PRETO

A minha irmã Virgínia Eucharis

Crucifixo fixo fixo,
Crucifixo, Deus parado
Para eu poder te fixar,
Deus ocluso na tua cruz,
Entre mim e ti, ó Deus,
Quantas vezes dou a volta,
Quantos olhares, angústias,
Súplicas mudas, silêncios,
Falta de jeito e aridez,
Crucifixo fixo fixo,
Cristo roxo da paixão,
Traspassado, transfixado,
Chagado, esbofeteado,
Escarrado; abandonado
Pelo Pai de compaixão,
Crucifixo fixo fixo,
Deus fixado por amor,
Deus humano, Deus divino,
Deus ocluso na tua cruz,
Crucifixo fixo fixo,
Nosso irmão Cristo Jesus.

(De *Contemplação de Ouro Preto*)

COISAS

Coisas, e a morte que existe nelas,
Experiência de desconsolo e de fatalidade
Para as pálpebras que voltaram do amanhã:
Coisas do cristal e do pêssego,
Vacilações da onda fria do veludo;
Coisas sem ângulos e sem vértice
Que no mesmo dia nascem e morrem;
Coisas da letra, não da combinação das letras,
Mas da letra em si;

Coisas do fogo que se transferem ao ar,
Coisas do fim que se transferem ao princípio,
Coisas que poderiam ser restos de roupagens de anjos,
Mas que em bastidores de teatro nem se usam.

Coisas da ligação de certos objetos
Que separadamente nada significam para nós;
Coisas do céu que se encontram por antecipação,
A chama de Pentecostes conservada
Para que o mundo não se entregue ao frio,
E a medalha com o olhar da minha mãe;
Coisas amadas que se atiram ao lixo
E coisas sem valor que divinizamos.
A cinza de todos os dias
Evocada somente na quarta-feira de cinzas,
Saber que todo este pó desce de Deus
Que no final dos tempos
Provará as coisas pelo fogo,
Tudo o que deixaremos no mundo
Para experimentar a prova do fogo:
Exceto nossa alma despojada de coisas
Que tateia nas trevas,
Pesquisando o arquétipo de onde veio.

(De *Parábola*)

PARÁBOLA

A rua, o rolar de remota carruagem;
Intacto o piano, exausta a biblioteca;
A infância em ombrela rosa
E a rosa adormecida no esmalte;
A tradição da febre, a asa fria do pássaro
Que não passa, que subsistirá no testemunho:
Eis o que considero por enquanto.

Que elementos reunirei para ferir a espada,
O espanto de quem incorporou os decretos divinos?
Do Sinai, mesmo usando o corpo, ousei descer:
Ó Deus, semelhante como esfinge ao homem;
Na justaposição dos teus contrastes
Uma ponta do teu enigma descobri.
Velai-me a face na púrpura ou na cinza.

Velai-me a face de quem caminhou
Três dias e três noites no oco da baleia.
Também de estrelas falarei, de madrugadas infantes,
Dos projetos ambíguos da tesoura,
Das confidências da gipsófila
E da borboleta 88.

Não falarei do silêncio de Isaac ao morro conduzido,
Nem dos ritos dissonantes da dor,
Da solidão do próprio dilúvio,
Ou da morte que ninguém vê,
Da morte secreta, sem rodeios,
Da morte sem lamento, sem justificação, antes da morte.

(De *Parábola*)

ATMOSFERA SICILIANA

Trinácria, três pernas, triângulo:
Soa a terra siciliana
Percutida pelo sol.

O sexo explode. Presságios
Respira o deus nas alturas:
Tantas mulheres de negro
Velam a própria juventude.

Ai trabalho, áspera vida
Para o homem, cavalo do homem,
E áspera para o cavalo.

O templo de augustos signos
E de lúcida arquitetura
Marca a distância do real:

A terra ocupando o céu,
A forma feroz do Etna
E do Strômboli o domina.

O centro da terra explode
Em cacto, jasmim e enxofre.
Augúrios respira o ar,
O bárbaro mar e seus gongos.
Trinácria, três pernas, triângulo.

(De *Siciliana*)

ÁVILA

O aeronauta conduz a bordo a palavra silêncio.
Sobrevoamos Ávila, composição abstrata.
O avião abrindo curvas dá guinadas
Como os movimentos da alma na escrita de Santa Teresa
Ávila absorvida, surge Madrid à frente:
Subimos agora as ladeiras da descida

●

Volto a ver Ávila, contornada a pé.
Em Ávila recebi minha ração de silêncio maior
E pude decifrar o texto do meu enigma;
Deus permitiu que eu cresça desde o início
No espaço árido da minha fome e sede.

Permitiu que eu tocasse o núcleo da minha origem,
Eu que sou o não-figurativo, o não-nomeado,
O não-inaugurado, o que sempre se perfaz,
Nutrido pelo sol interior que acende o esqueleto;
Alguém que é ninguém,
De amor consumido pelo Nada ou Tudo,
O que nunca abriu a boca, nem supõe o milagre,
Habita na aflição, na densidade,
Sem Espanha e com Espanha.
Que muero porque no muero.

●

Severa e castigada, Ávila funda
O espaço criador do espaço,
A pedra macha de Espanha
Que cerra o segredo.

(De *Tempo Espanhol*)

TOLEDO

A Dámaso Alonso

Toledo divide-se em dois planos:
O plano da solidez e intensidade.
O plano da solidão e do silêncio.
O Tejo transporta séculos barrentos.
A rocha cor de ferrugem
Determina a cidade austera,
Peñascosa pesadumbre.

●

Toquei em Toledo a linguagem espanhola,
A pedra, sua força concentrada.
Toquei à noite em Toledo
O que resta da solidão e do silêncio.
Toquei a loucura lúcida do homem.
Quem no-la revelou como Cervantes?

Toquei de golpe áspera Espanha:
Conhecendo o cerne do homem,
Resume deserto e Oriente,
Resume força na secura.
A mis soledades voy,
De mis soledades vengo.

Em Toledo toquei a Espanha gótica,
Toquei as ruínas do silêncio.
Solidão das solidões, tudo é solidão.

●

Nas arquiteturas de tijolo
Da *calle* Garcilaso de la Vega
Vi o silêncio grimpando.
Vi Ninguém na estreita *calle*,
Vi os restos do extremo luxo, a solidão.
As ruínas do silêncio em pé,
Um silêncio de tijolo e almas penadas árabes.
Silêncio plástico de Castela.

●

Em Santa Maria la Blanca
A arquitetura branca levantou-se muda.
Vi a solidão branca no ocre de Toledo.
Em Santa Maria la Blanca
Vi a solidão habitada:

Tempo clássico de coexistência
Do mouro, do israelita e do cristão,
Tempo de homens reunidos.
Santa Maria la Blanca,
Face da Espanha judia,
Silêncio de planta e azulejo.
A mis soledades voy,
De mis soledades vengo.

●

Em Toledo descobri
Silêncio e solidão sem fluidez,
Silêncio e solidão góticos,
Silêncio e solidão sólidos:
De tijolo,
De pedras armoriadas.

●

Sobe para o céu o cavaleiro de Orgaz
Que inserido em dois planos
Ainda se comunica à terra
Pelo fogo comprimido de Toledo.
Cada figura toledana que o cerca
Participa de sua morte:
De ferro, surda.
O silêncio explode no quadro,
Na composição cerrada do primeiro plano:
Silêncio e secura de Espanha
Onde a morte, elemento ainda de vida,
Marca a ressurreição do homem nu
Que o segundo plano indica.

●

Em Toledo pude captar
A rocha intensa
– Peñascosa pesadumbre –
O ocre do homem,
O silêncio do tijolo,
Timbre áspero cerrado.
Os objetos de tocaia,
O céu se abrindo em crateras
Como nos quadros de El Greco.
O rio oprimido pela rocha.
O canto mozárabe de capelas ocultas.
O eco da pedra, vencido.
Os movimentos no Zocodover.
Eis Toledo como El Greco a tocou e pintou:
O máximo de intensidade no mínimo de espaço.

A mis soledades vengo,
De mis soledades voy.

(De *Tempo Espanhol*)

O SOL DE GRANADA

À *memória de Manuel Altolaguirre*

O sol de Granada aspira
Arquiteturas abstratas.

O sol de Granada gira
O corpo de Lindaraja.

O sol de Granada inspira
Sangue e ritmo de gitanos.

O sol de Granada mira
As duas faces de Espanha.

(De *Tempo Espanhol*)

Morte Situada na Espanha

(*La Caridad – Sevilha*)

Distingo, perto as ruínas de Don Juan,
Advertência didática da morte.

Morte que fascina o espanhol
Trazendo-lhe a vida à tona.
Morte para a espanhol: odiada força
Que extingue o livre arbítrio e seu diamante,
A honra vertical e a marca de cada um.

●

Morte:
Objeto adormecido no átomo
E que sabe explodir antes da Bomba.
Nasceste mineral, a ele regressarás.
Morte: rito decisivo
Onde touro e toureiro se consomem.

●

Morte de Sevilha, Córdova, Toledo.
Morte do Museu românico da Catalunha.
Operário e estudante espanhóis,
Mortos que sois na flor da greve!

Tua morte; morte dos amigos essenciais; minha morte.
Morte da Espanha; morte de qualquer objeto;
Morte, que explode na mão do universo – criança.

Morte da morte de ouvido.

Morte da palavra gasta,
Restaurada com rigor, corrompida outra vez.

Morte da dinastia sucessiva de palavras.
Morte da palavra.
Morte da palavra morte.

Gozaremos futuros bens entressonhados na infância?

●

O real explode com a morte.
A contenção espanhola da morte
Explode em fogo e fim.
Explode a morte agredida pelo espanhol.
Explode o silêncio espanhol da morte.

Morte: tempo físico que explode
Largando a pele da memória.
Tempo da memória que explode
Substantivamente.

(De *Tempo Espanhol*)

Grafito na Praça Djemaa El Fna

Quem diz Alá diz: espaço.

Deus. O espaço do Deus. O braço,

Que escreve: "Faço. Desfaço. Renasço".

Paço aberto a todos. Compasso

Regula o giro do espaço. O não-lasso.

O braço vector do homem lasso.

(De *Convergência*)

MURILOGRAMA A RIMBAUD

●

Inventa. Excede do século

●

Porta a partitura do caos.

●

Blouson noir / beat / arrabbiato:

●

Duro. Ar vermelho. Górgone.

●

Orientaliza o Ocidente.

●

Barcobêbedo. Anarqlúcido.

●

O céu-elétrico-no Índex.

●

Fixa a vertigem, silêncios.

●

Dioscuro, exclui o Oscuro.

●

Abole Musset, astro ocíduo.

●

Refratário. Ambíguo. Fálico.

●

Osíris de T e açoite.

●

Canta: retira-se a flauta.

●

"Merveilleux": lê "merdeilleux".

●

Desdá. Desintegra. Adenta.

●

Consonantiza as vogais.

●

Perpetuum mobile. Médium.

●

Ignirouba. Se antecede.

●

Morre a jato: se ultrapassa.

●

Desdiz a noite compacta.

●

Autovidente & do cosmo.

●

Além do signo e do símbolo.

●

A idéia do Dilúvio senta-se.

(De *Convergência*)

Texto de Informação

1

Noitefazes
Ou diafazes?

Noite redonda
Cararredonda
Ar voando:
Sono da palavra
Coisa-feita.

Dia quadrado,
Caraquadrada
Ar parando:
Insônia da palavra.
Coisa-fazes.
Diafazes.

2

Tiro do bolso examino
Certas figuras de gramática
de retórica
de poética
Considero-as na sua forma visual
Fora de função / no seu peso específico,
& som próprio
de palavras isoladas:
Oxímoron; anáclase. sinérese
Sinédoque. anacoluto. metáfora
Hipérbato. hipérbole. hipálage
Assíndeto

3

Ponga, s.f. (Bras. Norte) Espécie de jogo. Consiste num quadrilátero de madeira ou papel em que se traçam duas diagonais e duas perpendiculares que se cruzam e em que se jogam dados.

4

Inserido numa paisagem quadrilíngüe
Tento operar com violência
Essa coluna vertebral, a linguagem.

Esquadrinho nas palavras
Meu espaço e meu tempo justapostos.
E dobro-me ao fáscino dos fatos
Que investem a página branca:

Perdoai-me
Valéry
Drummond

5

...as palavras / coisas / são belas
No seu vestido justo
Criado por alfaiates-óticos.

6

Eu tenho a vista e a visão:
Soldei concreto e abstrato.

Webernizei-me. Joãocabralizei-me.
Francispongei-me. Mondrianizei-me.

(De *Sintaxe – Convergência*)

PALAVRAS INVENTADAS

(*EM FORMA DE TANDEM*)

Ardêmpora	neclauses
Bisdrômena	guevolt
Canéstrofa	trapesso
Desdômetro	fanúria
Ervêmera	valdert
Ferdúmetri	beliús
Glamífero	glavencs
Hedvâmpero	notraut
lrglêmone	pantêusis
Jirtófelo	jivórnea
Kastrúnfera	vidrolt
Lirtêmola	dergalt

Mirpólita	corvecss
Normúfilo	zemiltz
Orgântula	vernodr
Pordênola	punerv
Quervídrola	forguenz
Rindáutera	norlun
Sernôfelant	obcúrima
Terrábile	viednon
Urtêmbrola	regrit
Vercáubero	tanélia
Xisdêrdalo	verdinktra
Zedráufila	perclômeno

(De *Sintaxe – Convergência*)

TEXTO DE CONSULTA

1

A página branca indicará o discurso
Ou a supressão o discurso?

A página branca aumenta a coisa
Ou ainda diminui o mínimo?

O poema é o texto? O poeta?
O poema é o texto + o poeta?
O poema é o poeta – o texto?

O texto é o contexto do poeta
Ou o poeta o contexto do texto?

O texto visível é o texto total
O antetexto o antitexto
Ou as ruínas do texto?
O texto abole

Cria
Ou restaura?

2

O texto deriva do operador do texto
Ou da coletividade – texto?

O texto é manipulado
Pelo operador (ótico)
Pelo operador (cirurgião)
Ou pelo ótico-cirurgião?

O texto é dado
Ou dador?
O texto é objeto concreto
Abstrato
Ou concretoabstrato?

O texto quando escreve
Escreve
Ou foi escrito
Reescrito?

O texto será reescrito
Pelo tipógrafo / o leitor / o crítico;
Pela roda do tempo?

Sofre o operador:
O tipógrafo trunca o texto.
Melhor mandar à oficina
O texto já truncado.

3

O texto é o micromenabó do poeta
Ou o poeta o macro menabó do texto?

4

A palavra nasce-me
    fere-me
    mata-me
    coisa-me
    ressuscita-me

5

Serviremos a metáfora?
Arquivaremos a?

Metáfora: instrumento máximo;

                         CASSIRER,

A própria linguagem do homem.

                         ORTEGA Y GASSET

Invenção / translação.

6

A palavra cria o real?
O real cria a palavra?
Mais difícil de aferrar:
Realidade ou alucinação?

Ou será a realidade
Um conjunto de alucinações?

7

Existe um texto regional / nacional
Ou todo texto é universal?
Que relação do texto
Com os dedos? Com os textos alheios?

Giro
                                    NE POUR D'ÉTERNELS
Com o texto a tiracolo

PARCHEMINS

(MALLARMÉ)

Sem o texto

Não decifro o itinerário.

Toda palavra é adâmica:
Nomeia o homem
Que nomeia a palavra.
Querendo situar objetos
Construímos um elenco vertical.
Enumeração caótica?
Antes definição.
Catalogar, próprio do homem.

8

Morrer: perder o texto
Perder a palavra / o discurso

Morrer: perder o texto
Ser metido numa caixa

Com têsto
Sem texto

9

Juízo final do texto:
Serei julgado pela palavra
Do dador da palavra / do sopro / da chama.

O texto-coisa me espia
Com o olho de outrem.

Talvez me condene ao ergástulo.

O juízo final
Começa em mim
Nos lindes da
Minha palavra.

(De *Sintaxe – Convergência*)

O SOL

O sol é uma hipótese científica
sobre a qual Einstein tinha muitas dúvidas

o sol é uma invenção de Josué
retomada por Galileu Galilei

o sol obviamente súcubo das galáxias mais antigas
o sol é o pseudônimo dum deus à janela

o sol é um brinquedo dos nossos netos
o sol é a lua fervendo

o sol é um cirurgião que não liga meia para a nossa morte
o sol um girassol cansado de o ser

o sol uma bandeira do cosmo sem bandeiras
o sol um pássaro de fogo que gira em torno à terra

o sol: postal ilustrado de que jamais gostei.

(Tradução do original italiano por Maria da Saudade Cortesão –
Colóquio-Letras – Lisboa).

Textos

O Ovo

O ovo é um monumento fechado, automonumento; plano piloto da criação.

A exemplo da torre de Pisa, o ovo não costuma sustentar-se em pé. Ninguém ignora que a torre gosta de emigrar durante a noite. De resto ela subsiste somente porque amparada por uma pluma num quadro de René Magritte.

O mesmo pintor em outro quadro, *Les vacances de Hegel*, mostra um guarda-chuva aberto: em cima pousa um copo contendo um líquido. Evidentemente todos os observadores sofrem a mesma ilusão de ótica trocando o copo por um ovo, de resto mais vizinho ao pensamento do filósofo.

O ovo, objeto concreto de alto coturno, caríssimo, quase inacessível: diamante do pobre.

●

No meu tempo de infância, indo já a noite alta de dois metros, eu não ouvia mais o tique-taque do relógio; antes o pulsar do ovo na sua gema, nunca sua clara.

Num tempo ainda mais recuado eu tinha medo do ovo. O medo: confere-nos uma téssera de identidade, fazendo-nos enfrentar algo de real, o próprio medo. O medo é o ovo da aventura posterior.

(De *Poliedro*)

O Tigre

O tigre, segundo Valéry, é um fato grandioso, uma vera instituição, um poder organizadíssimo, uma espécie de razão de Estado, de monarquia totalitária; o animal absoluto. Por estes e outros motivos afins já se vê que le tigre ce n'est pas moi.

●

O tigre, mamífero da família real dos Félidas, calcula seus atos com rigor extremo; não se passa a limpo, não se desdiz nem se corrige. O tigre é autocronometrado. Mesmo quando opera durante a noite opera diurno.

●

William Blake maravilha-se com razão, perguntando-se que olho imortal ousou a terrível simetria do tigre; e se o tigre poderia agradar ao próprio Deus que criou o Cordeiro.

●

O tigre devorará tua metáfora antes do seu acabamento. O tigre não espera o homem. Os deuses esperam o tigre.

●

Não há tigre-vice: o leão é o vice-tigre.

●

O tigre: tão bem organizado que até os tigres de papel fazem-se temer.

●

O tigre: compasso em forma de tigre.

●

Agredirei a majestade desse animal definitivo aludindo à tigricidade da dupla Stalinhitler?

●

O tigre, esse cosmotigre.

●

O tigre é belo. Inadiável. Sibilino. Calmo. Intransferível.

●

A tigresa eternidade avança para mim sob a forma de uma tesoura: Átropos.

(De *Poliedro*)

O URUGUAI

O Uruguai é um belo país da América do Sul limitado ao norte por Lautréamont, ao sul por Laforgue, a leste por Supervielle. O país não tem oeste.

As principais produções do Uruguai são: Lautréamont, Laforgue, Supervielle.

O Uruguai conta três habitantes: Lautréamont, Laforgue e Supervielle, que formam um governo colegial. Os outros habitantes acham-se exilados no Brasil visto não se darem nem com Lautréamont nem com Laforgue nem com Supervielle.

(De *Poliedro*)

O MENINO EXPERIMENTAL

O menino experimental come as nádegas da avó e atira os ossos ao cachorro.

●

O menino experimental futuro inquisidor devora o livro e soletra o serrote.

●

O menino experimental não anda nas nuvens. Sabe escolher seus objetos. Adora a corda, o revólver, a tesoura, o martelo, o serrote, a torquês. Dança com eles. Conversa-os.

●

O menino experimental ateia fogo ao santuário para testar a competência dos bombeiros.

●

O menino experimental, declarando superado o manual de 1962, corrige o professor de fenomenologia.

●

O menino experimental confessa-se ateu e à-toa.

●

O menino experimental é desmamado no primeiro dia. Despreza Rômulo e Remo. Acha a loba uma galinha. No tempo do oco pré-natal gritava: "Champagne, mamãe! Depressa!"

●

O menino experimental decreta a alienação de Aristóteles. Expulsa-o da sua zona, só com a roupa do corpo e amordaçado.

●

O menino experimental repele as propostas da prima de dezoito anos chamando-a de bisavó.

●

O menino experimental escondendo os pincéis do pintor e trancando-o no vaso sanitário, obriga-o a fundar a pop art, única saída do impasse.

●

O menino experimental ensina a vamp a amar. Dorme com o radar debaixo da cama.

●

O menino experimental, dos animais só admite o tigre e o piloto de bombardeio. Deixa o cão mesmo feroz e o piloto civil às pulgas.

●

O menino experimental benze o relâmpago.

●

O menino experimental antefilma o acontecimento agressivo, o Apocalipse, fato do dia.

●

O menino experimental festeja seu terceiro aniversário convidando Jean Genet e Sofia Loren para jantar. Espetados na mesa três punhais acesos.

●

O menino experimental despede a televisão, "brinquedo para analfabetos, surdos, mudos, doentes, antinitzsches, padres, podres, croulants".

●

O menino experimental atira uma granada em forma de falo na mãe de Cristóvão Colombo, sepultando as Américas.

(De *Poliedro*)

NATAL 1961

Deslocados por uma operação burocrática – o recenseamento da terra – a Virgem e o carpinteiro José aportam a Belém.

"Não há lugar para esta gente", grita o dono do hotel onde se organiza um congresso de solidariedade.

O casal dirige-se a uma estrebaria, recebido por um boi branco e um burro cansado de trabalho.

Os soldados de Herodes distribuem alimentos radioativos a todos os meninos de menos de dois anos.

Uma poderosa nuvem em forma de cogumelo abre o horizonte e súbito explode.

O Menino nasce morto.

(De *Conversa Portátil*)

IDEÁRIO CRÍTICO

1

A Arte

A revisão do processo de pensamento, a mudança de atitude mental, o combate à rotina, a aceitação de um universo em que se cruzam múltiplas correntes de cultura, eis alguns pontos de um programa de recuperação crítica que deveria ser sempre apresentado a todos aqueles que desejam aperfeiçoar seus conhecimentos de artes. É preciso considerar a vastidão e a multiplicidade das formas, idéias, imagens e sensações que se oferecem à nossa ruminação. A palavra divina que afirma: "Na casa do Pai há muitas moradas", aplica-se também, de variadas maneiras, ao universo da arte. A cada um a sua morada, conforme o talento que recebeu, conforme sua natureza original ou transfigurada, conforme seu amor, seus erros, suas paixões, seus ímpetos, sua ideologia, suas inclinações, seu silêncio.

●

Desmontar a burrice, o tabu dos materiais ricos, desarticular o espírito burguês em todos os seus setores, organizar a inteligência e a sensibilidade:

atingimos enfim a inevitável transfiguração do elemento social e político. Movimentos paralelos: revolução política, revolução artística.

●

O surrealismo, tentando ultrapassar os limites da razão humana, aproxima-se às vezes consideravelmente da mística.

●

Um grande artista deve conciliar os opostos.

●

Um pintor pinta até o fim de sua vida um único quadro, um poeta escreve um único poema etc. O homem sempre disse a mesma coisa desde o princípio.

●

Grandes temas centrais da arte e da vida humana: a idéia da transgressão da ordem – a saudade do paraíso perdido – a volta à unidade.

●

Observa-se um abuso da linha reta na arquitetura moderna – e isto é devido ao seu caráter utilitário. Mas o homem já está se cansando – e retomará a linha curva, de acordo com a tendência permanente da natureza humana ao retorno às origens, à linha do ventre feminino, "às idéias-mães". Por isso o cemitério deveria ser em forma oval.

●

O cinema é talvez o meio técnico mais poderoso que o homem encontrou para se representar a si mesmo; mas esta admirável invenção acha-se

completamente pervertida pelo espírito comercial, industrial e capitalista –
numa palavra, satânico.

●

Depois de tantas teorias voltamos aos antigos conceitos: a dança é um
desdobramento da revelação poética; uma confrontação plástica do homem
com o destino; um ritual de encantação.

●

A dança – talvez devido ao seu profundo enraizamento nos princípios
geométricos – mesmo quando inquieta e excitante, realiza este prodígio de
nos aplacar.

2

A POESIA

A poesia é a realidade; a imaginação, seu vestíbulo.

●

A poesia não pode nem deve ser um luxo para alguns iniciados: é o pão
cotidiano de todos, uma aventura simples e grandiosa do espírito.

●

Todas as contradições se resolvem no espírito do poeta. O poeta é ao
mesmo tempo um ser simples e complicado, humilde e orgulhoso, casto e
sensual, equilibrado e louco. O poeta não tem imaginação. É absolutamente
realista.

●

O olhar do poeta é vastíssimo: só ele percebe os inumeráveis crimes contra a Poesia.

●

Viver a poesia é muito mais necessário e importante do que escrevê-la.

●

De modo geral os poemas são paródias da Poesia, como os sermões são paródias do Verbo.

●

No plano poético, o espiritual é orgânico.

●

Sempre, em todos os tempos, a poesia corrigiu a crítica.

●

O poeta é escravo e senhor do poema.

●

O poeta deve tirar partido do sonho como elemento subsidiário.

●

O poeta não quer ser governado nem governador.

●

O poeta é o prático do espiritual.

●

O conselho veio de Rimbaud: desarticular os elementos.

●

Em última análise, essa desarticulação dos elementos resulta em articulação. O movimento surrealista organizou e sistematizou certas tendências esparsas no ar desde o começo do mundo.

●

Alguém poderia, de passagem, protestar contra o acúmulo indevido de certos sinais, símbolos e motivos próprios à moderna operação poética; possivelmente um excesso de anjos, constelações, medusas, damas de ópera, sibilas, pianolas etc. Ora, viajando pela praia do Flamengo, encontraremos dezenas de gaivotas, e nenhuma laranja: daí se conclui que uma gaivota é mais cotidiana que uma laranja. E haverá alguma coisa mais cotidiana que uma constelação?

●

Os poderes do mal disputam-se o governo do mundo; a terra é saqueada e incendiada; os golpes econômicos e militares mutilam a harmonia da sociedade humana: apoiado na doutrina de um nacionalismo estreito, o ditador da Germânia ordena: "a música alemã para o povo alemão": o canto livre das nações é amordaçado. Mais do que nunca, os poetas devem reivindicar autonomia para sua expressão, respeito ao seu território inviolável.

3

A MÚSICA

Mozart, sendo o produto extremo de uma civilização refinada, é também um homem da estatura dos antigos. Sua substância é o Fogo.

●

A essência da música é a liberdade, pois está baseada na combinação de números até o infinito. Nela reside o prazer sem impureza. Eis por que pela música também se vai a Deus.

●

Há uma certa demagogia musical, à qual escapam principalmente o canto gregoriano, Bach, Mozart, Scarlatti e Debussy.

●

A nova natureza originada pela música deverá cooperar na transformação pedagógica do homem.

●

A música pensa? Respondo: não há uma representação objetiva do mundo na música; há a contemplação das idéias que se equilibram enquanto número e ritmo.

●

Há na música uma representação da vontade – transfigurada – cujo mais alto ponto se encontra em Beethoven, capaz de construir a angústia, e de superá-la por meio da melodia perfeita – constelação nova e em avanço sobre as conquistas da própria música moderna.

●

Persiste o costume de classificar Beethoven como o "homem de Rousseau e dos princípios da Revolução Francesa". Estes sem dúvida o influenciaram. Mas ele não é menos homem de Shakespeare, de Plutarco e de Homero, cujos livros nunca largava. E, sobretudo, não é menos homem de Haendel e de Bach. O espírito de Beethoven remonta às antiquíssimas origens da própria humanidade.

●

O duelo Mozart-Beethoven não tem razão de existir. A natureza de Mozart é mais íntima, vocal e profana; a de Beethoven mais coletiva, instrumental e religiosa. Pertencem a duas diferentes famílias de espíritos, que um dia acabarão por se unir.

●

De resto, a concepção das *Bachianas Brasileiras* veio mostrar como estava longe de Villa-Lobos a idéia de se restringir a um nacionalismo de superfície. Não sei se a importância desta obra já terá sido suficientemente compreendida por todos os que se interessam pela música em nosso país. As *Bachianas* estão destinadas a ter, em futuro próximo, uma grande projeção na Europa: de um lado, mostram mais uma vez a universalidade e a capacidade de influência da música de Bach; de outro lado, revelam os dons de assimilação do espírito brasileiro e sua capacidade de penetração de tudo o que é humano e que serve ao homem. A missão das *Bachianas* é política no mais alto sentido do vocábulo: trabalham para a construção da cidade ideal, onde um dia se apagarão todos os ressentimentos e todos os ódios, onde a família humana verificará, enfim, que procede de uma origem única, reconhecendo-se e amando-se na unidade da música. E aqui tocamos mais um aspecto importante da personalidade de Villa-Lobos: a do político – sempre no sentido extrapartidário do termo –, do construtor de um sistema de educação pela música e que desde já levanta para a posteridade o monumento de um Villa-Lobos que tem feito mais pelo Brasil do que muitos estadistas, seus presumidos "salvadores".

4

A PINTURA

O pintor deve ser tão cego como vidente: palpar, tatear.

●

A pintura é uma recapitulação do homem e de seus objetos familiares e míticos.

●

Os sentidos de um pintor se desenvolvem não só na observação minuciosa da natureza, como durante o próprio trabalho da feitura do quadro.

●

O princípio plástico dum quadro protege-o da exegese interessada.

●

Há uma espécie de meditação plástica tão intensa como uma meditação filosófica.

●

A realidade na pintura assume o valor dum mito. Na verdadeira pintura o gênio de transposição é muito maior que o de descrição.

●

Para o pintor medíocre a libertação do assunto, provocada pelos movimentos da arte moderna, constitui um embaraço.

●

Um quadro é sem dúvida uma operação manual – mas é o resultado de inúmeras antecedentes operações visuais e mentais.

●

É importante possuir a imaginação da cor ou do desenho, – não do assunto.

●

Nenhum grande pintor moderno rompeu com a tradição plástica; antes recuperou-a.

●

Leonardo da Vinci escreveu: "La pittura è cosa mentale". Aviso aos acadêmicos de todas as épocas, que pretendem restringir o campo das possibilidades plásticas.

●

A foto-montagem aparenta-se à pintura, à fotografia e ao *ballet*. Seus elementos de organização são pobres e simples: figuras recortadas de velhas revistas, gravuras imprestáveis: uma tesoura e goma-arábica. Esta aliança da pintura e da fotografia permite e facilita o encontro do mito com o cotidiano, do universal com o particular. [...] Há uma combinação do imprevisto com a lógica. E a fotografia tem ajudado o homem a alargar sua experiência de visão.

●

O Rio, como a Bahia, espera uma equipe de artistas que o reabilite, que o salve dos "ilustradores", dos fabricantes de cromos, de sua falsa situação de "cidade maravilhosa". Porque o Rio é hoje uma cidade trágica, arena de encontro entre a nova técnica e a natureza bárbara, testemunho do desajustamento cultural, espiritual e político do homem brasileiro, lugar dos mais violentos contrastes; capital burguesa da angústia e da injustiça social; sede de um drama de enormes proporções, do sepultamento da baía e sua transformação em pista de automóveis, da camuflagem dos morros pelos arranha-céus de monstruoso mau gosto, da mutilação de vidas humanas por veículos que escaparam ao Dante e ao Apocalipse.

5

A Religião

O reino de Deus está em nós. Não está sujeito ao tempo nem ao espaço.

●

O burguês é o homem que não crê na Transubstanciação.

●

A religião não é uma pesquisa, mas uma finalidade; daí seu relativo insucesso, pois o homem em geral cuida mais da pesquisa.

●

Viver liturgicamente é aceitar a atribulação com o Cristo e pelo Cristo; é consolar os que sofrem; visitar os doentes e encarcerados; vestir os nus; libertar os oprimidos; dar de comer aos que têm fome; dar de beber aos que têm sede; esperar, como William Blake, cantando hinos, a morte, passagem pascal para a ressurreição no Cristo glorioso.

●

Pelos cinco sentidos também se vai a Deus.

●

A meditação dos fins últimos do homem não nos é proposta por motivos mórbidos ou vagos, mas sim por motivos indispensáveis à nossa construção. O homem que escapa a tais meditações há de encarar sempre a vida através de valores falsos, e será estupidamente surpreendido quando a morte chegar. A meditação dos fins últimos dá ao homem a conformidade com o irremediável e o intransferível, oferece-lhe uma escala de sabedoria para o cálculo do justo valor das coisas e o investe na esperança da Ressurreição com o Cristo glorioso.

●

A Igreja Católica é tão necessariamente verdadeira que eu preferiria errar com ela a acertar com os seus adversários.

●

Na Igreja Católica o conceito de liberdade é muito próximo ao de pecado. Também os bispos e os papas têm liberdade de escolher o inferno.

●

O Cristo é fino e agressivo.

●

A Igreja Católica, na sua doutrina e na sua estrutura, contém tudo, menos o espírito municipal.

●

O desejo que temos de Deus não é vago: provém da necessidade, que experimentamos na nossa carne e no nosso espírito, de assumir todas as coisas do mundo numa Pessoa infinitamente perfeita, que nos ame, nos compreenda, nos absolva, nos edifique sobre a nossa miséria, nunca nos traia, e nos eleve à contemplação da Origem das origens, o Princípio e o Fim de todos e de tudo.

●

O coração do rico é o ovo do inferno.

●

"É MAIS FÁCIL UM CAMELO PASSAR PELO FUNDO DE UMA AGULHA, DO QUE UM RICO ENTRAR NO REINO DO CÉU". Esta sentença é clara como água. Nada de interpretações. É ali no duro!

●

O Cristo é uma Pessoa coletiva.

●

Onde encontrar o Cristo? Eis a pergunta fundamental que tantos ainda fazem hoje. Encontra-se muitas vezes o Cristo – assim me aconteceu – prefigurado nos traços espirituais de um amigo. Mas não nos basta: precisamos encontrar o Cristo Total.

●

Encontrei-o na Igreja Católica. Encontrei-o no Evangelho, na revelação da doutrina integral, mantida ininterruptamente, através dos séculos, pela sucessão apostólica; na comunicação sacramental e litúrgica; nos atos e nos escritos inspirados dos mártires, santos e doutores, membros gloriosos do Corpo místico; na solidariedade sobrenatural que circula entre os fiéis, participantes de um só Deus, uma só fé, um só batismo; na universalidade do espírito fecundo da Igreja que extrai o homem da rotina e o estabelece como centro de relações, imprimindo-lhe, sem cessar, o movimento e a vida; em alguns sacerdotes exemplares (todos são delegados do Verbo, mas Ele se manifesta mais visivelmente nuns que noutros); na fisionomia de certos pobres; em qualquer lugar onde existe alguém que sofre, que necessita de um copo de água ou de uma palavra de ânimo; enfim, em todos aqueles que, segundo a expressão sublime de S. Paulo, completam na sua carne o que falta à própria Paixão do Cristo.

6

A POLÍTICA

Uma revolução triunfante perde o elemento romanesco que há nas conspirações. Um poeta revolucionário jamais gostaria de chegar ao governo. Eu conspiraria se tivesse a certeza de perder.

●

A política é a arte de errar.

●

O nazismo é a crueldade organizada.

●

O comunismo é revolucionário diante do capitalismo e conservador diante do cristianismo.

●

A harmonia da sociedade somente poderá ser atingida mediante a execução de um código espiritual e moral que atenda, não só ao bem coletivo, como ao bem de cada um. A conciliação da liberdade com a autoridade é, no plano político, um dos mais importantes problemas. A extensão das possibilidades de melhoria a todos os membros da sociedade, sem distinção de raças, credos religiosos, opiniões políticas, é um dos imperativos da justiça social, bem como a apropriação pelo Estado dos instrumentos de trabalho coletivo.

●

A Revolução é economicamente necessária – mas filosófica e espiritualmente errada.

●

Para que o homem retome consciência de si mesmo é necessário que desapareçam do mundo as fórmulas: fascismo, racismo, absorção da criança pelo Estado etc. – completamente contrárias ao princípio de autodeterminação poética e ao espírito do dogma da comunhão dos santos, pelo qual se mantém a caridade internacional e universal.

●

Desconheço a guerra justa.

●

Jamais a política e a economia terão a força da mística.

●

A política aparenta-se muito ao comércio; também ela vive dum princípio de exploração e lucro.

●

Os políticos hipnotizaram a massa, e lhe puseram uma etiqueta. O indivíduo não sabe mais quem é, o que pensa, o que pode, o que quer, para onde vai.

●

Todos os movimentos políticos modernos chegaram a este resultado: desconsolar o homem e tirar-lhe a razão da existência.

●

A libertação econômica do homem só poderá de fato se operar quando ele se resolver a aceitar e seguir a vida essencialista ensinada no Sermão da Montanha. Tal libertação não poderá evidentemente ser operada dentro do sistema capitalista.

●

Uma guerra gera outra. Ultimamente surgiram várias famílias de guerras – a guerra econômica, a *Blitzkrieg*, a guerra de nervos, a guerra total etc. Que grandioso livro a se fazer – o da Geração das Guerras.

●

É trágico e sintomático que o homem moderno, tendo superado teoricamente o conceito de guerra, somente nela esteja encontrando uma forma de realizar sua virilidade. Educada e instruída neste terrível ambiente, a geração de amanhã, se não matar, não poderá se sentir viril.

7

A Técnica e a Questão Social

O que se acha em jogo em cima da mesa de operação – e esta mesa de operação é o mundo todo – o que se acha em jogo é a própria condição do homem, sua subsistência no presente e no futuro. A questão social transformou-se na questão mesmo da humanidade. Não há distinção nítida de classes, não há mais a divisão rigorosa da sociedade em dois campos políticos. Há em primeiro lugar a divisão do homem dentro de si próprio: a consciência desta divisão estende-se a todos. Basta notar a diferença da mentalidade de uma criança de hoje para uma criança de quarenta anos atrás: a vasta soma de informações que possui a criança atual marca a fisionomia de uma época. Os problemas se entrelaçam: o problema político, o econômico, o religioso, o moral fundem-se a tal ponto que penetram até mesmo o espírito do homem comum. Não se trata apenas, a meu ver, da transição de uma forma de sociedade para outra, do declínio de uma classe e conseqüente subida de outra. É tudo isto e outras coisas mais. Opera-se uma revisão total das possibilidades do homem em face da natureza e do desconhecido. O poder político – penso particularmente no poder totalitário – é um dos personagens principais do drama: agravamento do terror, tentativa de exoneração do humanismo, eliminação das nossas tendências místicas e contemplativas, apelo à única força telúrica, e a supressão da nossa intimidade fecunda para se criar, através de monstruosos métodos científicos, uma solidão estéril e desumana – o que determina o aparecimento de uma nova espécie de homem, o homem mecânico, o homem "robot", o homem sozinho em face de um Estado e de um universo hostis, fautores de um permanente estado de sítio.

●

Sobra a este século o espírito técnico; falta-lhe um grande estilo de vida.

8

CAMÕES – O HOMEM SIM

Camões é um homem bíblico – desses capazes de viajar três dias no ventre duma baleia. Diante da situação atual, sua figura e sua obra adquirem um conteúdo novo, e devem ser interpretadas por meio duma iluminação mais forte. A importância dos *Lusíadas* para a raça portuguesa é manifesta – mas a importância universal da *Lírica* não o é menos.

●

Tem-se repetido que esse augusto Luís de Camões é um poeta católico, sobretudo porque celebra na sua epopéia a capacidade de expansão catequética do povo português, descobrindo novos impérios para a Fé. Isto está certo, mas de um ponto de vista político e nacional. O que precisamos acentuar com mais força é que Camões é um poeta católico pela sua aceitação do sofrimento cotidiano em união com o sacrifício do Calvário, conforme manifesto claramente nas sublimes elegias oitava e nona; pela fusão que operou da espiritualidade cristã com a platônica, na redondilha *Babel e Sião*, um dos pontos mais altos da poesia mística; pelo realismo e virilidade com que resolveu as contradições surgidas na sua movimentada vida, onde o contemplativo – revelado na *Lírica* – não se mostra menos atento e vigilante que o homem de ação.

●

Camões, tendo assumido o encargo da vida, levou-o até suas extremas conseqüências, e esgotou a realidade. Nele coexistem o espírito de audácia e o de retraimento. Nenhum vestígio de feminilidade ou morbidez. Homem de guerra e de navegação, também homem de história, conheceu praticamente o espaço e o tempo, e teve o apetite do eterno. Homem íntimo, exterior, internacional – e, acima de tudo, homem castiço.

●

O homem moderno efetuou a disjunção entre a palavra e o fato; é um homem dúbio, farisaico. O homem Camões é firme e integral. Nele não combatem o sim e o não. O homem Camões é o Sim. Seu ato é fiel à sua palavra. Este Luís de Camões sabia muito bem o que é o Verbo: por isso pôde encarná-lo.

9

GIL VICENTE – TEÓLOGO POPULAR

Gil Vicente é uma feira de prodígios. Poeta teocêntrico em plena Renascença voltada para o exterior, não é menos humanista que seus pares: mas, embora estude e considere o homem – porque o ama – não coloca nele seus fins. Poderemos antes dizer que se filia ao espírito da Idade Média, não só pelo caráter da sua religiosidade, como pela concepção do teatro muito ligada à dos "mistérios". É principalmente pela crítica ao farisaísmo e aos costumes dos cristãos – tanto leigos como eclesiásticos – que ele se aparenta ao espírito renascentista.

●

As duas figuras principais do drama, em Gil Vicente, são: o próprio Deus e o povo. Que senso admirável ele possui do dogma da Encarnação do Cristo! Por meio deste grande mistério o homem se torna parente próximo, irmão do Salvador, entrando com Ele na mais íntima familiaridade. Em torno d'Ele o povo dança, faz negócios, ama, peca – vive a vida.

●

Poucos poetas, em todos os tempos, terão compreendido e amado tão bem o Cristo como Pobre.

●

Por que compará-lo a Molière? Este restringiu-se à observação e caracterização do tipo, à crítica de costumes – dentro da relatividade do plano moral. Gil Vicente elevou-se ao plano transpsicológico, às alturas da contemplação dos mistérios divinos, desenrolando ante nós o panorama grandioso da Criação do homem, da sua Queda e Redenção, neste auto verdadeiramente genial que é a *História de Deus*; e dentro do plano humano e psicológico iguala Molière, se o não supera. As peças deste – conforme ele mesmo declarou – estão muito ligadas à sorte das representações; a música desempenha nelas um papel capital. A superioridade de Gil Vicente sobre Molière é, para mim, manifesta.

●

Uma das grandes lições do teatro de Gil Vicente – oportuna lição à suficiência dos homens modernos – consiste em mostrar que não há nenhuma incompatibilidade entre a vida sobrenatural cristã e a vida cotidiana.

●

A forma destes autos – em que se fundem a comédia e o drama – é muito bem adequada à sua concepção. O metro geralmente empregado é o curto, popular. Não se observa nem sombra de pompierismo, de convenção ou de academismo. Gil Vicente se apropria dos elementos mais próximos e mais simples para realizar seu vasto poder de invenção, e para aplicar sua sabedoria e seu bom-senso poético. Nestes autos não existe solução de continuidade – a vida circula em todas as passagens, e no mais humilde verso.

●

Que golpe único de gênio, realizar no teatro o complexo Evangelho da Cananéia! Este homem inspirado, revestido de virtude clássica e popular, é um ANTIGO plantado em plena degenerescência moderna.

●

Façamos circular o dom inestimável desta obra em que ao homem cristão, desde o mais rústico pastor até ao Papa, é apresentado lealmente o espelho de suas misérias e deficiências; e onde o Cristo SE ENCARNA, revelando que está à disposição de todos os homens, e que veio, ELE, o verdadeiro Pobre, para servi-los e comunicar-lhes Seus bens, Sua cultura, – isto é, sua própria Vida. Eis o que acima de tudo lembra à memória enfraquecida do homem moderno este grande intuitivo teólogo popular.

10

ISMAEL NERY, POETA ESSENCIALISTA

A vida de Ismael Nery é o maior monumento da sua poesia. Essa vida complexa, tumultuosa e matemática, foi uma constante afirmação de poesia.

Para Ismael a poesia não consiste, em última análise, no cultivo dos "estados de alma", nem na contemplação das formas exteriores, nem em divagações abstratas: é a antecipação de um estado sobrenatural que o homem só atinge depois de passar por todas as experiências da sensibilidade e da inteligência. Ismael não podia ver o homem fixado num determinado instante da vida; procurava descobrir as raízes desse indivíduo, examinar a existência de seus antepassados, sua infância, seu ambiente moral e físico, seu desenvolvimento no tempo e no espaço e as possibilidades da sua projeção no futuro. Daí a sua indiferença diante de toda a representação poética limitada ao registro de sensações epidérmicas, ou de impressões e anotações imprecisas, aéreas, que formam geralmente o lastro de bagagem dos poetas. Reconhecendo a deficiência da realização artística, preferia praticar a poesia, em vez de escrevê-la. Ismael, como disse no princípio, deu na sua vida diária o mais importante testemunho da potencialidade de seu gênio poético. E nos seus quadros, nos seus inumeráveis desenhos e em alguns poemas que consegui salvar da destruição, indicou o caminho dos mundos que nasciam e renasciam na sua cabeça poderosa. Somente nos últimos meses de sua existência é que Ismael começou a tentar a representação da poesia escrita. Estou certo que, logo que sejam revelados, certos poemas seus como *Os Filhos de Deus, A Virgem Inútil, Eu e o Poema Post-essencialista*, entre outros, comoverão a todos os que os lerem pela sua complexa substância poética e pelas suas raízes biológicas, – mas sem preocupação cientificista, é claro.

Os contatos de Ismael com o plano intemporal determinaram nele uma trepidação poética que se estendia aos que lhe estavam próximos e rasgava as fronteiras do mundo natural. Junte-se a isto uma prodigiosa compreensão das formas plásticas e de seu dinamismo, uma sensualidade universal que desejaria gravar para sempre todas as formas que receberam em diversas épocas o batismo da visão de Ismael.

Eis a equação da poesia de Ismael Nery: sensibilidade micrométrica mais visão intemporal dos acontecimentos. O registro dos diversos fenômenos da sensibilidade é necessário ao poeta como elemento de conhecimento da matéria poética; entretanto não deve o artista se deter nesse campo, do contrário se tornará um escravo do seu próprio temperamento. Atingindo, por experiências biológicas certas, pelos cálculos da inteligência, uma zona moral construtiva, o poeta elimina conscientemente as tendências que lhe causam repulsa, isto é, as tendências supérfluas – em todos os setores da atividade humana – chegando assim a realizar a vida "essencial".

Portanto: primeira etapa da aventura da poesia – organização da matéria poética, dos elementos de conhecimento biológico, podendo ser empregados todos os meios que se acham ao nosso alcance, inclusive os meios mecânicos; segunda etapa – penetração na ordem sobrenatural, que começa no amor e na caridade, até atingir o plano supraterrestre: este nos dará a plenitude de nosso ser definitivo, conforme as revelações de Jesus Cristo, o poeta máximo, pois pregou a poesia que não muda, a que resiste a todos os preconceitos, a todos os modismos – enfim, a poesia dos grandes temas necessários à conservação da unidade do homem, a poesia "essencial". Resumindo: a poesia começou no instante da criação do mundo, continua no plano temporal e se completará um dia na eternidade.

A teoria da poesia segundo Ismael Nery – da qual traço aqui apenas um ligeiríssimo esquema – não será talvez devidamente apreciada, isto porque o que vem caracterizando os chamados poetas modernos é a ausência total de poesia que se observa na vida e na obra deles. Salvo raras exceções, esses poetas fazem questão fechada de se afirmarem como anti-poetas, chegando mesmo a demonstrar profundo nojo diante de toda a manifestação de Poesia.

Quanto à aproximação que procurei estabelecer entre a poesia essencialista e o plano poético do catolicismo, lembrarei que Aníbal Machado, com a sua reconhecida lucidez e penetração crítica, e com a responsabilidade que lhe advém da sua aceitação dos postulados marxistas, não hesitou em escrever: "Ismael não pode ser compreendido à luz dos elementos mais correntes na interpretação dos homens". E insiste: "Esse artista passará incompreendido, se julgado pela escala normal dos valores humanos".

É que Ismael só poderá ser de fato explicado à luz da revelação católica. A Igreja de Jesus Cristo, pela sua doutrina, pelos seus dogmas, pelos seus ritos, é a única entidade capaz de conferir ao homem esse estado de "super-naturalidade" a que André Breton alude no manifesto do suprarrealismo, e que em vão os poetas desse grupo procuram encontrar na deformação de certas lendas, nas especulações espíritas e na representação automática das idéias e das imagens. A Igreja cristã, sim, é completa: na sua concepção do mundo figuram os dois planos, o realista e o suprarrealista.

As representações do espírito essencialista no campo poético têm-se manifestado: nas últimas fases de desenho e pintura de Ismael; em alguns poemas em prosa e em verso que ele escreveu; e em vários poemas que tenho escrito. No meu primeiro livro publicado, "Canto do Noivo", "Vidas Opostas de Cristo e de um Homem", "Alma Numerosa", "Poemas sem Tempo", são amostras da poesia pré-essencialista – além da primeira parte do meu livro *Deus no Volante*, ora no prelo e em outros livros meus inéditos.

Se se reconhecer um alargamento do campo poético nos poemas que vou publicar sob a rubrica *Poemas Essencialistas*, que esse mérito recaia sobre o nome de Ismael Nery. É dificílimo demonstrar num ligeiro artigo as possibilidades da poesia essencialista. Oportunamente serão divulgados diversos documentos que a elucidarão melhor. Por hoje me limitei a dar – a confirmar, aliás – o testemunho público de que vi, ouvi e toquei o imenso poeta Ismael Nery, que, morrendo, me converteu à lei de Jesus Cristo, fonte da poesia viva.

11

ÚLTIMA PARÁBOLA AOS MINEIROS

A poesia

– Não tenho o dom da profecia. Mas respeito hoje o que já disse anos antes, muitos anos antes. A poesia é incorruptível e nunca vai morrer. Porque a poesia faz parte do conjunto global da cultura, está viva e presente em tudo, na música, no cinema, nas artes plásticas, no teatro. Pode não *parecer* poesia se temos uma idéia rígida da poesia como palavra no papel. Mas essas possíveis metamorfoses da poesia só querem dizer de sua vitalidade, de sua permanência. Podem mudar os materiais, a poesia pode voltar a ser mímica, a ser pedra, a se oferecer até em transmissão de pensamento, não sei. Sou de uma prudência extraordinária quanto a programas e previsões. O que sei é que tudo é possível e, portanto, que tudo é maravilhoso. As perspectivas para a poesia são tão infinitas quanto as da vida.

A vida e o mundo

– Eu acho a vida espantosa, um milagre constante. Claro que há amigos-da-onça que estão sempre prevendo o pior ou que se limitam a uma só perspectiva das coisas. Lembrem-se de Leopardi, que escreveu ao irmão dizendo que, em Roma, a única coisa notável que vira fora o túmulo de Tasso? Não gostou de mais nada, imaginem, e era Leopardi! Talvez tenha visto em Roma, no túmulo de Tasso, os limites da morte, o mistério ou a ausência de sentido da morte, não sei. Mas viu *só uma coisa*! Isso é melancólico. Quanto a mim, gosto de tudo, qualquer coisa me interessa. Não nasci para promotor público e sim para advogado de defesa. O mundo tem coisas absurdas, constantes dilacerações, sofrimentos e angústias que me tocam profundamente. Mas tem o seu lado maravilhoso, acontecendo a cada hora, numa também constante descoberta e redescoberta de suas potencialidades. Eu me assombro diante do mundo, diante da vida, diante do ser humano.

Línguas e literatura inglesa: os "metafísicos"

– Fui conhecer muito mais tarde os poetas metafísicos ingleses. Aliás, devo dizer, com toda a humildade, que não consegui nunca meter o inglês na minha cabeça. Um amigo meu, escritor, me esclareceu sobre isso, dizendo que o meu tipo mental só se adapta às línguas latinas, o que me consolou bastante. Estudei inglês no colégio em Juiz de Fora, era dos alunos melhores (não era o primeiro), mas já nesse tempo eu sabia bem a gramática, tinha um vocabulário razoável, mas não conseguia pronunciar bem o inglês. Como sou extremamente rigoroso e exigente quanto à pronúncia das línguas que falo, desisti de saber inglês. Dediquei-me então especialmente às línguas latinas. Dei-me ao luxo até de, aos vinte anos, tomar um professor de espanhol. Uma vez, um escritor entrou no meu quarto e viu entre os meus livros de literatura uma gramática e um dicionário de espanhol. "Por que você tem um dicioná-rio de espanhol, se as nossas línguas são tão parecidas?" Então respondi: "pois eu não leio o *Correio da Manhã* sem ter ao meu lado um dicionário de portu-guês". Justamente por se dizer tanto que as nossas línguas são parecidas, o brasileiro durante muitos anos, séculos, não estudou o espanhol, como os espanhóis e os latino-americanos não estudaram o português. Por esse pre-conceito, deu-se uma grande lacuna nas relações culturais entre o Brasil e a Espanha, entre o Brasil e os países latino-americanos e vice-versa. Só no go-verno de Juscelino começamos a ter o estudo de espanhol nos currículos esco-lares. Um preconceito, repito. Estudei o espanhol por minha conta, porque tinha uma atração enorme pela Espanha e tinha lido o livro de Maurice Barrès sobre El Greco, aos 17 anos. O inglês, pela vida afora, eu li em traduções, muitas vezes com o texto original ao lado. Mas não posso citar nada em in-glês, por uma espécie de honestidade. Li muito Donne, releio, mas isso é mais recente. Acho esquisitíssimo não ter nenhuma afinidade com a língua inglesa, não tenho mesmo, o que posso fazer? Assim, minha afinidade com os poetas metafísicos ingleses só pode ser, só é, meramente ocasional.

Cultura, amor e tempo: Borges e Machado

– Eu li praticamente toda a obra de Borges, admiro-o profundamente. Quanto ao problema de uma possível influência, de quaisquer influências, problema que me preocupa muito – é uma coisa extremamente complexa, que nós mesmos, escritores, não podemos definir e deslindar. Se me é permitido falar sem modéstia, aqui entre amigos, lembro, por exemplo, que o crítico Nogueira Moutinho – além de outros – disse que eu sou um poeta para ser lido por poetas, um poeta de cultura. Reconheço que o sou, pois a cultura é a coisa mais importante na minha vida, *depois do amor*. Aliás, o amor e a cultura em mim se confundem. É realmente uma coisa superimportante para mim, essa combinação. Creio que tem havido encontros entre mim e outros escritores. Admiro e conheço Borges demais. Outro dia, um escritor português, aliás muito inteligente, me disse que "Borges sumiu diante de Lezama Lima, o autor de *Paradiso*." Não li, não sei, talvez eu não creia por antecipação. Aliás, não posso mais ler calhamaços, não posso mais ler romances de 500 páginas. Livros de 500 páginas, só leio a *Divina Comédia*. Reconheço, como ia dizendo, que há *encontros*, que posso ter sofrido influências, mas isso não é consciente em mim. Um novo livro meu, que está sendo editado pelo Conselho Estadual da Cultura de São Paulo – *Retratos-Relâmpago* – é composto de pequenos perfis de escritores, poetas, músicos, pintores etc. Há nele um perfil de Borges. E o escritor italiano Ruggero Jacobbi, que tem se ocupado da minha obra na Itália, quando leu essa página me disse: "é uma concentração do espírito de Borges". De maneira que é um dado que lhes forneço. É possível que haja uma afinidade entre mim e este escritor extraordinário, mesmo porque os temas principais de Borges, tema aliás de toda a literatura contemporânea, em vários escritores, inclusive em Machado de Assis, especialmente no capítulo sete de *Brás Cubas*, o delírio, é o problema do *tempo*... Não em vão escrevi *Tempo e Eternidade, Tempo Espanhol*. Enfim, eu sou *hanté* pelo problema do tempo. Em Borges, um dos pilares de sua obra é a questão do tempo e talvez nisso resida um ponto de encontro.

Política e coerência

– Creio que sou mais próximo do que se chama realidade. Sou muito atento aos problemas de nosso tempo. Por exemplo, eu nunca tive uma "vocação" política. E nessa questão do *engagement*, questão que hoje se tornou acadêmica (não vou querer ressuscitá-la, já que a considero acadêmica), eu me felicito por ter chegado a esta idade sem nunca ter tido o que se chama um *engagement* político. Assumi atitudes políticas na minha vida, várias vezes em que achei necessário e em que pude fazê-lo. Mas não sou absolutamente um político, sou um poeta e acho que certos poetas que forçam a sua vocação com atitudes políticas extremas, a meu ver estão errados, porque para mim o primeiro dever do poeta e do artista é obedecer à sua lógica interna. Eu vivi, por exemplo, para assistir a Aragon, escritor que admiro, dizer que "todos os intelectuais deviam cerrar fileiras em torno de Stalin", que é o pai dos pobres, engenheiro das almas etc. Vivi para ler, nas *Lettres Françaises*, um artigo, do mesmo Aragon, dizendo que "os soviéticos não deixam, por enquanto, escrever a história". Vi e assisti a Jean-Paul Sartre fazer os maiores elogios ao regime russo e vi Sartre recentemente metendo o pau no regime russo. Desses escritores de fama universal, a meu ver o que é mais coerente é Pablo Neruda, que há muitos anos aderiu ao regime soviético e há pouco, quando recebeu o Prêmio Nobel e quando vários escritores começavam a se opor a esse regime – disse que continua fiel à política soviética. Acho isso uma atitude coerente – e admiro.

Portugal e Brasil

– Portugal é um país pequeno, o Brasil é grande como a Europa. Falar de certos problemas nacionais, invocando a experiência de outros países, não é fácil; é preciso muita cautela quando se quer aplicar exemplos alheios ao nosso caso. O meu amigo, o poeta Jorge de Sena, disse uma vez que o Brasil é um país surrealista. Que não é possível entender nada do Brasil, se não se partir dessa premissa, de que o Brasil é um país surrealista (uma coisa que poderia ter sido dita pelo Oswald de Andrade). Não é surrealista no sentido técnico, digamos, da palavra, mas no sentido deformado, o sentido popular do termo. O Brasil é muito grande, repito, de maneira que certos estados de espírito, que poderiam levar os intelectuais de outros países a um desespero total, no Brasil serão resolvidos de forma diferente. O país é muito diversificado e sua gente sempre superou e superará muitos obstáculos. Não gosto de julgamentos e não julgo ninguém, nem mesmo em termos gerais de povo, de país. Meu pai sempre usava, para coisas assim, um ditado, um daqueles ditados antigos e eficientes: "a gente não deve ser palmatória do mundo".

A Europa não agoniza

– Alguém me perguntou aqui, logo que eu cheguei, creio que foi Leo Gilson Ribeiro, se a Europa estava agonizando, se eu não achava que a Europa não tinha tinha mais nada que dar. Na literatura, na arte em geral, há experiências de vanguarda muito importantes na Europa, que absolutamente não está agonizante. Se a gente pensa, por exemplo, na Itália (país que conheço mais, onde moro e vivo), numa literatura que nos dá um Carlo Emilio Gadda, um Giorgio Manganelli, um Palazzeschi, um Calvino e outros, vê que é uma literatura muito viva. É verdade que os papas literários, aqui ou na Europa, gostam muito de se digladiar, de lutar entre si, de falar mal uns dos outros – e isso confunde e dificulta uma posição de liderança. No caso específico da Itália, isso acontece com freqüência. Como o italiano não se confessa mais ao padre, confessa-se em público...

Crises

– A literatura está em crise, sim, porque ela reflete a crise geral do mundo. Nós vivemos em crise desde que o homem apareceu na terra. Nós vivemos UMA CRISE FORMIDÁVEL, UNIVERSAL, PERMANENTE, GRAÇAS A DEUS! Outro dia me perguntaram também o que eu acho da crise da Igreja. Respondi: acho a crise da Igreja formidável e acho que o Papa devia mandar repicar os sinos de todas as igrejas do mundo por causa dessa crise, como sinal de alegria e exaltação. Dessa crise, ou a Igreja vai terminar, vai acabar – e não vai acabar porque o Cristo disse: "estarei convosco até a consumação dos séculos" – ou então vai crescer, vai sair mais gloriosa ainda, porque eu acho que, apesar da ruindade de muitos católicos, padres, cardeais, papas etc., ela tem o Evangelho atrás de si. Se ela não tivesse o Evangelho, ela já teria caído há muito tempo. Este é o nervo da coisa. Lembro um episódio citado por Stendhal. Napoleão, quando prendeu o Papa, não me lembro bem se Pio VI ou Pio VII, em Fontainebleau, teve uma entrevista com o cardeal Ercole Consalvi, secretário de Estado de Sua Santidade. A certa altura, Napoleão disse: – "Eminência, eu preciso urgentemente destruir a Igreja Católica". O cardeal, com aquela finura de velha raposa, de velho prelado romano, respondeu: – "Sire, é o que nós tentamos fazer há 18 séculos e não conseguimos".

– Se a literatura está em crise, é a mesma coisa. Há séculos que se fala também que a literatura está em crise. É claro que está em crise, sempre esteve em crise, sempre estará em crise, tem que estar, e só acabará a crise quando aquele grande anjo, anunciado por São João Evangelista no Apocalipse, percorrer os céus gritando: "NÃO HAVERÁ MAIS TEMPO!" Acabado o tempo, acaba a crise. Mas enquanto estivermos submetidos à medida do tempo, estaremos em crise. E o fato fundamental de estarmos condicionados pelo tempo explica muita coisa e mostra justamente os limites do homem. Por exemplo, quando o primeiro astronauta foi à Lua, eu achei – seria banal dizer – uma vitória formidável do espírito humano, da ciência, da técnica, uma coisa poética, belíssima. Mas me impressionou um detalhe importantíssimo. Na base de lançamento, havia não sei quantos mil computadores, dentro da nave espacial não sei quantos outros, mas se – por um milésimo de segundo – um computador daqueles falhasse, a nave cairia no vácuo, no abismo e acabou-se tudo. Isso mostrou-me ao mesmo tempo a grandeza do espírito humano e o condicionamento do homem pelo tempo. É verdade ou não é? Falar em crise... é tolice. A crise, hoje, é um fato de rotina. Todo o dia, quando me levanto, alguém me fala na "crise".

A dialética

– Há certos momentos em que eu paro e começo a me examinar, a perguntar: será que eu sou um louco? Outras vezes me vejo claramente como um indivíduo equilibradíssimo. Otto Maria Carpeaux disse, certa vez, que eu sou um espírito essencialmente dialético. Isso me trouxe muito conforto. Sim, eu sou dialético, de acordo mesmo com a proposta grega, no sentido de estabelecer relação entre tese, antítese e síntese; a proposta grega, retomada por Eliot. Existe a tese, a antítese e a síntese, em mim. Alguns me acham com espírito de síntese – e eu pretendo tê-lo, pelo menos. Mas, ao mesmo tempo, as antíteses em mim são vigorosíssimas. Examino tudo de vários lados. Disse, há pouco, que não tenho jeito para promotor público, mas nesses momentos meu espírito funciona como tal. Aí, vem o advogado de defesa e resolve tudo. De modo que a sucessão dos acontecimentos, o precipitar dos acontecimentos, os elementos positivos, negativos, repelentes, maravilhosos, absurdos, que surgem de todas as partes, exercem sobre mim uma fascinação imensa. Eu me sinto, como disse em *Poliedro*, um *verme* no meio de tudo isso, um minúsculo animal que está inserido no enorme corpo do enorme animal que é o universo.

O "teatro do mundo"

– Está certo. A vida para mim é teatro permanente. Não preciso dizer que sou um ator *manqué*, porque *eu sou um ator* – não quero dizer também que eu seja teatral no sentido italiano, por exemplo. Pelo contrário, procuro dominar muito a minha gesticulação, inflexão de voz, tudo isso. Mas sou essencialmente teatral naquele sentido em que nos fala Calderón de la Barca, como parte do "gran teatro del mundo". Porque tudo é teatro e tenho sempre presentes os espetáculos que o mundo nos dá e que nós todos vivemos. A propósito, lembro aqui uma história curiosa. Certa vez, o Ledo Ivo, meu afilhado de casamento, estava saindo comigo do Teatro Municipal, após um espetáculo dado pela Companhia Jean-Louis Barrault-Madeleine Renault. Virou-se para mim e perguntou se eu assistira à peça *O Processo*, adaptação de Gide ao texto de Kafka e levado pela Companhia. Respondi que não. Ele insistiu: "Não assistiu mesmo?" Respondi de novo que não, não pudera ir, estava gripado. Ele voltou à carga, dizendo que eu não poderia ter perdido a peça, devia ter assistido, como poderia ter perdido um espetáculo daquele? Já irritado, respondi: – "Você assistiu à crucificação de Nosso Senhor Jesus Cristo?" Respondeu que não. "Pois foi o maior espetáculo do mundo! Um Deus nu, pregado numa cruz! Pois você fez muito mal, devia ter assistido, não poderia ter perdido."

As filosofias

– Lamento muito contestar opiniões ilustres, de autores ultra-ilustres, mas sou um contestador nato. Existem muitos pontos de divergência entre essas filosofias, como existem muitos pontos de contato. Mas há uma coisa de que estou seguro – de que essas divergências e esses contrastes se resolverão um dia, exatamente quando chegar o grande dia da Síntese, porque eu, me colocando numa perspectiva cristã, para mim a mais exata, acho que todos os homens são filhos de Deus e os que não acreditam em Deus são todos filhos da natureza, são irmãos todos, portanto – e apesar desses contrastes e divergências, repito, que aliás dão colorido à vida, um dia se encontrarão. Atualmente ando muito preocupado com esses problemas, também. Desde rapaz me interesso pela filosofia hindu. Li muitos livros orientais – filosofia hindu e moral chinesa. Cito Ramakrishna em *Poliedro* (não confundir com Krisnamurti). Ando preocupado com o problema de como o espírito oriental, que tem uma filosofia própria, voltada para a contemplação, aceitará o marxismo, que começa a entrar no oriente. Como sabemos, o marxismo exclui a religião de sua proposta. Estamos assistindo ao início desse fato histórico: a penetração do marxismo na Índia. Na China, eu estranho menos, porque os chineses nunca foram tão religiosos como os hindus. Eles se apoiaram sempre na tradição da moral chinesa. Lao Tsé, e outros grandes nomes da Moral. Mas os hindus desenvolveram uma filosofia muito mais profunda que a dos chineses. Agora, certos conceitos têm mesmo que ser contestados e estão sendo contestados, ultimamente. Por exemplo, Aurobindo declarou que o conceito do Nirvana não é conceito familiar a Schopenhauer, o conceito da anulação, por assim dizer, do espírito humano. É verdade, nós sabemos que Schopenhauer contra isso opôs a idéia da vontade, por isso escreve *O mundo como Vontade e Representação*. Apesar de Schopenhauer não ter abraçado completamente a concepção do Nirvana, ele sabia que a filosofia hindu repousa principalmente sobre a idéia do Nirvana. Mas há jovens filósofos hindus modernos que acham que não, que o mundo (isso foi exemplificado admiravelmente pelo Cristo, na parábola de Marta e Maria) será realmente um mundo perfeito quando ação e contemplação não se opuserem. Já Baudelaire disse (não me lembro textualmente): "Moi, je sortirai d'un monde où l'action n'est pas la soeur du rêve". Há muitos outros autores que eu poderia citar. Mas a meu ver o problema nuclear hoje é esse: diante de um mundo mecanizado, massificado, maquinizado, desumanizado, compete – como digo no prefácio de *Poliedro* – aos intelectuais trabalhar para que diminua o mais possível o abismo entre o direito à ação e o direito à contemplação.

Liberdade e opções

– Como acontece em geral – embora respeite muito as opiniões dos que têm escrito a respeito, artistas e alguns amigos pessoais, procuro ter em tudo (não procuro ser original, não penso nisso absolutamente) um ponto de vista meu, procuro pensar e ver por mim mesmo, no que sou ajudado por meu próprio temperamento. Sou franco-atirador, como escrevi uma vez à Laís. Não quer dizer que não tenha certos compromissos. Tenho certos compromissos de grandes linhas, certos princípios. Mas, tirando isso, tenho uma *liberdade total* e procuro usar ao máximo essa liberdade. Muitos críticos de artes plásticas, como de literatura, são presos a determinados programas, determinados interesses, a *determinadas galerias, a determinados marchands de tableaux, marchands d'oeuvres d'art*. Eu não sou ligado a coisíssima alguma. O meu modo de ver pode ser errado, mas é independentemente descondicionado. De maneira que esta volta a certos meios de expressão que já estavam, parece, encerrados, por exemplo, a volta ao *liberty*, esse interesse enorme pelo *liberty*, na decoração, ornamentação, até na arquitetura, é para mim apenas um sinal de protesto contra o aburguesamento da cultura atual. O dadaísmo, que foi um movimento de protesto, agora poderá reassumir seu lugar, reassumindo outras formas. Não será aquele do Cabaret Voltaire, aquele protesto de Tzara, Arp, Janka, de 1919. Será uma nova forma de dadaísmo, como há uma forma nova de surrealismo, que não é mais o dos anos 20, o de Breton, Aragon, Soupault. Podem surgir, estão surgindo novas formas desses movimentos, tanto na literatura quanto nas artes plásticas. Nestas, justamente o que eu acho interessante hoje é a diversidade de caminhos. Infelizmente, há certos espíritos pouco abertos que querem reduzir a *formidável* movimentação artística da nossa época a uma única forma, a um certo movimento, a um conceito. Não posso aceitar, porque, para mim, qualquer manifestação artística é o resultado, é a convergência de uma infinidade de caminhos. Parece-me, insisto e repito – que é preciso cuidado com certos críticos e certas rotulações, feitas por autores ligados aos *marchands*.

Arte e contestação

– O que eu sinto diante de tudo isso é uma vontade de contestação. E eu, como já disse muitas vezes, sou eminentemente um espírito contestatário. Não estou de acordo é com certas formas da contestação – não só da contestação juvenil e estudantil, com que concordo em grande parte – mas, sim, com a forma de contestação de alguns artistas plásticos. Por exemplo, apareceu há alguns anos atrás na Itália um escultor jovem, vanguardista. Vi algumas coisas dele e achei interessante. Esse jovem, de outra vez, me convidou para ver uma exposição sua, numa galeria de vanguarda romana. A exposição consistia em dez pneumáticos que ele comprara e metera na Galeria sem reelaboração nenhuma, como contestação, contestação da civilização burguesa, expressa no caso pelo abuso do automóvel. Dez pneumáticos expostos ali, nus e crus. Na saída, o jovem escultor me perguntou o que eu tinha achado. Respondi: "Desculpe, não posso dar nenhuma opinião, porque não tenho automóvel".

O que eu quero dizer com isso é que gosto da contestação, mas essa contestação tem que ser válida. Do contrário, não me impressiona. É preciso distinguir. O conjunto de tudo isso é válido, mas há certos casos isolados, como este que citei, uma história tola, afinal. O que é interessante hoje, em artes plásticas, como na literatura, é que *TUDO É PERMITIDO*. Isso é importantíssimo. Cada um faz o que quer, expõe o que quer, pelo menos na Europa, recebe as críticas, aceita-as ou não, responde-as ou não, mas pode expor livremente, fazendo o que quer. Isto é positivo.

O futuro pulsante

– Tudo-obedece a isso, sim. As propostas se sucedem, nas artes. Muitas você pode achar incômodas, desagradáveis, irritantes, mas ao mesmo tempo você vê que tudo isso é rico, rico pelo menos em possibilidades, em promessas, em processo. É o que eu digo sempre: nós não sabemos nada. *O FUTURO ESTÁ AÍ PULSANDO*. Um redator da Radio-Television Française escreveu outro dia numa revista francesa esta *admirável* frase: *"'L'avenir n'est pas ce qu'il était"*. O futuro tem que ser outro. Antigamente, o futuro era previsível, planejado. Quando a vida, em outros séculos, era mais estática, se podia programar mais ou menos, em grandes linhas, o futuro. Nós não podemos planejar agora o que vai acontecer na próxima semana. Rebenta uma coisa imprevisível, desarticulam-se todos os planos, muda tudo. De um lado, isso pode ser duro, doloroso, mas por outro lado é formidável, terrivelmente excitante para a inteligência.

Os grandes nomes

– Pode-se, em qualquer caso, falar em *Maior*? Quem é o maior poeta da Itália, por exemplo? Sem dúvida, tem-se que citar Dante, um caso excepcional, realmente. Mas, tirando Dante, pode-se ainda *escolher*, numa gama de nomes, um Torquato Tasso, um Petrarca, um Leopardi, um Ariosto ou Ugo Foscolo. Na França, só ficando no século XIX, tirando de lado Victor Hugo, tem-se Baudelaire, Rimbaud, Mallarmé. São poetas maravilhosos, não se pode dizer que um seja maior do que o outro. No caso da música, acontece a mesma coisa. É uma ingenuidade a gente dizer que Fulano é o maior. Alertei o meu espírito para isso desde que li, em Paul Bekker, um grande musicólogo, o que ele disse: "ninguém jamais poderá dizer qual desses quatro músicos é o maior: Bach, Mozart, Haendel ou Beethoven". Acho Bach, por exemplo, um espírito finíssimo, tenho uma verdadeira veneração por Bach, porque é uma das culminâncias do espírito humano, o que não é novidade nenhuma. Acho Haendel extraordinário e Beethoven é Beethoven. Acontece que há em Mozart um elemento afim com o meu temperamento, em primeiro lugar porque é um músico variável, grande em todos os gêneros. Mozart *réussi* em tudo o que fez, é tão fabuloso na ópera dramática, nas sinfonias, nos quartetos, nos concertos para diversos instrumentos, nos divertimentos, nas sonatas; em tudo o que tocou, atingiu a perfeição, não acha?

– É verdade, por muito tempo prevaleceu uma imagem falsa de Mozart. Como era um espírito aristocrático (não de vida aristocrática, claro) rotularam-no como um músico "elegante". Mas já houve uma revisão total desse conceito simplista. Mahler e outros viram nele "le dieu Mozart" – um músico essencialmente trágico. Era um sensual, amava a vida, mas desde muito jovem havia em suas obras, permanentemente, algo de dramático. Tinha mesmo uma presciência de que ia morrer jovem e com 22 anos escrevia a seu pai: "A morte é a consoladora do homem". Schumann escreveu que a *Sinfonia 40* era uma "coluna destacada de uma frisa do Parthenon". Wagner, que está nos antípodas de Mozart, também reconheceu a genialidade do criador do Don Giovanni. Mas não um *Maior*, a não ser de pontos de vista bastante pessoais.

Criação e teoria: "Mas dá-se que eu sou mineiro"

– A mim, o que interessa é a realização em si. Não sou contra as programações, a teorização. Mas em nossa época há um abuso de teorização de tudo. Cito um caso ilustre: no fim do século XVIII, a Europa musical estava dividida em duas correntes: de um lado, a corrente Gluckista, que seguia as idéias de Gluck que queria reformar a ópera, como reformou; de outro, a corrente de Puccini, ilustre músico italiano, que tinha idéias bem diferentes das de Gluck quanto à reforma da ópera. Surgiram então toneladas de livros, de ensaios, de teorias, de discussões sobre essa questão. No meio estava Wolfgang Amadeus Mozart. Então, um crítico musical aproximou-se de Mozart em Paris e perguntou: "Maestro, todo mundo hoje na Europa escreve sobre música, menos você". E Mozart então deu a resposta histórica: "Eu não escrevo sobre música, eu escrevo música". É um exemplo formidável. Não quero dizer, repito, que seja contra a programação, a teorização. Mas muitas vezes há certos tipos *espertos*, que propõem uma coisa que parece ser *a maior do mundo*, para espantar e enganar os ingênuos. *MAS DÁ-SE QUE EU SOU MINEIRO*. De maneira que fico sempre de sobreaviso. O fato de ser mineiro é muito importante no complexo de minha personalidade. Não quer dizer que eu seja desconfiado no sentido banal, como se costuma falar dos mineiros, pelo contrário. Sou um homem até muito confiado, *sou um homem de fé*. Sou uma pessoa confiadíssima em muitas coisas, nas amizades, na vida, sou um homem inteiramente aberto. Mas em coisas de cultura, de arte, é preciso a gente ser sempre desconfiado, ou melhor, ser mineiro.

FONTES

1. "Lasar Segall", em *Letras e Artes*, Rio de Janeiro, 20 de maio de 1951.
   "A Pintura em Pânico", em *Autores e Livros*, Rio de Janeiro, 14 de fevereiro de 1943.
   O Discípulo de Emaús, Rio de Janeiro, Agir, 1945.
2. *O Discípulo de Emaús*, ed. cit.
   "A Pintura em Pânico", cit.
   "Simples Apresentação", em *Autores e Livros*, 12 de setembro de 1943.
3. *O Discípulo de Emaús*, ed. cit.
   Texto em Presença de Villa-Lobos, 5º vol., MEC, Museu Villa-Lobos, 1970, pp. 141-142.
4. *O Discíputo de Emaús*, ed. cit.
   "A Pintura em Pânico", cit.
   "Lívio Abramo", em *Letras e Artes*, 29 de abril de 1951.
5. *O Discípulo de Emaús*, ed. cit.
6. *O Discípulo de Emaús*, ed. cit.
7. "Os Trabalhos do Poeta", em *Letras e Artes*, 24 de junho de 1951.
   O Discípulo de Emaús, ed. cit.

8. *O Discípulo de Emaús*, ed. cit.

9. *O Discípulo de Emaús*, ed. cit.

10. "Ismael Nery, Poeta Essencialista", em *Boletim de Ariel*, Rio de Janeiro, ano III, n. 10, julho de 1934, p. 268.

11. Entrevista concedida a Laís Corrêa de Araújo durante visita de Murilo Mendes à redação do Suplemento Literário do *Minas Gerais*. Algumas das perguntas feitas ao poeta foram formuladas com participação de intelectuais mineiros presentes ao encontro. "Murilo Mendes/Um Poeta do Mundo do Volta a Minas", Belo Horizonte, Suplemento Literário do *Minas Gerais*, 23 de setembro de 1972.

DEPOIMENTOS SOBRE MURILO MENDES*

* Os trechos de depoimentos aqui reproduzidos tiveram sua transcrição expressamente autorizada.

De Alceu Amoroso Lima

(*Carta à autora*)

Gostaria muito de poder atender à sua solicitação quanto às circunstâncias da conversão do nosso Murilo Mendes. Acontece, porém, que essa conversão, creio eu, ocorreu antes do nosso primeiro encontro. Esse encontro, aliás, foi por assim dizer anônimo. Recebi certo dia, lá pelos idos de 1920, um rolo de papel escrito no verso de folhas impressas do Banco Boavista, contendo poesias escritas à mão ou à máquina, não me lembro bem. Fiquei encantado com elas e escrevi, não sei mais em que dia, um rodapé no *O Jornal* sobre esse desconhecido que me parecia revelar uma força poética nova e profunda, com um extraordinário senso de humor. Era o tempo, para ele, da famosa poesia piada com que Murilo Mendes ingressou no rol dos nossos *big shots* do modernismo e entre eles passou a ocupar um lugar à parte. Nesses poemas, que nunca mais reli, havia inquietação religiosa, mas não me parece que já definida. Creio que foi o seu convívio com Ismael Nery que provocou ou pelo menos apressou a conversão definitiva de Murilo. [...] Em vida de Ismael e junto dele é que vim a conhecer Murilo, que passou a freqüentar as conferências que o

Padre Leonel Franca realizava no colégio Santo Inácio e promovidas pelo nosso Centro Dom Vital. Leonel Franca, creio eu, também teve muita influência na conversão de Murilo, que foi profunda e extremamente meditada. Não creio que tivesse tido nenhuma iluminação do tipo de Frossard ou de Claudel, mas um trabalho lento do tipo de Newman, embora do ponto de vista estético, sempre fundamental em Murilo, e não teológico.

Quando, lá por volta de 1934, já instalados na praça 15 de Novembro, fundamos uma Conferência Vicentina, convidei Murilo para fazer parte dela e ingressar na Ação Católica de que eu era então presidente. Murilo aceitou e freqüentou por algum tempo as nossas reuniões. Ao cabo de alguns meses, entretanto, pediu-me para ser desligado da A. C., embora permanecendo na Conferência Vicentina, por causa da visita aos pobres, tão capital para Ozanam e tão do agrado de Murilo com o seu extraordinário senso do sofrimento humano e da caridade cristã como virtude fundamental. Compreendi perfeitamente que Murilo, como ele mesmo me dizia, só se sentia bem e *só mesmo sentia a fundo as suas convicções católicas quando convivendo com os não católicos* (o grifo é da autora). Ele sempre foi um inconformista e nunca um homem de rebanho.

Sua aproximação com Jorge de Lima, depois da morte de Ismael, que se deu não sei como, exerceu também influência profunda, não propriamente para sua conversão que já estava operada, mas certamente para sua incorporação religiosa na poética de ambos.

É tudo quanto posso dizer-lhe sobre esse passo decisivo na vida e na obra de Murilo. Ele nunca me fez confidências a esse respeito, nem eu jamais o forcei a isso. Mas creio firmemente que foi o convívio com Ismael e possivelmente a leitura e a audição das palestras de Leonel Franca que o ajudaram no grande passo, que foi aliás apenas uma volta à infância. No caso de Mário de Andrade essa permanência religiosa da infância ficou apenas latente. Em Murilo, ao contrário, foi decisiva e profunda. Indelével.

Sua interpretação da obra do Murilo me parece muito interessante e estou certo de que redundará em um ótimo livro. Sei que Murilo, além da *Idade do Serrote*, que aliás ainda não li, tem cinco ou seis livros inéditos e prontos para o prelo, em seu delicioso apartamento romano.

Lá na cidade eterna, no seu retiro da Via del Consolato 6, ao lado da sua querida e grande poeta Saudade, Maria da Saudade que é mais do que apenas Saudade, Murilo leva uma vida de asceta, em contato entretanto com a elite intelectual de Roma, especialmente na poesia e nas artes plásticas, mas dedicado, como poucos, à sua tarefa de professor de literatura brasileira a centenas de alunos na Universidade de Roma e na de Pisa. Tenho estado com ele lá em Roma por várias vezes. Sempre o mesmo, alto, curvado, de voz rouca, de maneiras extraordinariamente polidas sem qualquer sofisticação, admirável de coerência, de retidão de espírito, de religião aberta e corajosamente voltada para o futuro, de uma fidelidade estética e religiosa sem par. Grande figura de homem, de artista, de cristão. Nada perdeu do seu mineirismo congênito, com a universalidade de sua cultura, o cosmopolitismo de seus contatos no ambiente estético europeu, sua fé profunda. Que saudade tenho dele! Escreva sobre ele. Revele-o às novas gerações, que parecem esquecê-lo ou relegá-lo, como a nós outros (falo apenas por mim), para o museu do passado...

(Petrópolis, 6 de abril de 1970)

De João Cabral de Melo Neto

(*Carta a Murilo Mendes*)

As releituras de *Tempo Espanhol*, feitas aqui, me confirmaram inteiramente a impressão que ele me deu em Sevilha. É, sem nenhuma dúvida, um grande livro. E não digo que seja o melhor da sua maturidade (maturidade é besteira minha, quero dizer: de depois daqueles anos de túnel da Rua Marquês de Abrantes, a partir dos quais penso ver um *shift* na sua obra poética) porque estou me lembrando de PARÁBOLA que você me deu a ler no Rio. Mas em todo o caso acho-o muito superior a POESIA LIBERDADE e CONTEMPLAÇÃO DE OURO PRETO. Creio que isso, no Brasil, onde o poeta aos 45 anos de idade está em decadência, é alguma coisa de excepcional.

Creio que sua poesia ganha em ter um tema, em falar de uma coisa. Talvez seja ousadia minha dizer isso, gostando como gosto dos seus primeiros livros, mais descritivos de estados de espírito do que de objetos ou de coisas fora de V. E estou certo de que 99% dos seus admiradores diriam que eu estou errado. Isto é: diriam que V. sendo poeta mais de intuições, ao falar duma coisa não cuida de organizar essa fala numa obra fechada ou sistemática. Enquanto que, falando intransitivamente, o que resultasse dessa fala, a soma do que você declarasse, seria naturalmente um poema organizado, uma captação perfeita, um estado de espírito determinado.

Se existem essas pessoas, admiradores seus, que estou imaginando, creio que estão erradas. Um poema subjetivo (isto é, um desses poemas sem tema exterior) não ganha uma existência objetiva somente porque o autor o fez assim. Se uma pessoa justapõe num poema três ou quatro intuições, a soma dessas intuições não ganha necessariamente unidade artística. Eu, por exemplo, sempre vi seus livros não como coleções de 40 ou 50 poemas, mas como: 1º) ou um poema só, ou 2º) duas, ou três, ou quatro seqüências, reunidas num só livro, fragmentadas em pequenos poemas e sem que as seqüências sejam tipograficamente indicadas. Podem-se descobrir essas seqüências, ou vendo-se as datas, quando você as bota, ou estudando-se os poemas e agrupando-os pelo espírito, pelo vocabulário etc.

Enquanto isso, nos poemas que você escreve provocado por um tema exterior, esse tema exterior automaticamente impõe uma unidade. Sua poesia, sendo essencialmente descontínua, isto é, composta de imagens que V. lança como de diferentes posições contra o alvo, está claro que falando do assunto X não se pode exigir de V. – como se exigiria de Donne, p. ex. – um desenvolvimento ou um esgotamento de uma imagem básica provocada pelo objeto X. Você dará três ou quatro visões, equivalentes a três ou quatro disparos que tal objeto provocou da sua espingarda. Mas o só fato de V. ter botado no título do poema, que registra essas três ou quatro intuições, uma coisa qualquer que identifica seu título, dá uma unidade ao poema. Aquele poema já não é a justaposição de três ou quatro iluminações dissonantes, cuja unidade um leitor pouco sutil jamais descobrirá. Aquele poema é um poema sobre o assunto tal, apenas dividido em quatro partes, ou capítulos, ou ângulos de visão. Por isso acho ótima a sua idéia de botar aquelas bolas ● para separar as partes de alguns dos poemas. Creio que certos poemas ainda podiam ser divididos. Mas talvez seja uma opinião minha pessoal que não se justifique.

Não sei se esta lenga-lenga está clara. Acho que não. Mas em todo o caso creio que estou apenas repetindo o que já lhe disse quando li o livro em Sevilha.

Quanto à Espanha do livro: devo dizer que a sua deixa a minha humilhada. V. tem sobre este *servidor* (como dizem os espanhóis) duas vantagens para falar da Espanha: uma é o tom de veemência explosiva que é o próprio dos espanhóis (enquanto que a minha veemência é uma veemência incisiva, pouco espanhola, ou quando não, menos espanhola do que a sua); a segunda vantagem é o seu catolicismo. Não digo que todo o católico possa ter a visão total da Espanha que V. tem. Há católicos – a grande maioria – que terá uma visão parcial, forçosamente porque só verão a Espanha negra, se desinteressando pela outra. No meu caso ocorre o contrário: só sou capaz de me interessar pela Espanha realista, a Espanha materialista, a Espanha das coisas. E quando uma manifestação, digamos assim, desse lado "espiritual" da Espanha que V. capta tão bem me interessa, repare que sempre a trato amesquinhando. Exemplo: as corridas de touro, coisa inadmissível a um Espanha-branca como eu: eu as diminuo às dimensões de uma lição de estética; o canto flamenco, idem. Etc. Etc. Quero dizer: sua posição intelectual é muito mais ampla e abarca as Espanhas branca e negra. Você não está dividido e pode exaltar tudo o que interessa à sua sensibilidade. Ao passo que eu, incapaz de me fechar, enquanto sensibilidade, às sugestões da Espanha espiritual, medieval, enfim, ao que um inglês atual chamaria o lado gótico da Espanha, sinto incapacidade em falar delas, incapacidade em que entra, como ingrediente fortíssimo, minha aceitação racional dessas coisas. Assim, sua Espanha é muito mais total, completa, do que a minha. A Espanha do Caudillo só vê a Águia dos Áustrias; eu só vejo o galo de Morón de la Frontera (sin plumas y cacareando). Ao passo que V. vê e trata dos dois.

(Monte Carlo, 22 de janeiro de 1959)

DE JOSÉ GUILHERME MERQUIOR

(*Carta à autora*)

Você me pede para falar da figura humana de Murilo Mendes. Quando penso no que ele representa – Murilo é uma das 4 ou 5 vozes essenciais da lírica brasileira de todos os tempos, e não tenho dúvida de que sua condição de tetrarca (por mais excêntrico) do nosso modernismo será cada vez mais seriamente honrada e reconhecida – confesso que a importância de sua obra, a eminência do seu verso (desse verso-corisco, todo feito de fragmentos órficos, em que a conversão do nosso lirismo à densidade intelectual e à interrogação filosófica aboliu, como em Drummond, a melopéia de consumo da tradição sentimental ou parnasiana), chegam a me inibir para testemunhar sobre o homem... No entanto, não devia ser assim, não só porque posso me beneficiar de um convívio que tem sido para mim, nestes últimos dez anos, um autêntico privilégio, como e sobretudo porque Murilo é um autor quase "antimachadiano" na harmonia entre obra e caráter, entre estilo e personalidade. Naturalmente, não tenho (nem quero) a necessária distância em relação a ele; minha admiração por Murilo Mendes é incondicional demais, e se tornou ainda mais decisiva desde que, no estrangeiro, ele passou a significar a meus olhos uma forma valiosíssima de presença e irradiação da literatura brasileira nesta nossa sempre moça avó Europa. De maneira que me limito a isolar traços marcantes, sem nenhuma pretensão a uma síntese objetiva.

O primeiro deles seria a natureza absolutamente sincera, intransigentemente genuína, do desempenho literário de Murilo. Se há um mandamento capital no decálogo muriliano é este: "não esnobar a literatura" (a expressão é dele mesmo). Murilo suporta tudo, menos a demissão do espírito, o auto-aviltamento da inteligência, esse desprezo masoquista que tantos intelectuais infelizmente exibem pela própria intelectualidade em si, pela grandeza intrínseca da função intelectual. Murilo, graças a deus, é compactamente um intelectual: é o indivíduo mais engajado, mais participante do mundo, mas é incapaz de ficar "brincando" de político, de boêmio, *diseur*, vaca sagrada ou mandarim, numa palavra – de pseudo-escritor. Vai ver é por isso que a sua obra, apesar de fundamental, e sem prejuízo de seu crescente prestígio entre a criação realmente viva, é bem pouco popular na nossa vida literária. É que ele nunca confundiu literatura com vida literária... A nobre ascese da sua total dedicação às letras é a própria antítese dessa deplorável mania, tão comum no escritor brasileiro, do intelectual aparentar tudo, menos o que é, o que deve ser. Neste sentido, a vida de Murilo tem algo de heróico; é uma aplicação magnífica daquela verdade de Ortega: herói é quem quer ser o que é. Murilo nunca desejou ser outra coisa senão escritor – mas escritor até a medula. Ora, isso dá um trabalho doido... É mil vezes mais fácil tirar carteirinha de escritor pela matrícula grátis no circo da "vida literária" tupiniquim. Essa autoconsagração à literatura leva a um segundo aspecto da personalidade de Murilo, que é a sua cultura humanística, o seu conhecimento pessoal da arte, e da música etc.... Murilo é um homem culto, em perpétua peregrinação pelos mil tesouros teóricos e estéticos do Ocidente e do além-Ocidente; e pondo esse diálogo contínuo com as letras, as artes e o saber a serviço de uma visão fortemente ecumênica dos problemas humanos. Não é à toa que ele constitui o caso mais acentuado de universalismo na poética modernista. É na sua catolicidade de conhecimento e de gosto que Murilo se inspira para ser, no velho umbigo romano da nossa civilização, uma verdadeira projeção da cultura brasileira na latinidade. Mineiríssimo, brasileiríssimo como é, Murilo Mendes é o mais antiprovinciano dos nossos escritores. Sua *romanità* é um símbolo vivo das perspectivas de mundialização da nossa literatura.

No fundo dessa catolicidade está, naturalmente, o seu catolicismo. Não é preciso ser católico para compreender a função espiritual da religiosidade muriliana, raiz de todas as feições éticas e existenciais da sua poderosa mensagem lírica. João Cabral escreveu certa vez que grande parte do espanholismo de Murilo – da sua identificação com a existência agônica, com a espiritualidade violenta do espanhol – vem do seu catolicismo. O catolicismo de Murilo é de fato uma religiosidade militante, feita de inconformismo e amor à luta, e não de certezas repousantes ou narcóticos consoladores; e é uma religiosidade verticalmente empenhada na crítica da desumanização da vida no mundo contemporâneo. Uma fé virilmente alimentada a angústia, inimiga das salvações pelo facilitário; um cristianismo *all'antica* – e por isso mesmo, entranhadamente, atual – atual, e não "moderno". O tom visionário, o surrealismo apocalíptico da poesia muriliana é isso: é capacidade de explorar sem trégua os sintomas existenciais da moléstia da civilização nos tempos modernos. A caridade, em Murilo, consiste em jogar a luz do sagrado contra as misérias do real. A única "piedade" que ele preza e conhece é aquela

... sharp compassion of the healer's art

cantada por Eliot: a *pietas* que não hesita em ferir, nem ferir-se, para regenerar. Mas o mais admirável talvez esteja em que Murilo, pensando, sentindo e vivendo dentro dessa fidelidade extrema ao radicalismo da visão poética, seja ao mesmo tempo o indivíduo mais tolerante, mais lhano e cortês deste mundo. Pois Murilo é um fidalgo, um anfitrião sem igual, um virtuose da generosidade, um amigo exemplar. Enriquecida pela presença dessa lady *doublée* de excelente poeta que se chama Maria da Saudade, a convivência com Murilo Mendes faz a gente relembrar sem esforço a união originária de *civilização* e *civilidade*. A pessoa do Murilo Mendes é como a sua obra: constante augúrio e exalação de *humanitas*. Nestes seus 70 anos, podemos com orgulho celebrar no seu nome o que temos de melhor, e o melhor de nós mesmos. É o que sou capaz de dizer a você.

(Bonn, 26 de agosto de 1971)

BIBLIOGRAFIA*

---

* Esta Bibliografia foi basicamente organizada para as 1ª e 2ª edições deste livro. Acrescenta-se a ela, nesta nova edição, apenas pequeno Suplemento com relação de obras do poeta publicadas postumamente e alguns trabalhos, em livro ou avulsos, sobre sua obra. Aos interessados em conhecer mais extensivamente as referências críticas a respeito do poeta, a autora sugere a consulta à Bibliografia mais ampla que, por contrato com a Nova Aguilar e em colaboração com Luciana Stegagno Picchio, levantou para o volume *Murilo Mendes – Poesia Completa e Prosa.*

BIBLIOGRAFIA DE/E SOBRE MURILO MENDES

Parte 1. Obras de Murilo Mendes

1.1. Poesia

Poemas. Juiz de Fora, Dias Cardoso, 1930.

História do Brasil. Rio de Janeiro, Ariel, 1932.

Tempo e Eternidade. Em colaboração com Jorge de Lima. Porto Alegre, Globo, 1935.

A Poesia em Pânico. Rio de Janeiro, Coop. Cult. Guanabara, 1938.

As Metamorfoses. Ilust. de Portinari. Capa de Santa Rosa. Rio de Janeiro, Ocidente, 1941.

O Visionário. Rio de Janeiro, J. Olympio, 1941.

Mundo Enigma (1942). *Os Quatro Elementos* (1935). Porto Alegre, Globo, 1945. (Coleção Autores Brasileiros vol. 14).

Poesia Liberdade. Rio de Janeiro, Agir, 1947.

Janela do Caos. Avec six lithographies de Francis Picabia. Paris, Imprimerie Union, 1949.

Contemplação de Ouro Preto. Fotos de Humberto Morales, Franceschi e Erich Hess. Rio de Janeiro, Ministério da Educação e Cultura, Serv. de Documentação, 1954.

Poesias (1925-1955). Rio de Janeiro, J. Olympio, 1959.

Tempo Espanhol. Lisboa, Liv. Morais, 1959.

382   MURILO MENDES

Antologia Poética. Lisboa, Livr. Morais, 1964.

Convergência. São Paulo, Duas Cidades, 1970.

1.1.2. *Poesia traduzida*

Office Humain. Poèmes traduits par Dominique Braga et Maria da Saudade Cortesão. Paris, Seghers, 1957.

Siciliana. Traduzione di A. A. Chiocchio. Prefazione di Giuseppe Ungaretti. Palermo, Sciascia, 1959. Ed. bilíngüe.

Finestra del Caos. Traduzione di Giuseppe Ungaretti. Milano, Scheiwiller, 1961. Ed. bilíngüe.

Poesie. Traduzione di Giuseppe Ungaretti, Luciano Stegagno Picchio, R. Jacobbi ed A. A. Chiocchio. Milano, Nuova Accademia Editrice, 1961.

Siete Poemas Ineditos. Traducción y nota de Dámaso Alonso y Angel Crespo. Madrid, 1961.

Poemas de Murilo Mendes. Traducción y notas de Dámaso Alonso. Madrid, 1962. Separata da *Revista de Cultura Brasileña*.

Le Metamorfosi. Milano, Lerici, 1964. (Collezione "Poeti europei" a cura di Ruggero Jacobbi). Ed. bilíngüe.

Italianissima (7 Murilogrammi). Milano, Scheiwiller, 1965.

"Poemas Inéditos de Murilo Mendes." Traducción y notas do Dámaso Alonso y Angel Crespo. *Revista de Cultura Brasileña*. Madrid, ano 4, n. 12, marzo, 1965, pp. 5-7.

Poesia libertà. A cura di Ruggero Jacobbi. Milano, Accademia Sansoni, 1971. Ed. bilíngüe.

1.1.3. *Participação em antologias*

1.1.3.1. Em língua portuguesa

"Antologia da Literatura Brasileira Contemporânea. 1ª série – Antologia da poesia IX – Murilo Mendes". In: Autores e Livros, Suplemento literário de *A Manhã*. Rio de Janeiro, ano 3, n. 19, 13 junho 1943, pp. 302-304.

CONDÉ, João. *10 Poemas em Manuscritos...* Pref. de Álvaro Lins. Ilustrações de Percy Deane, Portinari, Santa Rosa. Rio de Janeiro, Ed. João Condé, 1945.

GUIMARAENS FILHO, Alphonsus de. *Antologia da Poesia Mineira. Fase Modernista*. Belo Horizonte, Liv. Cult. Brasileira, 1946, p. 59.

CAMPOS, Paulo Mendes. *Forma e Expressão do Soneto*. Rio de Janeiro, Ministério da Educação e Saúde, Serviço de Documentação, 1952, p. 41 (Os Cadernos de Cultura 7).

BANDEIRA, Manuel. *Apresentação da Poesia Brasileira*, seguida de uma pequena antologia. Pref. de Otto Maria Carpeaux. Rio de Janeiro, Casa do Estudante do Brasil, 1946, pp. 175-179.

_____. 2. ed. aum. Rio de Janeiro, Casa do Estudante do Brasil, 1954, pp. 164, 165, 166, 167, 168 e 169.

Obras Primas da Lírica Brasileira. Seleção de Manuel Bandeira. Notas de Edgard Cavalheiro. S. Paulo, Liv. Martins Ed., s.d. (A Marcha do Espírito, vol. XII), pp. 329-331.

BRITO, Mário da Silva. *Panorama da Poesia Brasileira. O Modernismo.* Rio de Janeiro, Civ. Brasileira, 1959, vol. 4, pp. 162, 163, 164 e 168.

BANDEIRA, Manuel. *Poesia do Brasil.* Seleção e estudos da melhor poesia brasileira de todos os tempos, com a colaboração de José Guilherme Merquior na fase modernista. Rio de Janeiro, Ed. do Autor, 1963, pp. 311, 457-470.

BRITO, Mário da Silva. *Poesia do Modernismo.* Rio de Janeiro, Civ. Brasileira, 1968, pp. 185-186 e 187-191.

Antologia de Poetas Brasileiros. Seleção e notas de Afonso Teles Alves. S. Paulo, Logos, 1960.

FIGUEIREDO, José Vale de. *Antologia da Poesia Brasileira.* Lisboa, Editorial Verbo, 1971, pp. 155-157.

Antologia da Poesia Brasileira Moderna (1922-1947). Seleção e introdução de Carlos Burlamaqui Kopke. S. Paulo, Clube de Poesia, 1953, pp. 98, 138, 141, 152, 156, 163, 175 e 233.

1.1.3.2. Em Várias Línguas

FIGUEIRA, Gaston. *Poesía Brasileña Contemporanea (1920-1946). Crítica y antología.* Montevideo, Instituto de Cultura Uruguayo-Brasileño, 1947, p. 47.

_____. *Poesía Brasileña Contemporanea (1920-1968). Crítica y antologia.* Nova edição: Montevideo, Instituto de Cultura Uruguayo-Brasileño, 1969, pp. 68-69.

Un demi-siècle de poésie. Biennales Internationales de Poésie. Bélgique, Dilbeek, 1954.

Fem Brasilianska Poeter. Trad. sueca de Arne Lundgren. Stockolm, Ed. P. A. Norstedt & Sonners, 1961.

Literatur in Lateinamerika. Organiz. de Günther W. Lorenz. Trad. alemã de Curt Meyer-Clason. St. Gallen (Suisse), Ed. Galerie Press, 1967.

Syd Amerikansk Lyrikk. Trad. norueguesa de Finn Aosen. Oslo, den Norskebokklub-Ben, 1968.

TELES, Gilberto Mendonça. *La Poesía Brasileña en la Actualidad.* Montevideo, Editorial Letras, 1969. pp. 23, 43, 48, 49, 51, 61, 90, 91 e 101.

1.2. Prosa

1.2.1. Em Livro

O Discípulo de Emaús. Rio de Janeiro, Agir, 1945.
A Idade do Serrote. Rio de Janeiro, Sabiá, 1968.
Poliedro, Rio de Janeiro, J. Olympio, 1972.
Retratos-Relâmpago. São Paulo, Conselho Estadual de Cultura, 1973.

1.2.2. Artigos em Periódicos

A Dignidade da Música. Letras e Artes. Supl. de *A Manhã.* Rio de Janeiro, n. 3, 26 de maio de 1946, p. 11 (Música)

A Música e os Intelectuais. Letras e Artes. Supl. de *A Manhã.* Rio de Janeiro, n. 1, 12 de maio de 1946, p. 7 (Música).

Alphonsus de Guimaraens. Folha de Minas. Belo Horizonte, 3 jul. 1937; *Mensagem. Quinzenário de Arte e Literatura.* Belo Horizonte, 19 jul. 1940, ano 2, n. 22, p. 7; *Folha de Minas.* Belo Horizonte, 4 de agosto de 1946.

Apontamentos. Letras e Artes. Supl. de *A Manhã.* Rio de Janeiro, ano 6, n. 206, 13 maio 1951, pp. 6-7.

Apresentação de "Galinha Cega". Boletim de Ariel. Rio de Janeiro, ano 2, 1932-1933, p. 41.

As Artes na Bahia. Letras e Artes. Supl. de *A Manhã.* Rio de Janeiro, ano 4, n. 146, 4 dez. 1949, p. 7.

"Attrahirei tudo a mim". (S. João, XII, 32). Boletim de Ariel. Rio de Janeiro, ano 6, 1936-1937, pp. 106-107.

Bach. Letras e Artes. Supl. de *A Manhã.* Rio de Janeiro, n. 4, 9 jun. 1946, p. 11 (Música).

Caminho de Música. Letras e Artes. Supl. de *A Manhã.* Rio de Janeiro, n. 13, 25 ago. 1946, p. 11 (Música).

Di Cavalcanti. Letras e Artes. Supl. de *A Manhã.* Rio de Janeiro, ano 3, n. 114, 6 fev. 1949, p. 5.

Divertimento. Letras e Artes. Supl. de *A Manhã.* Rio de Janeiro, ano 3, n. 53, 31 ago. 1947, p. 3.

Djanira. Letras e Artes. Supl. de *A Manhã.* Rio de Janeiro, ano 3, n. 111, 9 jan. 1949, p. 5.

BIBLIOGRAFIA   385

Dois Poemas de Carminha Gauthier. Letras e Artes. Supl. de *A Manhã*. Rio de Janeiro, ano 4, n. 131, 17 jul. 1949, p. 11.

Formação de Discoteca. Letras e Artes. Supl. de *A Manhã*. Rio de Janeiro, 1946: n. 5, 16 jun., p. 11; n. 6, 23 jun., p. 11; n. 7, 30 jun., p. 7; n. 9, 21 jul., p. 7; n. 10, 28 jul., p. 9; n. 11, 11 ago., p. 7; n. 12, 18 ago., p. 7; n. 14, 8 set., p. 11; n. 15, 15 set., p. 11; n. 17, 6 out., p. 11; n. 18, 13 out., p. 11; n. 19, 20 out., p. 11; n. 20, 2 nov., p. 11; n. 21, 10 nov., p. 11; n. 24, 8 dez., p. 14; 1947: n. 32, 16 fev., p. 5; n. 33, 2 mar., p. 11; n. 48, 20 jul., p. 5; n. 49, 27 jul., p. 5; n. 51, 17 ago., p. 5; n. 52, 24 ago., p. 5; n. 59, 21 set., p. 5; e n. 60, 28 set., p. 3.

Impressões da Bahia. Letras e Artes. Supl. de *A Manhã*. Rio de Janeiro, ano 3, n. 121, 10 abr., p. 7, e n. 124, 8 maio, 1949, p. 5.

Invenção de Orfeu. A Luta com o Anjo. Os Trabalhos do Poeta (Jorge de Lima). Letras e Artes. Supl. de *A Manhã*. Rio de Janeiro, ano 6, ns. 210, 211 e 212, 10, 17 e 24 jun. 1951, p. 3.

Ismael Nery, Poeta Essencialista. Boletim de Ariel. Rio de Janeiro, ano 3, 1933-1934, pp. 268-269.

Lasar Segall. Importância de Segall. Letras e Artes. Supl. de *A Manhã*. Rio de Janeiro, ano 6, ns. 207 e 208, 20 e 27 maio 1951, p. 1. ilust.

Lívio Abramo. Letras e Artes. Supl. de *A Manhã*. Rio de Janeiro, ano 5., n. 204, 29 abr. 1951, pp. 1 e 10.

Manuel Bandeira Cae no Conto do Vigário. Boletim de Ariel. Rio de Janeiro, ano 5, 1935-1936, p. 38.

Marcos Konder Reis. Letras e Artes. Supl. de *A Manhã*. Rio de Janeiro, ano 2, n. 69, 21 dez. 1947, p. 7.

Maria Léa de Oliveira. Letras e Artes. Supl. de *A Manhã*. Rio de Janeiro, ano 4, n. 137, 11 set. 1949, p. 6.

Matisse. Letras e Artes. Supl. de *A Manhã*. Rio de Janeiro, ano 2, n. 61, 12 out. 1947, p. 5.

Música de Câmera. Letras e Artes. Supl. de *A Manhã*. Rio de Janeiro, n. 2, 19 maio 1946, p. 7 (Música).

O Apóstolo São Paulo. Letras e Artes. Supl. de *A Manhã*. Rio de Janeiro, ano 2, n. 74, 1 fev. 1948, p. 5; n. 75, 15 fev. 1948, p. 5.

O Caso Arnaldo Estrela. Letras e Artes. Supl. de *A Manhã*. Rio de Janeiro, n. 8, 14 jul. 1946, p. 13 (Música).

O Próximo Cervantes. Letras e Artes. Supl. de *A Manhã*. Rio de Janeiro, ano 2, n. 62, 19 out. 1947, p. 7.

Poesia Universal. Boletim de Ariel. Rio de Janeiro, ano 7, n. 8, maio 1938, pp. 220-221.

386   MURILO MENDES

Recordação de Ismael Nery. Letras e Artes. Supl. de *A Manhã.* Rio de Janeiro, ano 3, 1948: n. 87, 6 jun., p. 7; n. 88, 13 jun., p. 5; n. 89, 20 jun., p. 5; n. 90, 4 jun., p. 5; n. 91, 11 jul., p. 5; n. 92, 18 jul., p. 5; n. 93, 1 ago., p. 5; n. 94, 8 ago., p. 5; n. 95, 15 ago., p. 5; n. 96, 22 ago., p. 5; n. 97, 5 set., p. 5; n. 98, 12 set., p. 5; n. 99, 19 set., p. 5; n. 100, 3 out., p. 5; n. 101, 10 out., p. 5; n. 107, 5 dez., p. 5; e n. 108, 12 dez., p. 7.

São Paulo 1949. Letras e Artes. Supl. de *A Manhã.* Rio de Janeiro, ano 3, n. 139, 2 out. 1949, p. 7.

Uma Grande Mulher. Boletim de Ariel. Rio de Janeiro, ano 5, 1935-1936, p. 182.

Viagem ao Recife. Letras e Artes. Supl. de *A Manhã.* Rio de Janeiro, ano 3, n. 118, 13 mar. p. 5; 120, 3 abr., p. 7, 1949.

Virado para o Nascente. Suplemento Literário do "Minas Gerais". Belo Horizonte, 19 out. 1968, p. 6.

1.2.3. Diversos

Alberto Magnelli. Testo di Murilo Mendes. Roma, Edizioni dell'Ateneo, 1964. Texto original de Murilo Mendes, traduzido para o italiano por A. Macchi e para o inglês e o francês por N. Gagliardi.

Calderara. Milano, Scheiwiller, 1964. Texto de Murilo Mendes e em tradução italiana, francesa e alemã.

"Villa-Lobos." In: *Presença de Villa-Lobos.* Rio de Janeiro, MEC, Museu Villa-Lobos, 1970, vol. 5, pp. 139-143.

Parte 2. Estudos sobre Murilo Mendes

Capítulos e referências em obras, verbetes em enciclopédias e dicionários e artigos de periódicos.

2.1. Capítulos e Referências em Obras

ANDRADE, Carlos Drummond de. "Religião e Poesia". In: *Confissões de Minas.* Rio de Janeiro, Americ-Edit., 1944, pp. 223-224.

–––––– . In: Obra Completa. Org. Afrânio Coutinho. Rio de Janeiro, Comp. José Aguilar Editora, 1967, p. 598.

ANDRADE, Mário de. *Aspectos da Literatura Brasileira.* Pref. de Álvaro Lins. Rio de Janeiro, Americ. Edit., 1943, pp. 60-65.

BIBLIOGRAFIA   387

ANDRADE, Mário de. "A Poesia em Pânico". In: *O Empalhador de Passarinho*. S. Paulo, Martins, 1946, pp. 41-46.

ANSELMO, Manuel. "Murilo Mendes e o Instinto de Libertação Poética". In: *Família Literária Luso-brasileira*. Rio de Janeiro, J. Olympio, 1943, pp. 47-54.

ÁVILA, Affonso. *O Poeta e a Consciência Crítica*. Petrópolis, Vozes, 1969, pp. 71 e 85.

BANDEIRA, Manuel. "A Produção Poética de 1938". In: *Anuário Brasileiro de Literatura*. Rio de Janeiro, Pongetti, 1939, n. 3, pp. 367-377.

BANDEIRA, Manuel. *Apresentação da Poesia Brasileira*, seguida de uma pequena antologia. Pref. de Otto Maria Carpeaux. Rio de Janeiro, Casa do Estudante do Brasil, 1946, pp. 176-179.

_____. 2. ed. aum. Rio de Janeiro, Casa do Estudante do Brasil, 1954, pp. 164, 165, 166, 167, 168 e 169.

BANDEIRA, Manuel. *Poesia do Brasil*. Seleção e estudos da melhor poesia brasileira de todos os tempos, com a colaboração de José Guilherme Merquior na fase modernista. Rio de Janeiro, Editora do Autor, 1963, pp. 311, 457-470.

BARBOSA, Osmar. *História da Literatura da Língua Portuguesa*. Rio de Janeiro, Tecnoprint, 1965, pp. 352-373.

BRITO, Mário da Silva. "A Revolução Modernista". In: *A Literatura no Brasil*. Direção de Afranio Coutinho com assistência de Eugênio Gomes e Barreto Filho. Rio de Janeiro, Liv. S. José, 1959, vol. 3, t. 1, p. 475.

BRITO, Mário da Silva. *Panorama da Poesia Brasileira. O Modernismo*. Rio de Janeiro, Civ. Brasileira, 1959, vol. 4, pp. xx, 162-163, 164-168.

BRITO, Mário da Silva. *Poesia do Modernismo*. Rio de Janeiro, Civ. Brasileira, 1968, pp. 185-186 e 187-191.

CAMPOS, Haroldo de. *Metalinguagem & Outras Metas*. 4ª ed. revista e ampliada, São Paulo, Perspectiva, 1992, pp. 65-75 e 78, 80, 209 e 245.

CARPEAUX, Otto Maria. *Pequena Bibliografia Crítica da Literatura Brasileira*. Rio de Janeiro, Ministério da Educação e Saúde, Serv. de documentação, 1951, pp. 246-247.

_____. 2. edição. Rio de Janeiro, Ministério da Educação e Cultura, 1955, pp, 267-269.

_____. 3. edição rev. e aum. Rio de Janeiro, Editora Letras e Artes, 1964, pp. 296-297.

_____. 4. edição. Rio de Janeiro, Tecnoprint, 1968, pp. 296-297.

CHIOCCHIO, Anton Angelo. *La poesia di Murilo Mendes*. Nuova antologia, gennaio 1958.

CHIOCCHIO, Anton Angelo. *Nota a "Siciliana"*. Trad de A. A. Chiocchio. Pref. de Giuseppe Ungaretti. Palermo, Sciascia, 1959.

388 MURILO MENDES

CORREIA, Roberto Alvim. *Anteu e a Crítica. Ensaios Literários.* Rio de Janeiro, J. Olympio, 1948, pp. 15-20.

COUTINHO, Afrânio. *Introdução à Literatura no Brasil.* 3. ed. Rio de Janeiro, Liv. S. José, 1966, pp. 249, 271, 278 e 293.

COUTINHO, Afrânio. "Simbolismo. Impressionismo. Modernismo". In: *A Literatura no Brasil.* Direção de Afrânio Coutinho com assistência de Eugênio Gomes e Barreto Filho. Rio de Janeiro, Liv. S. José, 1959, vol. 3, t. 1, p. 106.

————. 2. edição. Rio de Janeiro, Editorial Sul Americana, 1969, vol. 4, pp. 56 e 68.

CUNHA, Dulce Sales. *Autores Contemporâneos Brasileiros.* S. Paulo, 1951, pp. 98-100.

DUTRA, Waltensir & CUNHA, Fausto. *Biografia Crítica das Letras Mineiras.* Rio de Janeiro, Instituto Nacional do Livro, 1956, pp. 13, 100, 111-112 e 118.

FREITAS Junior, Otávio de. *Ensaios de Poesia.* Recife, Publicações Norte, 1941, pp. 115-135.

GRIECO, Agripino. *Evolução da Poesia Brasileira.* Rio de Janeiro, Ariel Ed., 1932, pp. 254 e 255.

————. 2. edição. Rio de Janeiro, Liv. Antunes, 1944.

————. 3. edição. Rio de Janeiro, J. Olympio, 1947, pp. 202-203.

GULLAR, Ferreira. *Cultura Posta em Questão.* Rio de Janeiro, Civ. Brasileira, 1965, pp. 77-79 e 81.

JACOBBI, Ruggero. "Introduzioni alla poesia di Murilo Mendes". In: *Murilo Mendes a cura di Ruggero Jacobbi.* Milano, Nuova Accademia Editrice, 1961, pp. 9-45.

LEITE, Sebastião Uchoa. *Participação da Palavra Poética.* Petrópolis, Vozes, 1966. pp. 6, 8-9, 24, 42-53, 57, 59, 60, 68 e 77.

LIMA, Alceu Amoroso. "A Reação Espiritualista". In: *A Literatura no Brasil.* Direção de Afrânio Coutinho com assistência de Eugênio Gomes e Barreto Filho. Rio de Janeiro, Liv. S. José, 1959, vol. 3, t. 1, p. 414.

————. 2. edição. Rio de Janeiro, Editorial Sul Americana, 1969, vol. 4, pp. 293-294.

LIMA, Alceu Amoroso. *Estudos.* 5ª série. Rio de Janeiro, Civ. Brasileira, 1935, pp. 133-136.

LIMA, Alceu Amoroso. *Poesia Brasileira Contemporânea.* Belo Horizonte, Paulo Bluhm, 1941, pp. 121-123.

LINS, Álvaro. "A Propósito da Nova Poesia". In: *Jornal de Crítica.* 5ª série. Rio de Janeiro, J. Olympio, 1947, pp. 100-102.

BIBLIOGRAFIA   389

LINS, Álvaro. "Poesia e Forma". In: *Jornal de Crítica*. 2ª série. Rio de Janeiro, J. Olympio, 1943, pp. 32-42.

LINS, Edson. *História e Crítica da Poesia Brasileira*. Rio de Janeiro, Ariel, 1937, pp. 87, 201, 205, 241, 260, 266, 279, 326, 327-333.

LISBOA, Henriqueta. "A Aventura Poética de Murilo Mendes". In: *Vigília Poética*. Belo Horizonte, 1968, pp. 55-64.

LUCAS, Fábio. *Horizontes da Crítica*. Belo Horizonte, Edições Movimento-Perspectiva, 1965, pp. 68, 131 e 152.

MARTINS, Mário R. *Evolução da Literatura Brasileira; Notas Biográficas*. Rio de Janeiro, Jornal do Brasil, 1945, vol. 1, p. 142.

MERQUIOR, José Guilherme. *A Razão do Poema*. Rio de Janeiro, Civ. Brasileira, 1965, pp. 28, 35, 51-68, 172 e 173.

MILLIET, Sergio. *Diário Crítico*. S. Paulo, Brasiliense, 1944, pp. 40-45.

————. *Diário Crítico. III*. S. Paulo, Martins, 1946, pp. 265-268.

————. *Diário Crítico*. S. Paulo, Martins, 1955, vol. 8, pp. 213-214.

MORAIS, Carlos Dante de. *Três Fases da Poesia*. Rio de Janeiro, Ministério da Educação e Cultura, Serv. de documentação, 1960, pp. 122-127 (Os Cadernos de Cultura 122).

MORAIS, Vinícius de. *La Moderna poesia brasileña*. Buenos Aires, Sur, 1942.

MURICI, José Cândido de Andrade. *A Nova Literatura Brasileira*. Porto Alegre, Globo, 1936, pp. 21, 41, 96, 122, 130, 404.

"Murilo Mendes. Poemas", *Minas Gerais*, Belo Horizonte, 29 nov. 1930, p. 8 (Publicações).

NUNES, Benedito. *João Cabral de Melo Neto*. Petrópolis, Vozes, 1971 (Coleção Poetas Modernos do Brasil, vol. 1).

NUNES, Cassiano. *A Experiência Brasileira*. S. Paulo, Conselho Estadual de Cultura, Comissão de Literatura, 1964. Murilo Mendes no capítulo "A Poesia Religiosa e o Modernismo", pp. 39-40.

OLIVEIRA JÚNIOR, Cândido Martins de. *História da Literatura Mineira*. (*Esquema de Interpretação e Notícias Biobibliográficas*). Belo Horizonte, Itatiaia, 1958, pp. 195, 202 e 205.

————. 2. edição. Belo Horizonte, Imprensa Oficial, 1963, pp. 345, 354, 357.

PAES, José Paulo. *Mistério em Casa*. São Paulo, Conselho Estadual de Cultura, Comissão de Literatura, 1961, pp. 95-100.

PEREZ, Renard. *Escritores Brasileiros Contemporâneos*. 2ª série. Rio de Janeiro, Civ. Brasileira, 1964, pp. 241-254.

RAMOS, Péricles Eugênio da Silva. "O Modernismo na Poesia. 2. Murilo Mendes". In: *A Literatura no Brasil*. Direção de Afrânio Coutinho com assistência de

Engenio Gomes e Barreto Filho. Rio de Janeiro, Liv. S. José, 1959, vol. 3, t. 1, pp. 635-645.

———. 2. edição. Rio de Janeiro, Editorial Sul Americana, 1970, vol. 5, pp. 147, 167-175.

RIBEIRO, João. *Crítica. Os Modernos.* Rio de Janeiro, Academia Brasileira de Letras, 1952, pp. 213-216. Antes publicado in: *Jornal do Brasil.* Rio de Janeiro, 8 jun. 1933.

RIBEIRO, João. *Crítica. Os Modernos.* Rio de Janeiro, Academia Brasileira de Letras, 1952, pp. 211-213. Antes publicado in: *Jornal do Brasil.* Rio de Janeiro, 17 abr. 1931.

RIO BRANCO, Miguel do. *Etapas da Poesia Brasileira.* Lisboa, Ed. Livros do Brasil, 1955, pp. 96-104.

SENA, Homero de. *República das Letras.* Rio de Janeiro, Liv. S. José, 1957.

———. 2. ed. Rio de Janeiro, Graf. Olímpica Ed., 1968, pp. 231-240.

SILVA, Domingos Carvalho da. *Eros & Orfeu.* S. Paulo, Conselho Estadual de Cultura, Comissão de Literatura, 1966, pp. 64, 67, 127, 132 e 133.

SILVA, Domingos Carvalho da. *Introdução ao Estudo do Ritmo da Poesia Modernista.* S. Paulo, Rev. Brasileira de Poesia, 1950, pp. 18 e 29.

SILVEIRA, Alcântara. *Telefone para Surdos.* S. Paulo, Conselho Estadual de Cultura, Comissão de Literatura, 1962, pp. 67-72.

SILVEIRA, Homero. *Panorama da Poesia Brasileira Contemporânea.* S. Paulo, Conselho Estadual de Cultura, Comissão de Literatura, 1970, pp. 48, 53, 63 e 64.

SIMÕES, João Gaspar. *Literatura, Literatura, Literatura... De Sá de Miranda ao Concretismo Brasileiro.* Lisboa, Portugália, 1964, pp. 319, 323, 327, 337 e 338.

SPINELLI, Raffaele. *Croce del Sud.* Milano, Ed. Bocca, 1954.

TELLES, Gilberto Mendonça. *La poesía brasileña en la actualidad.* Montevideo, Editorial Letras, 1969, pp. 23, 43, 48, 49, 51, 61, 90, 91 e 101.

VILLAÇA, Antonio Carlos. *O Nariz do Morto.* Rio de Janeiro, JCM, 1970, pp. 65-66, 129, 186, 187.

2.2. Verbetes em Enciclopédias e Dicionários

Enciclopédia Barsa, elaborada sob a supervisão dos editores do Encyclopaedia Britannica. Rio de Janeiro, Encyclopaedia Britannica Ed., 1964, vol. 9, p. 116. Inclui retrato.

Enciclopédia Brasileira Mérito. S. Paulo, Ed. Mérito, 1960, vol. 13, p. 118.

———. Suplemento. Rio de Janeiro, Ed. Mérito, 1970, p. 379.

BIBLIOGRAFIA   391

Enciclopédia Delta Larousse. Trad., adaptação e ampliação da ótima edição da *Encyclopédie Larousse Méthodique* par Paul Augé. Conselho de red. e rev. Elias Davidovich, Angenor Negrão. Rio de Janeiro, Ed. Delta, 1960, t. 7, pp. 3486 e 3487.

_____. 2. edição rev. e atual. Rio de Janeiro, Ed. Delta, 1968, t. 6, pp. 3316 e 3320.

Grande Enciclopédia Delta Larousse. Rio de Janeiro, Ed. Delta, 1970, vol. 8, p. 4428. Inclui retrato.

MENESES, Raimundo. *Dicionário Literário Brasileiro.* Pref. do prof. Antônio Cândido. S. Paulo, Ed. Saraiva, 1969, vol. 3, pp. 818-819.

PONTUAL, Roberto. *Dicionário das Artes Plásticas no Brasil.* Rio de Janeiro, Civ. Brasileira, 1969, p. 357.

Quem é Quem nas Artes e nas Letras do Brasil. Rio de Janeiro, Ministério das Relações Exteriores, Dept. Cultural e de Informações, 1966, p. 320.

RAMOS, Péricles Eugênio da Silva. "Murilo Mendes". In: *Pequeno Dicionário da Literatura Brasileira.* Organizado e dirigido por José Paulo Paes e Massaud Moisés. S. Paulo, Ed. Cultrix, 1967, pp. 156-157.

2.3. Artigos em Periódicos

"A Capital", *Literatura e Arte,* Portugal, 4 fev. 1970.

ALVARENGA, Otávio Melo. "As Ninfas Partiram?", *Estado de Minas.* Belo Horizonte, 19 jun. 1948.

"Amanhã Murilo Mendes faz 50 Anos", *Tribuna das Letras.* Tablóide da Tribuna da Imprensa. Rio de Janeiro, 12-13 abr. 1951, n. 3.

ANDRADE, Carlos Drummond de. "Murilo Mendes, Temponauta", *Correio da Manhã.* Rio de Janeiro, 29 dez. 1968, 2º cad., p. 1. Reproduzido in: *Estado de Minas.* Belo Horizonte, 7 jan. 1969, 3ª sec., p. 6.

ANDRADE, Mário de. "A Poesia em 1930", *Revista Nova.* S. Paulo, ano 1, n. 1, 15 mar. 1931, pp. 102-123.

ANSELMO, Manuel. "A Poesia em Pânico", *Dom Casmurro.* Rio de Janeiro, 19 ago. 1939.

ARAÚJO, Laís Corrêa de. "Surrealismo em Murilo Mendes?", *Minas Gerais,* Belo Horizonte, 8 fev. 1969, Suplemento Literário, pp. 14-15.

ÁVILA, Affonso. "Evolução da Poesia no Brasil. XXV: Murilo Mendes", *Diário de Minas.* Belo Horizonte, 20 sel. 1953, Suplemento Literário, p. 3.

ÁVILA, Affonso. "Três Mensagens da Moderna Poesia". *Diário de Minas.* Belo Horizonte, 15 jan. 1956, p. 3.

AYALA, Walmir. "Murilo Mendes", *Jornal do Brasil*, 25 jul. 1959, suplemento dominical, p. 5.

CAMPOS, Haroldo de. "Murilo e o Mundo Substantivo", *O Estado de S. Paulo*. Suplemento literário, 19 a 26 jan. 1963, p. 1.

CAMPOS, Haroldo de. "Murilo Mendes, Romano", *Correio da Manhã*. Rio de Janeiro, 7 abr. 1964.

CÂNDIDO, Antônio. "Office humain de Murilo Mendes", *O Estado de S. Paulo*. São Paulo, 15 mar. 1958.

CARDOSO, Lúcio. "A Poesia em Pânico", *O Jornal*. Rio de Janeiro, 29 jan. 1939.

CARNEIRO, J. Fernando. "No Cinqüentenário de Murilo Mendes", *Diário Carioca*. Rio de Janeiro, 26 ago. 1951.

CARNEIRO, Luís Orlando. "Murilo Mendes: Um Boi no Pasto da Civilização", *Jornal do Brasil*. 28 ago. 1971, Livros. p. 8.

CARPEAUX, Otto Maria. "A Luz da Perfeição", *O Estado de S. Paulo*, Suplemento Literário. São Paulo, 31 out. 1959.

CARPEAUX, Otto Maria. "Unidade de Murilo Mendes", *Região*. Recife, n. 11, 1949.

CREMONA, Antonino. "Murilo Mendes", *Il Piccolo*. 1 set. 1959.

DANTAS, Pedro, pseud. de Prudente de Morais Neto. "Crônica Literária", *A Ordem*. Rio de Janeiro, 5, 16 jun. 1931, pp. 368-374.

DEL PICCHIA, Menotti. "Um Poema de Murilo", *A Gazeta*. São Paulo, 9 mar. 1960

DELGADO, Luís. "Tempo e Eternidade", *Diário da Manhã*. Recife, 15 mar. 1936, 5ª sec., p. 8. "Notícias de Livros".

FONSECA, José Paulo Moreira da. "Contemplação de Ouro Preto", *Tribuna da Imprensa*. Rio de Janeiro, 19 jan. 1957.

FONSECA, José Paulo Moreira da. "Espanha como Espelho e Tema", *Correio da Manhã*. Rio de Janeiro, 28 maio 1960.

FONSECA, José Paulo Moreira da. "Murilo Mendes", *Letras e Artes*. Sup. de *A Manhã*. Rio de Janeiro, ano 6, n. 206, 13 maio 1951, p. 8.

GULLAR, Ferreira. "Murilo", *Jornal do Brasil*. Rio de Janeiro, 4 out. 1959.

GULLAR, Ferreira. "Murilo Mendes", *Diário de Notícias*. Rio de Janeiro, 19 set. 1955. Reproduzido in: *Diário Mercantil*. Juiz de Fora, 23 out. 1960.

HOUAISS, Antônio. "Tempo Espanhol", *Jornal de Letras*. Rio de Janeiro, abril 1960.

IVO, Lêdo. "Grandeza e Miséria de Murilo Mendes", *Orfeu*. Rio de Janeiro, Outono 1949, pp. 11-17.

JACOBBI, Ruggero. "Arte e umanitá del brasiliano di Roma", *Il Mesaggero*. Roma, 5 jul. 1960.

JACOBBI, Ruggero. "Murilo Mendes e la seconda Europa", *L'Europa Letteraria*. Roma, n. 4, 1960.

BIBLIOGRAFIA 393

LEÃO, Mucio. "Roteiro de Duas Gerações", Autores e Livros. Supl. literário de *A Manhã*. Rio de Janeiro, ano 3, n. 10, 21 mar. 1943, pp. 154-157.

LEWIN, Willy. "Saudação a Murilo Mendes", *Boletim de Ariel*. Rio de Janeiro, ano 3, 1933-1934, p. 321.

LIMA, Jorge de. "Preparação à Poesia", Letras e Artes. Supl. de *A Manhã*. Rio de Janeiro, ano 6, n. 207, 20 maio 1951, p. 8.

LISBOA, Henriqueta. "A Aventura Poética de Murilo Mendes", *Estado de Minas*. Belo Horizonte, 5 maio 1963.

LOPES, Oscar. Comércio do Porto. 11 out. 1960.

LUCAS, Fábio. "Questões Abertas", Suplemento Literário de *Minas Gerais*. Belo Horizonte, ano 3, n. 106, 7 set. 1968, p. 18.

MACHADO, Anibal. "História do Brasil" – Murilo Mendes", *Boletim de Ariel*. Rio de Janeiro, ano 2, 1932-1933, pp. 260-261.

MAIZZA, Enzo. "Sicilia poetica", *Il Popolo*. 19 nov. 1959.

MARTINS, Wilson. "Contradições de um Poeta", *O Estado de S. Paulo*. Suplemento literário. São Paulo, 13 fev. 1960.

MARTINS, Wilson. "Três Poetas", *O Estado de S. Paulo*. Suplemento Literário. São Paulo, 8 ago. 1971, p. 4.

MATOS, Marco Aurélio de Moura. "Roteiro do Absoluto", *Diário de Minas*. Belo Horizonte, 2 jul. 1950.

MENDES, Oscar. "Memórias de Meninos", *Estado de Minas*. Belo Horizonte, 3 jul. 1969, 3ª seç., p. 5 (A alma dos livros).

MENEGALE, José Guimarães. "Poesia 'In Fieri'", *Leitura*. Rio de Janeiro, ano 18, n. 28, out. 1959, pp. 24-25.

MERQUIOR, José Guilherme. "Tempo Espanhol", *Jornal do Brasil*. Rio de Janeiro, 18 jun. 1960.

MONTELLO, Josué. "Uma Prosa em Pânico", *Jornal do Brasil*. Rio de Janeiro, 10 abr. 1969.

MONTENEGRO, Olívio. "O Poeta Murilo", *Diário de Pernambuco*. Recife, 8 nov. 1959.

MORAIS, José Mariz. "Tempo e Eternidade", *O Jornal*. Rio de Janeiro, 1 abr. 1931.

MORAIS, Vinícius de. "Murilo Mendes", *Última Hora*. Rio de Janeiro, 26 nov. 1959.

NUNES, Cassiano. "Recado para Murilo Mendes" (Comemorando o 50º aniversário do poeta), *Letras da Província*. Limeira, ano 5, n. 51, mar. 1953, p. 4.

"O Cinqüentenário de Murilo Mendes", Letras e Artes. Supl. de *A Manhã*. Rio de Janeiro, ano 6, n. 206, 13 maio 1951, p. 4.

PACHECO, João. "Tempo e Eternidade", *Boletim de Ariel*. Rio de Janeiro, ano 4, 1934-1935, pp. 336-337.

PASSERI, Giovanni. "Siciliana", *Paese Sera*. Roma, 22 jun. 1959.

PEDROSA, Mário. "Murilo o Poeta-crítico", *Jornal do Brasil*. Rio de Janeiro, 23 jan. 1960.

PICCHIO, Luciano Stegagno. "La poesia in Brasile. Murilo Mendes", *Rivista di letterature moderne e comparate*, XII, 1 mar. 1959, p. 36-52.

PICCHIO, Luciano Stegagno. "O Itinerário Poético de Murilo Mendes", *Revista do Livro*. Rio de Janeiro, Instituto Nacional do Livro, ano 4, n. 16, dez. 1959, pp. 61-74.

PORTELA, Eduardo. "Uma Poética do Real e do Fantástico", *Jornal do Comércio*. out. 1960. Republicado com modificações e com o título: "Poética do movimento", *Jornal do Commercio*. Rio de Janeiro, 31 dez. 1961.

PUTNAM, Samuel. "Litteratura brasileira", *Boletim de Ariel*. Rio de Janeiro, ano 6, 1936-1937, pag 74-75.

RÊGO, José Lins do. "Poesia", *Boletim de Ariel*. Rio de Janeiro, ano 4, n. 10, jun. 1935, pp. 261-262.

RESENDE, Otto Lara. "Atestado de Identidade para Murilo Mendes", *Diário Carioca*. Rio de Janeiro, 19 jul. 1953.

RIBEIRO, Ivan. "A Poesia e Alguns Poetas", *Boletim de Ariel*. Rio de Janeiro, ano 6, 1936-1937, p. 82.

RICARDO, Cassiano. "Grafitos e Murilogramas", *O Estado de S. Paulo*. Suplemento Literário. São Paulo, 15 ago. 1971, p. 1.

ROCHA, Hildon. "Poesia de Murilo Mendes", *Diário de Notícias*. Rio de Janeiro, 4 dez. 1960.

RONAI, Paulo. "A Nova Face de Murilo Mendes", *O Estado de S. Paulo*. Suplemento literário. São Paulo, 6 dez. 1969, p. 6.

ROSA, Antônio Ramos. "Tempo Espanhol", *República*. Lisboa, 16 fev. 1960.

SALEMA, Álvaro. "Tempo Espanhol", *Diário de Lisboa*. Lisboa, 4 fev. 1960.

SANTOS, Fernando Piteira. "Pontos e Linha", *República*. Lisboa, 22 jan. 1960.

SCHMIDT, Augusto Frederico. "O Poeta no seu Meio Século", *Correio da Manhã*. Rio de Janeiro, 27 maio 1951.

SILVEIRA, Alcântara. "Murilo, o Mágico", Letras e Artes. Supl. de *A Manhã*. Rio de Janeiro, ano 2, n. 50, 3 ago. 1947, p. 3.

SIMÕES, João Gaspar. "Tempo Espanhol", *Diário de Notícias*. Lisboa, 9 jun. 1960.

SOUSA, Afonso Félix de. "Trajetória de Murilo Mendes", *Para Todos. Quinzenário da cultura brasileira*. Rio-S. Paulo, ano 1, n. 1, 10 a 23 maio 1956, p. 11.

VIDAL, Ademar. "Murilo Mendes – História do Brasil", *Boletim de Ariel*. Rio de Janeiro, ano 2, 1932-1933, p. 284.

VIGORELLI, Giancarlo. "Un addio e una scoperta", *Radiocorriere*. 21/27 jun. 1959.

VILLAÇA, Antônio Carlos. "A Poesia de Murilo Mendes", *Correio da Manhã*. Rio de Janeiro, 21 out. 1969, 19 cad., p. 4.

VILLAÇA, Antônio Carlos. "Aparição de Murilo Mendes", *Correio da Manhã*. Rio de Janeiro, 17 nov. 1968, 1º cad., p. 4.

VILLAÇA, Antônio Carlos. "O Discípulo de Emaús", *Jornal do Brasil*. Rio de Janeiro, 17 maio 1960.

VILLAÇA, Antônio Carlos. "Tempo Espanhol", *Jornal do Brasil*. Rio de Janeiro, 22 jan. 1960.

XAVIER, Jayro José. "Murilo Mendes: Visão Teilhardiana do Mundo", Suplemento Literário do *Minas Gerais*. Belo Horizonte, ano 6, n. 225, 17 jul. 1971, p. 2.

Parte 3. Discografia

3.1. Poemas Oralizados

Poesias – Murilo Mendes/João Cabral de Meto Neto. Face A – Murilo Mendes. LPP 010 – Poesias – Festa Discos – Rio de Janeiro. Direção de Irineu Garcia e Carlos Ribeiro. Capa de Poty Lazarotto. Apresentação de Tristão de Athayde (Poemas falados por Murilo Mendes).

Moderna poesia brasileira. Antologia. Jograis de São Paulo. LPFD 10001 – Coleção "Intérpretes". Vol. I – Festa Discos – Rio de Janeiro. Direção de Irineu Garcia e Carlos Ribeiro. Capa de Darcy Penteado (1956). (Na face B: oralização do poema *Jandira*).

3.2. Poemas Musicados

Poesias musicatas por Dallapiccola. Disco ASD 2388. His Master's Voice Music Today. 1968. (Poemas: Desejo, Voto e A Tentação).

Suplemento à Bibliografia das 1ª e 2ª Edições

a. Livros de autoria do poeta – Publicação Póstuma – Alguns títulos

Ipotesi. Organização de Luciana Stegagno Picchio. Milão, Guanda, 1977.

Transístor. Seleção do autor e de Saudade Cortesão Mendes; introdução de Luciana Stegagno Picchio. Rio de Janeiro, Nova Fronteira, 1980.

O Menino Experimental. Antologia. Organização de Affonso Romano de Sant'Anna. São Paulo, Summus, 1979.

Poesia. Antologia, Organização de Maria Lúcia Poggi de Aragão. Rio de Janeiro, Agir, 1985.

Murilo Mendes. Antologia. Intr. José Guilherme Merquior. Seleção de João Cabral de Melo Neto. Rio de Janeiro, Fontana/INL, 1976.

O Visionário. Prefácio de Luciana Stegagno Picchio; gravuras de Claude Loriou. 2. ed. São Paulo, Roswitha Kempf Editores, 1984.

Poemas 1925-1929 e Bumba-meu-poeta 1930-1391. Organização, introdução, variantes e biobibliografia por Luciana Stegagno Picchio. Rio de Janeiro, Nova Fronteira, 1988; 2. ed. 1989 (Coleção Poesia Brasileira).

Janelas Verdes (primeira parte). Desenhos de Vieira da Silva; prefácio de Luciana Stegagno Picchio. Lisboa, Galeria 111, 1989. Edição de luxo, 250 exemplares.

História do Brasil. Organização, introdução e notas de Luciana Stegagno Picchio. 2. ed. Rio de Janeiro, Nova Fronteira, 1991.

Murilo Mendes. Poesia Completa e Prosa. Organização, preparação do texto e notas de Luciana Stegagno Picchio. Participação de colaboradores. Rio de Janeiro, Editora Nova Aguilar S.A., 1995. Volume único, 1782 páginas (inclui a obra publicada em vida e mais os livros até então inéditos:

Carta Geográfica. 1965-1967.

Espaço Espanhol. 1966-1969. Notas de viagem.

Janelas Verdes (segunda parte). 1970. Prosa.

Retratos-Relâmpago: 2ª série. 1973-1974.

Conversa Portátil 1971-1974. Miscelânea em prosa e verso.

A Invenção do Finito. 1960-1970. Inclui também no original português de MM alguns dos textos escritos por ele na Itália para apresentação de artistas em catálogo. Os textos italianos vão ser editados no livro *L'Occhio del poeta*, a ser publicado brevemente na Itália. Em virtude do grande número de textos, eles não se incluem nesta bibliografia.

Papiers. Originais em prosa e verso, em francês.

O Sinal de Deus. Texto de 1936 com correções autográficas de 1956 no Instituto de Estudos Brasileiros da USP. Reedição.

Quatro Textos Evangélicos (O paralítico de Betsaida, As núpcias de Caná, O Cristo aclamado, Judas Iscariote). Publicados postumamente, na revista *Letterature d'America*, Roma, em 1984.

O Infinito Íntimo 1948-1953. Inclui outros textos poéticos menores.)

BIBLIOGRAFIA 397

b. Alguns livros e trabalhos avulsos sobre o poeta.

ARAÚJO, Laís Corrêa de. *Murilo Mendes. Ensaio Crítico Antologia Correspondência*. Poetas Modernos do Brasil, 2. Petrópolis, l. ed., 1972; 2. ed. 1973. Nova edição revista e ampliada: *Murilo Mendes – Ensaio Crítico – Antologia – Correspondência*. São Paulo, Perspectiva 2000 (Ano do Centenário do Poeta). Coleção Signos, direção de Haroldo de Campos.

ARAÚJO, Laís Corrêa de. "Murilo Mendes. Um Poeta do Mundo Volta a Minas", Número especial. Organização de Laís Corrêa de Araújo, incluindo entrevista do poeta. Colaborações diversas. *Minas Gerais* – Suplemento Literário. Belo Horizonte, 23 de setembro de 1972. 12 p.

ARAÚJO, Henry Corrêa de. "Murilo Mendes na Hora da Glória", Entrevista. *Estado de Minas,* 2ª secção, Belo Horizonte, 14 de setembro de 1972.

ARAÚJO, Laís Corrêa de. "Murilo Mendes. A fase histórica do modernismo", *Revista Vozes,* Petrópolis, ano, 66, n. 1, jan/fev. de 197Z. Separata.

ARAÚJO, Laís Corrêa de. "Dimensão Mineira da Poesia Modernista", *Colóquio-Letras,* Lisboa, n. 25, maio, pp. 20-339.

ARAÚJO, Laís Corrêa de. "O Modernismo Desarticulado de Murilo Mendes", *Revista do Brasil,* Rio de Janeiro, ano 5, n. 11.7 pp. 73-78.

ARAÚJO, Laís Corrêa de. "Murilo Mendes através de suas Cartas", Suplemento Literário do *Minas Gerais.* Fase Carlos Ávila. Belo Horizonte, maio 96, pp. 6 a 16, com ilustrações e fac-símiles, documentos do arquivo pessoal da autora.

ARAÚJO, Laís Corrêa de. Abertura para o debate. In: *Murilo Mendes o Visionário.* Gilvan Procópio Ribeiro e José Alberto Neves (orgs.). Juiz de Fora, Editora da UFJF, 1997, pp. 11-14. Seguem-se trabalhos sobre o poeta de Júlio Castañon Guimarães, Raul Antelo, Murilo Marcondes, Italo Moriconi, Eneida Maria de Souza. p. 87.

ARAÚJO, Laís Corrêa de. "Murilo Mendes Contemporaneidade, Agoridade", Suplemento Literário do *Minas Gerais,* Fase Carlos Ávila. Belo Horizonte, dezembro 98, pp. 3-5.

ARAÚJO, Laís Corrêa de. "Entrevistas sobre Murilo Mendes", *Rede Minas de Televisão/ TV Cultura e TV PUC /MG.* Belo Horizonte, 1999.

AUTORES & LIVROS. Suplemento Literário de *A Manhã.* Direção de Múcio Leão. Rio de Janeiro, ano III, vol. IV, n. 19, 13 de junho de 1943. Antologia da Literatura Brasileira Contemporânea. 1ª série – Antologia de Poesia – IX – p. 304 – Murilo Mendes – Inclui os poemas Armilavda, Aeropoema, O Observador Marítimo, O Poeta Marítimo, Carta Marítima, Anonimato,

Aerograma, Remover Nuvens (todos inéditos) e Fogo Fátuo (inédito, em autógrafo fac-similar). Exemplar raríssimo, pertencente ao arquivo de Laís Corrêa de Araújo.

ÁVILA, Affonso. *O Modernismo*. São Paulo, Perspectiva, Coleção Stylus, 1, 1975. Inclui o texto da aula de Laís Corrêa de Araújo: "A Poesia Modernista de Minas". Curso da Universidade Federal de Minas Gerais, Comemorativo do Cinqüentenário da Semana de Arte Moderna, organizado e dirigido por Affonso Ávila, Ouro Preto, Festival de Inverno de 1972. Texto pp. 179-192.

ÁVILA, Carlos (editor e organizador). *Murilo Mendes Arquivo*. Edição especial alusiva aos 95 anos de nascimento do poeta. Suplemento Literário de *Minas Gerais*, Belo Horizonte, maio 96, p. 24). com colaborações e ilustrações.

CAMPOS, Haroldo de. "Murilo Mendes, romano", *Folha de S. Paulo*, Mais!, 14 de março de 1993, p. 5. Republicação de texto inserido no *Correio da Manhã*, Rio de Janeiro, 7 de abril de 1964, e escrito em Roma/Stuttgart.

GUIMARÃES, Julio Castañon. *Murilo Mendes*. São Paulo, Brasiliense, 1986. Coleção Encanto Radical.

GUIMARÃES, Julio Castañon. *Territórios/Conjunções. Poesia e Prosa. Críticas de Murilo Mendes*. Rio de Janeiro, Imago, 1993.

MENDES, Maria da Saudade Cortesão. Textos de *Ipotesi*, de Murilo Mendes, traduzidos do italiano. Suplemento Literário de *Minas Gerais*. Fase Carlos Ávila. Belo Horizonte, maio 96, pp. 18-19.

MOURA, Murilo Marcondes de. *Murilo Mendes. A Poesia como Totalidade*. São Paulo, Edusp, 1995.

MOURA, Murilo Marcondes de. "Murilo Mendes: obra em mosaico", Suplemento Literário de *Minas Gerais*. Fase Carlos Ávila. Belo Horizonte, maio 96, p. 3.

NUNES, Benedito. "Murilo Mendes", *Revista Vozes*, Petrópolis, ano 66, vol. 66, n. 10, pp. 828-830, dezembro de 1972.

Filha de pai pernambucano e mãe mineira, Laís Corrêa de Araújo (Ávila) nasceu em Campo Belo-MG, tendo passado a infância em São João del-Rei e Rio de Janeiro, onde iniciou seus estudos. É bacharel em Língua Neolatinas pela Universidade Federal de Minas Gerais e licenciada em Filosofia pela Pontifícia Universidade Católica de Minas Gerais (PUC-MG). Poeta, ensaísta, cronista e tradutora, é considerada pela crítica uma das principais figuras femininas da poesia brasileira contemporânea. Tornou-se nacionalmente conhecida pela sua longa atividade de cronista na revista *O Cruzeiro*, do Rio de Janeiro, e nos jornais *O Estado de S. Paulo* e *Estado de Minas*. Foi com Murilo Rubião e Ayres da Matta Machado Filho, um dos fundadores do Suplemento Literário do *Minas Gerais*, onde manteve a coluna *Roda Gigante*. Autora, dentre outros, dos livros *Caderno de Poesias*, *O Signo*, *Cantochão*, *Decurso de Prazo*, *Pé de*

Laís Corrêa de Araújo à época da elaboração da 1ª edição do livro *Murilo Mendes*.

Página e *Clips* (poesia), *Murilo Mendes* (ensaio, ora nesta nova edição), *Sedução do Horizonte* (ensaio-antologia), *O Grande Blá-blá-blá, Maria & Companhia, Que Quintal!, O Relógio Mandão* e *A Loja do Zeconzé,* (literatura infanto-juvenil) e *Caderno de Traduções.* É detentora de inúmeros prêmios, dentre eles o Prêmio Nacional Mobral de Literatura, Prêmio de Poesia Emílio Moura e Prêmios Cidade de Belo Horizonte. Foi superintendente das Bibliotecas Públicas de Minas Gerais e a única mulher participante da Semana Nacional de Poesia de Vanguarda, de 1963. Tem pronto, para a próxima edição, o livro *Vanguarda Alemã* e *Vanguarda Brasileira* (Prêmio Mann de Viagem à Alemanha, da Embaixada daquele país, onde esteve por um mês), acompanhado de outros ensaios sobre literatura brasileira e estrangeira.

Esta nova edição é publicada
pela Editora Perspectiva,
na sua Coleção Signos,
dirigida por Haroldo de
Campos, no ano do centená-
rio de nascimento do poeta
Murilo Mendes (13 de maio
de 1901 - 13 de agosto de
1975). Em São Paulo - 2000.

COLEÇÃO SIGNOS

1. *Panaroma do Finnegans Wake*
   James Joyce (Augusto e Haroldo de Campos – Orgs.)
2. *Mallarmé*
   Augusto e Haroldo de Campos e Décio Pignatari
3. *Prosa do Observatório*
   Julio Cortázar (Trad. de Davi Arrigucci Júnior)
4. *Xadrez de Estrelas*
   Haroldo de Campos
5. *Ka*
   Velimir Khlébnikov (Trad. e Notas de Aurora F. Bernardini)
6. *Verso, Reverso, Controverso*
   Augusto de Campos
7. *Signantia Quasi Coelum: Signância Quase Céu*
   Haroldo de Campos
8. *Dostoiévski: Prosa Poesia*
   Boris Schnaiderman
9. *Deus e o Diabo no Fausto de Goethe*
   Haroldo de Campos
10. *Maiakóvski – Poemas*
    Boris Schnaiderman, Augusto e Haroldo de Campos
11. *Osso a Osso*
    Vasko Popa (Trad. e Notas de Aleksandar Jovanovic)
12. *O Visto e o Imaginado*
    Affonso Ávila

13. *Qohélet/o-que-sabe – Poema Sapiencial*
    Haroldo de Campos
14. *Rimbaud Livre*
    Augusto de Campos
15. *Nada Feito Nada*
    Frederico Barbosa
16. *Bere'shith – A Cena da Origem*
    Haroldo de Campos
17. Despoesia
    Augusto de Campos
18. *Primeiro Tempo*
    Régis Bonvicino
19. *Oriki Orixá*
    Antonio Risério
20. *Hopkins: A Beleza Difícil*
    Augusto de Campos
21. *Um Encenador de Si mesmo: Gerald Thomas*
    Silvia Fernandes e J. Guinsburg (Orgs.)
22. *Três Tragédias Gregas*
    Guilherme de Almeida e Trajano Vieira
23. *2 ou + Corpos no mesmo Espaço*
    Arnaldo Antunes
24. *Crisantempo*
    Haroldo de Campos
25. *Bissexto Sentido*
    Carlos Ávila
26. *Olho-de-Corvo*
    Yi Sán⁸ (Yun Jung Im – Org.)
27. *A Espreita*
    Sebastião Uchoa Leite
28. *A Poesia Árabe-Andaluza: Ibn Qzman de Córdova*
    Michel Sleiman
29. *Murilo Mendes: Ensaio Crítico, Antologia e Correspondência*
    Laís Corrêa de Araújo
30. *Coisas e Anjos de Rilke*
    Augusto de Campos
31. *Édipo Rei*
    Trajano Vieira
32. *A Lógica do Erro*
    Affonso Ávila
33. *Poesia Russa Moderna*
    Augusto e Haroldo de Campos
    e Boris Schnaiderman

Este livro foi impresso na
LIS GRÁFICA E EDITORA LTDA.
Rua Felício Antonio Alves, 370 – Jd. Triunfo – Bonsucesso
CEP 07175-450 – Guarulhos – SP – Fone. (011) 6436-1000
Fax.: (011) 6436-1538 – E-Mail: lisgraf@uninet.com.br